결국 직장에서 이기는 법칙

결국 직장에서 이기는 법칙

WORKPLACE POKER

댄 러스트Dan Rust 지음
이선애 옮김

동아엠앤비

파울라에게,

당신보다 내 마음을 더 잘 읽는 사람이 어디 있겠소. 망할.

CONTENTS

들어가며

지금 와서 생각해 보니 내게 그 일이 닥치리라고 예측하지 못했다는 것이 우스울 정도로 이상해 보인다. 당시에는 구조조정이 임박했다는 소문이 회사를 떠돌아다니고 있었다. 또 지난 6년간 상부에서 내게 부서 인원을 감축하라는 지시를 두 번이나 내렸지만 그 근래에는 그런 지시가 없었다.

그래서 금요일 오전 7시 30분(우연히도 이 날은 급여 지급일 전날이었다)에 인사부와 회의가 잡혀 있다는 공지 사항이 월요일 아침부터 내 아웃룩 캘린더에 뜨자, 나는 금요일에 구조조정이 실시될 것이며 당일 아침 미팅에서 인사팀이 내게 구조조정의 세부 사항을 알려 주겠거니 생각했다. 부장으로서 여러 사업팀과 업무 관계로 얽혀 있었기 때문에, 나는 누가 더 이상 우리 부서에서 일하지 않는지 알 필요가 있었다.

잠시 두려움에 휩싸여 생각해 보았다. 내가 구조조정 대상이 될 가능성이 있을까? 그럴 가능성은 낮아 보이지만 만약을 대비해서 필요한 자료를 미리 회사 노트북에서 백업 받아 놓을 필요가 있을까? 이력서와 내 링크드인 프로필을 업데이트해야 할까? 아니, 그럴 필요는 없을 것이다. 나는 구조조정 되기에는 너무나 중요한 프로젝트 여러 개에 지나치게 깊이 개입되어 있다. 8년 간 탄탄한 실적을 쌓아 왔고 점점 더 많은 책임을 맡아 왔으며, 회사에서 내 직무 계발에 너무 많은 투자를 했기 때문에 나를 구조조정한다면 사업적으로 수지타산이 맞지 않는다. 당시에 나는 정말 이렇게 생각했다. 나는 아닐 거야. 아니고말고.

정확히 금요일 오전 7시 30분이 되자 인사팀 직원이 전혀 예상하지 못했던 두 명과 함께 내 사무실을 찾아왔다. 인사팀 본부장과 경비팀 로이드였다. 놀라기도 했고 아직 상황 파악이 채 되지 않았기 때문에 나는 농담을 던졌다. "우와, 인사팀 직원과 경비원이 같이 나타나는 건 좋지 않은 신호인데……. 하하……."

무거운 침묵이 내려앉았다. 인사팀 본부장은 서류철을 꺼냈다. 인사 담당 직원은 내가 느끼는 고통을 이해한다는 듯이 아랫입술을 깨물고 말했다. "우리 회사에서는 귀하를 직위 해제하고자 합니다." 이래서 인사팀 사람들을 좋아할 수밖에 없다. 그 사람들은 늘 우리들 곁에 있다. 떠나기 바로 전까지 말이다. 머리가 핑핑 돌아서 나는 그 직원이 하는 말을 대부분 듣지 못했다. 그 여직원은 내 회사 노트북을 가져간 다음 내가 상자(인사팀에서 고맙게도 준비해 준) 안에 개인 소지품을 담는 모습을 유심히 보았다. 20분 후, 나는 경비원 로이드와 함께 엘리베이터로 향하고 있었다.

아까 말했듯이 후에 다시 생각해 보면 이는 명백한 일이었다. 내게 구조조정의 마수가 다가오고 있다는 사실에는 의심의 여지가 없었다. 나는 사회생활 초기에 재직하고 있던 회사가 갑자기 문을 닫은 경험을 한 적이 있는데, 그때 다시는 갑작스러운 실직 때문에 놀라지 않겠다고 다짐했었다. 그래서 나는 건전한 피해망상증을 어느 정도 갖고 있다는 사실을 자랑스러워하고 있다. 직장 내 사회생활을 "게임 속의 게임"이라고 이름 붙이고, 사람들이 서로 어떻게 대하는지를 보고 들으며 늘 주시하곤 했다. 갑작스레 직업을 잃는 것은 매우 좌절되는 경험이지만, 내가 그 게임 속의 게임을 잘하지 못했다는 점에서 한층 더 그러했다. 물론 내가 미리 알았더라도 아무것도 바뀌지는 않았겠지만 적어도 준비할 수 있는 시간이 더 있었을 것이고, 스스로가 덜 멍청하다고 느꼈을 것이다.

몇 분 동안 나는 차 안에 멍하니 앉아서 이런 사실들을 되새기다가 사무실 창가 자리에 앉은 사람들이 나를 볼 수도 있겠다는 생각이 들어 차를 주차장에서 뺐다. 나는 아내에게 뭐라고 해야 할지 고민하며 목적지도 없이 한 시간 넘게 무작정 차를 몰았다.

가혹한 현실이 엄습해 오기 시작했다. 나는 이제 실직한 기업

연수부장이며, 경기는 좋지 않았고, 지난 3개월 동안 나처럼 연수부장으로 일하다가 구조조정된 지인 세 명과 만난 적이 있었다. 우리는 기업들이 불경기에는 언제나 연수부를 축소하곤 한다는 이야기를 했고, 나는 실직한 그들을 안쓰럽게 여겼다. 면접 기회조차 쉽게 주어지지 않았던 그 세 명 중 두 명은 나보다 경력이 훨씬 길었다. 그리고 이제 나도 그 대열에 합류한 것이다.

그날 구조조정된 직원 수는 50명 이상이었다. 우리는 연락하고 지내자거나 서로 돕자는 등 미래가 불안한 사람들이 하는 모든 약속을 하며 헤어졌다. 90일이 지나자 50명 중 단 열일곱 명만이 재취업되었다. 부장급 직원 한 명은 자기 나이 반밖에 안 되는 아무것도 모르는 어린애가 면접관으로 나온다며 불평을 늘어놓았다. 그는 그런 상황을 견딜 수 없었기 때문에 대책도 없이 모든 면접을 포기하고 조기에 은퇴하기로 결심했다. 만나면 우울해질 뿐이어서 우리는 만나지 않는 대신에 링크드인에서 회사 동문 그룹을 만들어서 연락을 주고받았다. 6개월 후에 50명 중 절반 이상이 재취업되었지만, 대부분은 예전보다 낮은 월급이나 원치 않는 직무를 감수해야만 했다.

하지만 몇몇 사람은 더 높은 직책과 많은 연봉을 받으면서 커리어를 업그레이드하는 데 성공했다. 감사하게도 나 또한 그 중하나였다. 깜짝 놀랄 사실은 지금부터다. 나는 새로운 직업에 안

착한 사람들을 쭉 지켜보았다. 나는 그들의 업무 능력이나 근무 태도, 신뢰도를 잘 알았다. 누가 뛰어난지, 누가 덜 뛰어난지도 알고 있었다. 하지만 개개인의 실제 업무 능력과 얼마나 빨리 직장을 얻었는지, 또는 경색된 구직 시장에서 더 낮은 연봉을 받아들여야 했는지의 여부는 거의 상관관계가 없어 보였다. 그리고 애초에 구조조정되지 않은 사람들 중 상당수가 해고된 사람들에 비해 업무 능력이 뒤떨어진다는 점 또한 명백했다. 운명적인 구조조정의 날, 몇몇의 커리어는 틀어졌고 몇몇은 제자리에 남았으며 몇몇은 더 높이 올라갔다. 그리고 이러한 다양한 결과는 기술, 경험, 야망, 또는 일에 대한 노력과 관계가 없었다. 그렇다면 그 차이를 만드는 것은 무엇인가? 이 책은 그러한 의문에 답하기 위해 쓰였다.

『결국 직장에서 이기는 법칙』은 재능, 야망, 그리고 노력의 한계 너머로 커리어를 확장할 수 있도록 도와주는 기술과 전략, 그리고 통찰력을 당신에게 소개하려고 한다. 물론 성공하고 싶다면 당신은 직무에 능해야 한다. 무능에는 약도 없기 때문이다(역량을 계발하기 위해 열심히 노력하는 것 이외에는 말이다). 그러나 현대 직업 세계에서는 대부분의 사람들이 업무 능력이나 동기 부여 측면에서 "충분히" 뛰어나다.

우리들 대부분의 커리어가 경기 불황, 프로젝트 실패, 나쁜 상사, 갑작스런 해고나 기타 난관으로 흔들리는 중에서도 일부 특출한 성공자들은 어려운 상황을 뚫고 계속해서 커리어를 성장시켜 나간다. 어떤 이들은 과속 방지턱에 걸리기도 하지만 성공한 이들은 이를 비껴 나간다. 그들은 우리들을 상처 입히는 총알을 민첩하게 피하는데, 이는 대부분 그들이 우리보다 게임에 능하기 때문이다.

만약 당신이 똑똑하고, 야망 있고, 열심히 일하는데도 커리어가 응당 그래야 하는 만큼, 또는 원하는 만큼 빨리 향상되지 않는다면, 이 책을 권한다. 만약 당신의 커리어가 정체되어 있는데 당신보다 덜 똑똑하고 열심히 일하지 않는 사람이 직업적으로 성취가 더 빨라서 좌절하고 있다면, 이 책을 권한다.

만약 학연이나 가족·친지 인맥, 집안 형편 등을 등에 업고 승승장구하는 사람 때문에 속이 상한다면, 이 책을 권한다.

주의 사항: 만약 당신이 좋은 학벌을 가지고 있거나 가문 인맥이 화려하거나 물려받을 유산이 충분하다면 책을 내려놓고 물러나는 편이 좋다(이 책은 글이 빽빽한데다 어쨌든 내용이 다소 무겁다). 당신은 이 책에서 얻어 갈 것이 없다.

좀 더 명확하게 말하자면 『결국 직장에서 이기는 법칙』은 남을 조종하거나, 음해하거나, 뒤통수를 치는 전략을 모아 놓은 책이 아니다. 이 책의 목적은 다른 사람을 당신의 출세길 바깥으로 밀어내는 것이 아니다. 또한 이 책은 이론적인 접근이 아니라 30년 이상 다양한 영역에서 보고 듣고 경험한 현실 사회에 바탕을 두고 있다. 나는 사우디아라비아에서 싱가포르에 이르기까지, 캐나다에서 미국, 유럽연합과 호주에 이르기까지 광범위한 국가의 수백 개 사업 영역에서 수천 명의 사람들과 만나서 함께 일을 하는 특별한 기회를 경험했다.

내 워크숍이나 개인 강연은 언제나 각 개인의 커리어 잠재력을 끌어올리기 위한 실용적 기술 계발을 목표로 하고 있다. 그리고 이 책에는 내 워크숍이나 개인 강연 내용들이 충분히 포함되어 있으며, 그 기술과 전략을 실제로 적용한 독자 및 청중의 경험담이 이해를 돕기 위해 삽입되어 있다. 덧붙여서, 이 책에서 가장 핵심적인 내용은 내가 아니라 그들에게서 나왔음을 밝힌다. 최고의 성공자들에게서 흔쾌히 생각과 통찰력을 얻을 수 있어 진실로 영광이었다.

불행히도, 사악할 정도로 험난한 고용 환경(그리고 갑작스러운 실직)에 관한 진정 흥미로운 사례들은 대부분 좀 민감하기 때문에 많은 제보자들이 상사나 동료와의 관계를 해치지 않기 위해 익명을 희망했다. 그리하여 나는 모든 제보자들을 내 작가 증인 보호 프로그램에 의거해 보호하기로 했다. 사연의 주인공은 자신의 이야기라는 것을 알아차릴 수 있겠지만, 피해자와 가해자를 보호하는 차원에서 이름이나 장소 같은 세부 사항들은 충분히 각색하였다.

특출한 커리어를 쌓는 데 성공한 사람을 만날 때 내가 늘 던지는 질문이 있다. "재능이나 노력을 제외한다면, 당신의 성공 비법은 무엇인가요?"

이 책에서 당신은 수많은 "성공 비법"을 엿볼 수 있다.

당신은 세계적인 포커 플레이어보다 다른 사람을 더 잘 읽는 법을 배울 것이다. 사내 정치에 놓인 지뢰를 피하고 대부분의 조직에 존재하는 "게임 속의 게임"을 이해하며, 최고의 성공자들이 실패에 대처하는 법을 배울 것이다. 이 책은 "당신의 꿈을 좇기만 하면 모든 게 잘 풀릴 거예요!"라는 자기계발서 같은 식의 접근법은 지양한다. 그 대신 우리는 당신의 커리어가 단단한 벽에 가로막혔을 때 정확히 어떻게 대처해야 할지 현실적으로 심도 깊게 고찰할 것이다.

당신은 회사에 흔히 있는 뻐기기 좋아하는 자기중심적인 과시형 인간처럼 보이지 않으면서도 효과적으로 자신을 드러내는 법을 배울 것이다. (하느님 맙소사, 그런 사람들이 얼마나 싫은지.) 하지만 만약 우리가 스스로의 실적을 제대로 홍보하지 않는다면 자기과시형 인간들은 그들이 응당 받아야 할 인정이나 보상보다 더 많은 몫을 챙겨가게 된다. 더 이상 그런 일이 벌어지지 않을 것이다. 당신이 이 책을 읽은 이후에는 말이다.

이 책은 당신이 미처 보지 못했던 사각지대에도 눈을 돌리게 해 준다. 당신은 어느 시점의 어떤 지점에서 스스로 커리어 발전을 가로막아 왔는지 깨닫게 될 것이다. 당신은 주변 사람들에게 더 세심하게 대하는 동시에 감정적으로 더 강하게 회복하는 방법을 배울 것이다. 당신은 커리어에 영향을 주는 사안에 대해 더 나은 결정을 내리고, 커리어 상승에 더 많은 에너지를 투입하고, 바람직하지 않은 일들이 일어났을 때 재기하는 법을 배울 것이다.

심지어 당신은 회사에서 더 매력적인 사람이 되는 법도 배울 수 있다.

정말로 당신은 이 모든 것을 학습할 수 있다.

이 책을 통해서 나는 커리어가 정체되는 가장 보편적인 환경에 대해 논의하고, 당신에게 핵심 직장 포커 기술을 어떻게 적용하는지 안내해 주려고 한다. 우리는 자기 인식 형성에서 출발해 어려운 환경에서 신속하게 대응하고 생산적으로 대처할 수 있는 역량을 기르는 데까지 나아가려고 한다. 효과적인 대응이라 함은 다음과 같은 상황을 포함한다.

- 무능하기 짝이 없는 상사 상대하기.

- 복잡한 사내 정치에 대처하기.
- 승진 기회가 제한된 상황에서 야망이 넘치는 사람들 다수와 함께 일하기.
- 당신의 공을 차지하려 들거나 자기의 잘못을 당신에게 뒤집어씌우려는 동료와 일하기.
- 갑작스런 해고에 대처하고 가능한 한 빨리 정상 궤도를 회복하기.
- 커리어 발전에 가장 최선의 결정 내리기.
- 커리어에 잘못된 결정을 내렸을 때 빨리 회복하기.
- 당신의 커리어가 궤도를 벗어나거나 지지부진할 때 이를 알아채고 대책을 강구하기.

이는 모두 매우 심각한 내용이지만 나는 서두에서 오랫동안 너무 진지한 척하느라 진을 뺐으므로, 앞으로는 실전 기술과 유익한 내용 중간 중간에 시니컬하고 좀 아슬아슬하고 부적절한 유머를 섞을 생각임을 미리 밝혀둔다.

나는 또 서문이 너무 긴 것을 싫어한다. 그러니 바로 1장을 시작해 보자.

1장

외발자전거를 타면서
포커 게임을 한다는 것

포커의 왕도는 카드가 아닌 사람을 잘 읽는 것에 있다.
게임을 할 때 다른 사람들이 말하는 것을 알아채는 능력을
완벽히 습득하는 데에는 평생이 걸릴 수도 있다.
그러나 어려운 것으로 따지자면 매일의 회사 생활에서
다른 사람들을 읽는 것이 포커보다 더 어렵다.

내 생에서 가장 심오한 직업적 교훈을 깨달은 것은 20년도 더 전의 한 오후, 샌디에이고 북쪽 경마장 근처의 한 바에서였다. 밖에는 햇살이 환하게 내리쬐고 있었지만 바 안쪽은 어두침침했고, 나는 여섯 명의 남자와 두 명의 여자와 함께 가장 어두운 구석에 있는 테이블에 앉아 있었다. 조명은 어두웠지만 그들의 얼굴에 떠오른 불안은 똑똑히 보였다.

　당시 우리가 함께 근무하고 있던 회사가 그날 아침에 갑자기 사업을 중단했다. 우리가 아침에 출근했을 때 문은 잠겨 있었고, 정문 유리 안쪽에 붙은 쪽지에는 회사가 문을 닫았다고 적혀 있었다. 그것도 영원히. 그날은 월급날 바로 직전이었기 때문에, 많은 직원들이 마지막 월급을 받을 수 있을지 조금이라도 확답을 받기 위해 전화를 하는 데 오전 시간을 모두 보냈다. 필사적으로 본사에 건 전화는 아무도 받지 않았지만 다른 지역 사무소에 전화를 건 몇몇 사람들은 연락이 닿았다. 그러나 무슨 일이 일어났는지 제대로 파악하고 있는 사람은 아무도 없는 것 같았다. 결국 우리는 지역 사무소 중 대략 절반이 문을 닫았다는 사실을 알아냈다. 그리고 나머지 절반은 "평상시대로 근무"하고 사무소가 폐쇄된 지역과 연락을 최소화하라는 지시를 받았다. 그러므로 우리와 대화하려는 사람은 아무도 없었다. 그리고 말을 받아준다 하더라도 상황이 어떻게 돌아가는지 아는 사람은 아무도 없었다. 긴장이 가득한 오전 시간을 보낸 후, 우리는 자연스레 그 바에 삼삼오오 모여 상황을 정리해 보려고 시도했다.

마지막 월급은 결국 지급되지 않았다. 1년이 지난 뒤 우리는 회사가 지역 사무소를 분사分社해 각각 다른 사람에게 매각했다는 사실을 알게 되었다. 그래서 일부 사무소들이 갑자기 철수한 것이다. 어떤 사람들은 몇 년씩 걸려서 회사 소유주에게서 밀린 월급을 받아내려고 하기도 했다. 하지만 내가 아는 한, 우리 중 한 푼이라도 받은 사람은 아무도 없다.

그리하여 우리는 오후 시간 대부분을 바에 앉아 비탄과 상실의 단계를 이겨내는 데 보냈다. 처음엔 수입 생맥주를 앞에 두고 부정의 단계를 거쳤다. "실수일거야. 오스틴이나 오클라호마시티 사무소를 철수한 이유는 알겠지만 샌디에이고도 닫는다고? 말도 안 돼!"

그다음 단계는 분노로, 이때는 테킬라를 여러 잔 들이켰다. 아가베로 만든 좋은 술 말이다. "회사에서 알랑거리는 망할 놈들은 모두 멍청이들이고 피를 보는 건 힘없는 아랫것들이지!"

그 후에는 진과 위스키, 보드카와 화이트와인 칵테일을 마구잡이로 섞어 마시면서 협상 단계로 들어갔다. (그 당시는 1980년대 후반이었기 때문에 요즘 잣대로 판단하지 말기를 바란다) "영업 비용을 줄이고 야근 수당을 삭감하면 샌디에이고 사업 수익성을 개선시킬 수 있을 텐데."

우리는 수용 단계까지 가지는 못했지만 나는 4차로 사람들에게 브랜디를 샀다. 그때 토니가 바 안으로 들어와 우리 테이블 앞에 왔다. 일행 중 한 명이 그를 올려다보고는 취한 말투로 웅얼거렸다. "잘 왔어……. 한 턱 쏴."

"미안하지만 지금은 안 되겠는데." 토니가 대답했다. "오후에 면접 약속이 몇 개 잡혀 있거든."

그는 얼굴에 미소를 띤 활기찬 모습으로, 말쑥한 면접용 정장을 입고 우리 앞에 서 있었다. 우리는 모두 동물원에서 신기한 동물을 보는 것처럼 말도 없이 그를 쳐다봤다. 빨간 눈이 하나밖에 없는 줄무늬 맥이나 다리가 다섯 개 달린 표범을 보는 것처럼. 제대로 된 사람들이라면 그를 위해 기뻐하고 용기를 주었을 것이다. 하지만 우리가 그에게 한 말이라곤 이게 다였다. "뭐라고?"

토니는 회사 직무상 상대적으로 계급이 낮았던 텔레마케터로, 좁은 칸막이 안에 앉아서 온종일 잠재 고객에게 전화를 걸었다.

업무적으로 그와 연관될 일은 별로 없었지만 우리는 모두 그를 좋아했다. 그는 겸손했으며, 자신의 업무를 잘해 냈고, 언제나 기분이 좋아 보였다.

토니는 우리 테이블에 앉아서 웨이트리스에게 찬물을 한 잔 갖다 달라고 했다. 그는 짜증이 날 정도로 기운이 넘치고 기분이 좋았으며, 빌어먹을 냉수를 마시면서 우리 기분을 좀 나아지게 하려고 애썼다. 누군가가 토니에게 그렇게 빨리 면접을 잡은 비결이 뭐냐고 질문하자 그는 "사실 빨리 진행된 게 아니에요. 면접 몇 개를 계속 진행하고 있었거든요." 하고 대답했다.

"면접 몇 개라고? 면접이 둘 이상이라고?" 내가 물었다.

"네. 몇 군데 확실한 기회가 있어요. 오늘 오후에 가는 회사는 이번이 3차 면접인데, 제 생각에는 오늘 저한테 제의를 할 것 같아요."

우리는 표범에 다리가 하나 더 돋기라도 한 듯이 그를 쳐다보았다. "뭐라고?" 누가 똑같은 말을 한 번 더 했다. 그 말을 한 게 나일지도 모른다.

"에이, 아시면서 그러세요." 토니가 말했다. "솔직히 엄청 놀랄 만한 일은 아니잖아요. 사실 제일 놀라운 점은 사업을 철수할 때까지 이렇게 오래 걸렸다는 사실인걸요." 그는 자신이 지난 몇 년 동안 보고 들으면서 우리 지점이 나머지 일곱 개의 다른 지역 사무소와 함께 폐쇄될 것이라고 판단한 근거들을 설명했다. 당연하게도 그는 여러 달 전부터 새 자리를 찾아 구직에 나서고 있었다.

토니는 그가 알 수 없는 (혹은 알지 말아야 될) 것들을 알고 있는 것처럼 보였다. 그는 각 지점의 수익성 순위를 알고 있었는데, 이는 본사에서 비밀로 엄수하고 있는 정보였다. 그는 우리와 일곱 개의 다른 지점이 사실상 별도의 법인 소유라는 사실도 알고 있었다. 경쟁사에 사업이 구조조정될 것이라는 소문이 돈다는 사실도, 회사 창업자가 지저분한 이혼 소송에 대비해 자산을 현금화하기 위한 목적으로 값나가는 부동산들을 매각할 수 있다는 사실도 알고 있었다. 면접 시간에 맞춰 나서야 했기 때문에 토니는 우리에게 이러한 정보들을 다 어떻게 들었는지 설명할 시간이 없었다.

우리는 그가 자리를 뜰 때 행운을 빌어 주었지만, 사라진 이후에는 헐뜯기 시작했다. "토니가 본사를 물먹이는 이유가 뭐인 것 같아?" 누군가가 물었다. 해피아워가 끝날 때까지 우리는 계속 술을 마셔댔고 술값은 세 배가 되었다(그리고 여성들에게 더 이상 공짜 술이 제공되지 않았다). 그때쯤 우리는 모두 토니가 그러한 내부 정보를 알기 위해 무언가 불법적이거나 비윤리적인 행동을 저질렀으리라는 결론에 이르렀다. 그리고 물론 그렇게 바로 새 직장 면접을 볼 수 있으면 좋겠지만, 기준을 높여 면접 기회를 엄선하는 것이 낫겠다는 데도 의견을 모았다. 아니면 그 정도로 멍청하게 독선적이었거나.

몇 주 후 나는 토니와 점심을 먹었다. 그 시점에서 알코올은 모두 분해되어 있었고, 토니는 텔레마케팅 팀장이라는 새 직급에 만족하며 일하고 있었으며, 나는 나를 고용해 줄 만한 사람들에게 이력서를 뿌려대던 참이었다. 내 머리는 텅 비어 있었고 — 실직이라는 패닉 상태에 빠지게 되면 당신도 아마 그럴 것이다 — 토니가 어떻게 문제가 실제로 닥치기 한참 전에 그러한 사실을 예측할 수 있었는지 너무나 알고 싶었다.

우리는 길고 유익한 대화를 나누었지만 독자 여러분을 위해 짧게 요약하도록 하겠다. 일단 토니는 본사 사람과 깊은 관계를 맺고 있지 않았다. 특별한 인맥을 통해서 우리가 알아낼 수 없는 정보를 얻은 게 아니었다. 대신 그는 다른 사람들과는 다른 방식으로 주의를 기울이고 있었다. 그는 우리가 중요하지 않다고 생각했던 일을 주목하고 파헤쳤다.

토니는 내게 함께 일했던 많은 사람에 대한 자기 견해를 말해 주었다. 그는 사람들이 동기 부여를 하고 결정 내리는 데 영향을 미치는 개인적인 커뮤니케이션 스타일에 주목했다.

"전무님이 인간적으로 좀 더 열려 있고 우리와 편하게 대화하려고 애쓰는 반면, 지역 본부장님은 말을 할 때 신중하다는 점에 대해 생각해 본 적이 있으신가요?" 토니가 물었고, 나는 고개를 끄덕였다. 나는 전무님의 성격이나 커뮤니케이션 스타일을 진심으로 좋아했다. "흠, 제 생각에 본부장님은 우리에게 거짓말을 하는 게 불편해서 말을 신중하게 고르신 것 같아요. 하지만 전무님은 자기가 필요하면 우리한테 웃으면서 무슨 말이든 아무 거리낌 없이 할 수 있거든요. 사실이든 아니든 간에 말이죠."

나는 두 사람에 대한 토니의 관점이 나와 그렇게 다르며, 더 정확히 그들을 판단하고 있다는 사실에 놀랐다. 다른 사람들과 업무적으로 거의 연관되지도 않고 칸막이 안에 혼자 앉아서 일하는 사람이 굳이 그에 대해 생각한 이유가 무엇인지 궁금해졌다. 토니에게 사람을 이해하는 통찰력이 있어서 사람들의 성격이나 특성을 그토록 깊이 파악할 수 있다는 사실 자체가 솔직히 놀라웠다.

또한 토니는 우리 상사들이 아래 직원들과 대화하고 상호작용하는 방식을 유심히 관찰했기 때문에 윗사람들이 서신을 보내거나, 연설을 하거나, 직원들이 잘하고 있는지 사무실을 둘러볼 때도 사무적인 이야기 행간에 숨어 있는 진실을 잘 읽을 수 있었다. 이러한 사실을 내게 이야기할 때 그는 판단하거나 비판하는 태도를 취하지 않았다. 굳이 말하자면 오히려 상담 의자에 앉아 있는 환자를 대하는 심리치료사처럼 평온하고 객관적이었다. 그는 다른 사람들을 주의 깊게 관찰하고 그들의 행동에 주목했을 뿐이다.

토니는 지난 몇 년간 여러 행사를 기획하는 데 깊숙이 관여하고 매년 눈에 띄게 자리해 왔던 창업주 부인이 우리 회사가 개최했던 마지막 연말 파티에 참석하지 않았다는 사실에 주목했다. 공식적인 불참 이유는 몸이 좋지 않아서였지만, 토니는 이를 믿지 않았다. 특히 창업주의 젊고 사랑스러운 새 "비서"를 만난 후에는 더욱 그랬다.

핵심 직원들 몇몇이 경쟁사로 이직하고 난 이후에도 그들과 관계를 유지한 덕분에 토니는 경쟁사들의 정보나 우리 회사에 대한 소문을 계속 들을 수 있었다. 때로는 직원들보다 경쟁사가 회사 내부에서 무슨 일이 일어나는지 더 빨리 파악하는 법이다.

월급 수표를 발급하는 은행이 바뀌고 수표에 기재된 회사 이름이 미세하게 달라졌을 때, 나머지 사람들은 별일 아니라고 치부한 반면 토니는 이러한 변화들이 일어난 이유를 조사했다. 그리고 사업이 두 개의 법인으로 분할되었다는 사실을 알아냈다. 사업적으로 바뀐 것이 거의 없었기 때문에 대부분의 사람들은 이를 눈치채지 못했다. 하지만 우리가 마지막 월급을 받아내려고 애쓸 때, 이는 매우 중요한 관건이 되었다.

이러한 자잘한 이야기를 여기서 늘어놓는 것은 20년도 더 전에 내게 일어났던 고통스러운 상황을 회상하려는 목적이 아니다. 그런 용도라면 나는 따로 심리치료사를 두고 있다. 내 목적은 토니로부터 얻은 큰 교훈을 강조하는 것이다. 그는 회사 상황에 대해 더 잘 이해하고 있었기에 다른 직원들보다 더 잘 준비할 수 있었고, 갑작스런 사건의 희생양이 되는 대신 대비책을 세울 수 있었다. 다른 사람들이 새로운 직장을 찾기 위해 몇 달씩 보내고 있을 때(대부분 원하는 것에 비해 만족스럽지 않은 직장에 들어갔다) 토니는 사전 대책을 세우고 더 유리한 입장에서 구직을 할 수 있었다. 그날 이후 나는 토니가 가진 혜안의 가치를 깨달았고, 함께 일하는 사람에게 더 많은 주의를 기울이기 시작했다.

세월이 흐르며 나는 함께 일하는 사람들을 더 깊이 이해하기 위해 노력하는 많은 "토니들"을 만났다. 그들은 여러 종류의 사람에게 더 생산적으로 대응하고, 사내 정치에 더 효율적으로 대처하며, 그들이 일하는 직장의 특정한 기업 문화를 더 깊고 정확하게 이해했다. 나는 이러한 능력 — 이는 가히 기술이나 역량이라고 부를 수 있다 — 이 그 사람의 직업적인 성공을 가장 잘 예측할 수 있는 척도라고 판단한다.

다른 사람의 마음을 잘 읽는 데 필요한 요소들은 지나치게 단순화되기 마련이다. 사람은 매우 복잡한 존재이다. 한 사람의 동기, 두려움, 소망, 욕구, 신념, 버릇과 태도를 진정으로 파악하는 일은 너무 거창하며, 또 본질적으로 불완전할 수밖에 없다. 이러한 이유로 많은 사람들은 타인의 표면적인 행위 이면에서 벌어지는 일에 관심을 갖지 않는다. 대신 머리를 깊숙이 박고 자신의 일만 잘하면 된다고 생각해 일에 집중하곤 한다. 그러나 그것만으로 충분치 않은 경우가 많다.

오히려 복잡성 덕분에 기회가 생긴다. 이것이 잠재적인 배심원의 생각을 예측하는 배심원 컨설턴트 수임료가 비싼 이유이며, 저명한 협상가들이 계약 조건만큼이나 심리에 관심을 기울이는 이유이며, 게임 상대의 심리를 잘 읽는 포커 선수들이 크게 이길 수 있는 이유이기도 하다.

카드 게임보다 더 어렵다

포커의 왕도는 카드가 아닌 사람을 잘 읽는 것에 있다. 게임을 할 때 다른 사람들이 말하는 것을 알아채는 능력을 완벽히 습득하는 데에는 평생이 걸릴 수도 있다. 그러나 어려운 것으로 따지자면 매일의 회사 생활에서 다른 사람들을 읽는 것이 포커보다 더 어렵다.

일반적으로 포커 게임에서는 모두가 같은 목표(돈이나 포커 칩을 제일 많이 따겠다는)를 가지고 있고 모든 플레이어들이 따르는 구체적인 룰이 있다. 게임의 룰은 명확하고 게임의 진행도 일반적인 절차에 따라 이루어진다. 다른 플레이어들의 얼굴 표정이나 몸짓을 읽는 목적은 대개 하나의 질문에 대답하기 위해서이다. 상대는 얼마나 허풍을 떨고 있는가? 때때로 부정행위를 하는 사람이 있기는 하지만 부정행위가 옳지 못하다는 사실은 명확하므로 발각되었을 때의 대가는 가혹하기 마련이다.

직장은 포커 게임에 비해서 더 예측하기 어렵고 복잡한 요소가 많다. 사람이란 감정적으로나 정신적으로나 매우 복잡한 존재이며, 개인은 때로 상충하는 여러 가지 동기에 의해 움직이기 때문이다. 직장이라는 포커판에는 언제나 많은 이해관계가 얽혀 있고 모든 사람이 상황에 따라 허세를 부리기도 하며, 속임수를 쓰는 사람이 이길 때도 있다. 게임의 룰이 명확한 경우는 거의 없고, 그나마 순식간에 바뀌기도 한다. 마치 외발자전거를 타면서 새끼 고양이를 한 손으로 저글링하며 포커 게임을 하는 것과 마찬가지다.

일반적인 포커에서 포커 칩을 가장 많이 따기 위해 게임을 하는 것과 달리, 직장 포커에서 사람들은 다음과 같은 다양한 동기에 의해 게임을 한다.

- 소득을 높인다.
- 가족과 더 많은 시간을 보낸다.
- 동료들에게 인기를 얻는다.
- 상사에게 더 잘 보인다.
- 일을 적게 한다.
- 더 많은 성과를 낸다.

또는
이 모든 일을
한 번에 달성한다.

예로 든 보기들 중에서는 분명히 상충하는 것들이 있지만, 사람이란 원래 그렇게 창조된 존재이다. 우리는 많은 것들을 하고, 많은 것이 되고, 많은 일을 경험하고 싶어 하며, 우리에게 부족하거나 달성하지 못할 것 같은 목표에 집중하기도 한다. 당신이 얻어내려고 하는(또한 이번에 얻어 낼 수 있을지 확실하지 않은) 승진이 지급이 확실시되는 연간 보너스보다 훨씬 강력한 동기를 부여한다.

> **66** 우리는 손에 닿을락 말락 하는 것을
> 가장 강하게 추구하곤 한다. **99**

그러므로 당신이 어떤 사람을 움직이는 가장 강한 동기가 무엇인지 알고 싶다면, 그들이 당장 가질 수 없을 것 같으면서도 지금 바라고 있는 것이 무엇인가 스스로 생각해 보라. 사람들은 가장 강력한 동기를 다른 사람에게 알리지 않는 경우가 많다. 예를 들면 다음과 같다.

야망이 큰 사람들은 체스 게임처럼 서너 수 앞을 치밀하게 계획하면서도 커리어 상승에 관심이 없는 척을 한다. ("나는 '현재의' 직무에 충실한 것이 중요하다고 생각하지, 그다음 일에는 별로 신경을 쓰지 않아요.") 실상 그들의 가장 '강렬한' 관심사는 커리어의 '다음' 단계이다.

직업 또는 사회적 직위, 보너스, 영향력 등을 잃어버릴까 걱정하는 사람들은 자신의 두려움을 숨기기 위해 과장을 하는 경향이 짙다. ("무슨 일이 일어나든 나는 전혀 걱정 안 해요.")

인정받기를 원하는 사람들은 종종 과도하게 다른 사람의 성과를 칭찬하는 경우가 있다. 이는 마치 자신의 성과를 스스로 축소하는 것처럼 보이기도 하지만, 사실 그들의 깊은 내면을 보면 자기 자신의 성과를 강조하고 싶은 욕망이 감추어져 있다. ("그건 저 개인이 아니라 팀의 공이죠. 제가 아니라 저희 팀원들에게 영광이 돌아가야 마땅합니다.")

다른 사람들이 가장 원하고 바라거나 필요로 하는 것들을 숨긴 채로 복잡하면서도 모순된 동기에 의해 움직일 때, 당신이 그들의 마음을 알아챌 수 있는 방법은 무엇일까?

가장 우선적이고 단순하지만 때로 가장 어려운 방법은 시간을 들여 관찰하는 것이다. 다시 강조하자면 '시간을 들여서' 관찰해야 한다.

우리는 모두 회의나 이메일, 프로젝트, 프레젠테이션, 또는 무수히 많은 긴급한 과제들로 바쁜 사람들이다. 누가 동료의 말을 경청하고 그들이 직접적으로 '말하지 않은' 내용이나 '행간의' 의미를 알아채는 데 시간을 투자한단 말인가? 다른 사람을 이해하는 데 내 쪽에서 그렇게 노력을 기울일 필요가 없으며, 이해 받고 싶으면 상대방이 더 노력해야 한다고 생각하기 십상이다.

"저에게는 사람들을 '읽는' 데 쓸 시간이 없어요." 어떤 바쁜 재무팀 이사가 나한테 이렇게 말을 한 적이 있다. "직원들이 생각하는 바가 있으면 저한테 말을 하겠죠. 자기 생각조차 제게 똑똑히 전하지 못할 정도라면 중요하지 않다는 얘기일 테고요." 말할 필요도 없이, 그는 사람을 읽는 데 그리 능숙하지 않았다.

사실을 말하자면 다른 사람의 속마음을 읽는 데 그리 많은 시간이 필요하지는 않다. 하지만 더 많은 에너지(정신적으로나 감정적으로나)가 필요한 것은 사실이며 결과도 불확실하다. 당신의 목적이 달성되어 "아하!" 할 만한 순간이 없기 때문에 좌절할 수도 있다. 그러므로 당신이 만나는 모든 사람에 대해 갑자기 "독심술사"가 되려고 생각한다면 부담스러울 것이다. 따라서 실제로 스스로가 얼마나 잘하고 있는지 알 길이 없다. 그러나 다른 사람의 속마음을 무시한다거나, '일이나 하지 뭐' 라는 마음가짐을 갖는다면 스스로 커리어 발전을 위기에 밀어 넣는 꼴이 된다.

> 66 만약 다른 사람들의 마음을 잘 읽지 못한다면,
> 당신은 위태로운 커리어 사다리를 오르는 격이다.
> 그것도 눈가리개를 하고서 말이다. 99

라이언 홀컴은 매사추세츠 주 월섬 시에 위치한 세인로지스틱스의 마케팅부 부장이었다. 그의 성실성과 능력을 의심하는 사람은 아무도 없었다. 실제로 그는 적은 예산으로 단시일 내에 결과를 내놓아야 하는 중요한 마케팅 프로젝트가 있을 때마다 늘 핵심 인물로 거론되고는 했다. 그는 야망이 넘쳤고, 일을 열심히 한 보상으로 승진을 하게 될 것이라고 기대했지만 기회를 두 번이나 놓쳤다. 라이언은 두 번 모두 강력한 후보로 물망에 올랐지만 상부에서는 늘 직무에 "더 잘 맞는 사람"을 찾았다고 통보했다. 패배를 인정하지 않는 사람이 되고 싶지는 않았지만, 라이언은 회사가 그를 승진 대상에서 배제한 이유를 진심으로 알고 싶었다. 냉정하게 보더라도 객관적으로 그 자리에 더 적합한 사람은 자신이라고 생각했기 때문이다. 두 번 모두 말이다. 승진에서 탈락한 합당한 이유를 분석할 때면 감정적으로 좌절하기도 하고 마음이 혼란스러워졌다. 그래서 결국 그는 고개를 숙이고 일에 집중하는 쪽을 택했다. 자존심 때문에라도 이런 좌절감이 일의 질에 영향을 미치게 할 수는 없었다.

세 번째 기회가 왔을 때, 라이언이 다시 내부 채용 시스템에 이력서를 제출하려고 하자 한 동료가 이런 말을 해 주었다. "회사에서는 절대로 현재 직무에서 널 빼주지 않을 거야. 리스크가 너무 크거든."

그 동료는 라이언의 현재 직급에 있었던 전임자 두 명이 큰 실수를 해서 회사에 수십만 달러의 손해를 끼쳤던 사실을 이야기해 주었다. 라이언은 여러 개로 분산된 마케팅 프로젝트를 한 번에 처리하고 언제나 제시간에 정해진 예산 내에서 집행할 수 있는 능력을 가진 유일한 인물로 평가 받고 있었다. 그리고 라이언의 현재 상사는 전임자들의 실수 때문에 거의 회사에서 잘릴 뻔했다. 결과적으로 라이언은 특출한 업무 능력 덕분에 절대로 회사에서 퇴출되지는 않겠지만, 역설적으로 세인로지스틱스에서는 다른 자리로 이동할 수 없는 몸이 된 것이다.

새로운 정보를 얻은 후 라이언의 생각은 완전히 바뀌었다. 동료의 말이 기분 좋은 이야기는 아니었지만 드디어 그간의 일들이 이해가 된 것이다. 승진 기회를 두 번이나 놓쳤다는 사실이나 그 밑에 깔린 이유는 여전히 만족스럽지 않았지만, 적어도 더 이상 미칠 듯한 기분에 시달리지는 않아도 되었다. 이직 계획을 세우기는 쉬웠지만 현재 회사 문화, 통근 조건 등에 매우 만족하고 있었기 때문에 라이언은 세인로지스틱스에서 장기적으로 근무를 하고 싶었다.

라이언은 그동안 "사내 정치"나 함께 일하는 사람들의 행동을 결정하는 동기에 대해 별로 생각을 해 보지 않았지만 이번 경험은 그의 스위치를 켰다. "마치 체스 게임 같았어요." 그는 말했다.

"지금 하고 있는 게임 '속에' 완전히 다른 게임이 하나 더 있다는 걸 갑자기 깨달았다고나 할까요."

"게임 속의 게임"을 어떻게 하는지 배울 필요가 있다고 생각한 라이언은 세 번째 포지션에 바로 지원하는 대신 인사 절차에 관련된 모든 사람을 연구하기 시작했다. 그는 인사권자들과 밀접한 관계에 있는 사람들과 이야기를 나누기도 했고, 미팅을 하거나 이야기할 기회가 있을 때면 그들을 주의 깊게 관찰했다.

라이언은 많은 대화를 나누었고, 예리한 질문을 던졌으며, 그들이 직접 말한 것과 직접적으로 '말하지 않은' 것이 무엇인지 경청했다. 일일이 자세히 열거하는 대신, 그가 결국 알아낸 것을 요약해 보자.

실제로 그의 상사는 라이언이 현재 포지션에서 이동될 가능성에 대해 **매우** 걱정하고 있었지만 스스로 인정하려 들지 않았다.

또 라이언의 상사는 두 번째 아이를 출산한 참이었으며, 아이의 건강에 심각한 문제가 있었다. 그러므로 자연스럽게 그녀의 에너지 대부분은 아이에게 가 있었고, 부하 직원이 바뀌어 평지풍파를 일으키지 않는 일이 중요한 상황이었다.

상사는 지치고 스트레스가 쌓여 있었지만 이를 드러내지 않기 위해 열심히 일하고 있었다. 그녀는 본인이 "조직의 약점"으로 비추어져서 세인에서의 커리어가 망가지지 않기를 원했다.

그러나 직속 상사 말고도 걸림돌은 또 있었다. "상황을 제대로 돌아가게 하는" 라이언의 능력으로 인해, 경영진 일부는 그를 전략적이고 혁신적으로 사고하는 직원이라기보다는 실무자에 가깝다고 생각하고 있었다.

세인의 경영진이 부장급 직원에게 요구하는 핵심 역량 중 하나는 전략적이고 혁신적인 사고이다. 이는 공식적인 직무 기술서에 명시되어 있지는 않지만 경영진이 중요하게 생각하는 자질임이 분명했다.

마침내 라이언은 자신이 두 개의 당면 과제에 봉착했다는 결론에 도달했다.

1. 그가 다른 직무에 배정되더라도 그의 직속 상사가 불안하지 않도록 하기.
2. 세인로지스틱스의 경영진들에게 그가 전략적이고 핵심적으로 사고하는 능력을 가졌다는 확신을 심어 주기.

2번 문제를 1번보다 먼저 풀어야 한다는 사실을 깨달았을 때 그에게 "아하!" 하는 순간이 찾아왔다. 직속 상사와의 문제를 먼저 해결한 다음 2번 과제의 철벽에 도전하려는 유혹에 빠지기는 매우 쉬운 일이었지만 말이다.

일이 어떻게 흘러갔는지는 나중에 서술하겠지만 이 이야기에서 당신이 주목해야 할 교훈은 그 결과가 아니다. 이 이야기의 중요한 교훈은 무엇이 **진짜** 문제인지 정확하게 이해하지 못했다면, 라이언은 무작정 일을 해결하기 위해 전혀 소용 없는 행동을 했을 수도 있다는 사실이다.

> **66** 과거에 커리어에 관해서, 무엇이 문제인지
> 스스로 정확하게 알지도 못하면서 해결하려고 애쓰느라
> 미칠 정도로 힘들었던 적이 몇 번이나 있는가? **99**

신뢰를 얻기 위해 열심히 노력한 결과, 라이언의 상사는 라이언에게 마음을 열고 그녀가 처한 상황과 일에서 느끼는 좌절감을 털어놓았다. 라이언은 상사의 업무 중에서 특히 전략적이고 혁신적인 사고를 요하는 일부 업무를 추가로 맡기로 했다. 그는 자신이 상사를 "배신하지" 않을 것이라는 확신을 주었지만, 대화를 나눈 후 그녀는 라이언에게 협력하고 그의 성장을 돕지 않는다면 라이언이 아마도 갑자기 다른 회사로 이직해 결국 그를 잃게 되리라는 사실 또한 깨달았다. 그녀의 커리어상 이는 최악의 결과였다. 라이언은 상사를 협박하지 않고도 그녀의 불안감을 자극함으로써 이익을 얻을 수 있었다. 상사의 프로젝트를 떠안으면서

그는 세인로지스틱스의 경영진과 "얼굴을 맞댈 기회"를 늘렸고, 결국 승진을 할 수 있었다. 그리고 모두 행복하게 살았다.

당신의 상황은 어쩌면 덜 복잡할지도, 혹은 더 복잡할지도 모른다. 하지만 당신이 상황의 이면에 무엇이 있는지 고민하기 전까지는 아무것도 알 수 없다. 그러므로 잠시 동안이라도 당신이 대화나 업무상 접촉에 투자할 만한 정신적이고 감정적인 에너지를 갖고 있다고 생각하자. 이러한 작업을 시작하기에 앞서 선입견을 버리고 중립적인 태도를 먼저 갖추어야 한다.

제인 구달이 되어라

직장 동료나 상사들의 동기나 행동 경향을 더 깊이 파헤쳐 보고 싶다면, 먼저 당신 자신이 감정적으로 반응을 해서도 안 되며 선입견이나 판단, 기대를 배제하고 상대를 관찰해야 한다. 관찰 대상이 되는 인물과 어느 정도 함께 일했다면 객관적인 입장을 온전히 고수하기가 더 어렵다. 아마도 당신이 이미 그들에 대한 견해를 가지고 있을 것이기 때문이다.

어떤 사람에 대해 "친절하다"거나 "얼간이 같다"라거나 "수동 공격형 인간 같다"거나 "진실하지 못하다" 등 특정한 판단을 내리는 순간, 당신은 그 사람을 똑바로 볼 수 있는 능력을 잃는다. 긍정적인 감정도 당신의 시야를 가로막기는 마찬가지다. 선입견은 대부분의 사람들이 다른 사람을 명확하게 파악하지 못하는 근본적인 이유 중 하나이다. 타인에 대해 짧은 시간에 내린 판단이나 감정적으로 강렬한 반응은 우리의 눈을 가리기 마련이다.

자신감이 넘치는 사람들은 주위 사람들에게 좋은 인상을 주고 있다고 스스로 믿기 때문에 사태를 명확하게 보지 못하는 경우가 많다. 소심하고 부끄러움을 타는 사람들은 다른 사람들이 자기를 어떻게 볼지 걱정하느라 상황을 놓치기도 한다. 당신이 다음과 같은 상태라면 다른 사람을 정확하게 관찰해 평가할 수 없을 것이다.

- 감명을 받았거나
- 짜증이 났거나
- 겁을 먹었거나
- 선입견을 가지고 있거나
- 매력을 느끼고 있거나
- 업신여기고 있거나
- 당황했거나
- 좌절했거나
- 확신이 없거나
- 이성으로서 끌리고 있거나

줄줄이 더 늘어놓을 수도 있지만, 이쯤에서 무슨 뜻인지 감을 잡았으리라 믿는다. 당신은 직장에서 벌어지는 일련의 일들을 감정에 치우치지 않고 바라보는 관찰자가 되어야 한다. 스스로를 회사의 제인 구달이라고 생각해 보라. 사무실 침팬지들이 서식지에서 하는 행태를 관찰하는 동물학자가 되었다고 생각하는 것이다. 제인 구달은 침팬지의 행태를 판단하지 않고 단순히 관찰을 한다. 한 침팬지가 끊임없이 다른 침팬지들에게 싸움을 건다면, 제인은 이러한 행태에 호기심을 갖고 주의를 기울이며 충실히 관찰 일기에 기록하겠지만 가치판단을 개입시키지는 않는다. 침팬지가 새끼를 버리거나 분노한 끝에 다른 침팬지를 죽이게 되더라도 제인 구달은 좌절감이나 슬픔, 동정 같은 감정에 얽매이지 않고 객관적인 관찰자의 입장을 견지할 따름이다.

> **66** 다른 사람들을 정확하게 보고 싶다면
> 그 사람들이 침을 뱉고 오물을 던질 때 가치 판단을 내리지 말고
> 관찰자의 입장이 되어라. **99**

랜달 휘트컴은 오리건 주 포틀랜드 시의 북쪽에 위치한 포도주 양조장에서 일하는 세일즈 팀장이었다. 그는 자신의 일과 동료 대부분에 만족하고 있었지만 사장과의 관계가 최악이었는데, 운

나쁘게도 그 사장은 회장의 아들이었다. "우리 관계는 처음, 그러니까 사장이 대학을 중퇴하고 일할 자리를 찾다가 낙하산으로 사장 자리에 앉은 그 시점부터 잘 풀리지 않았어요." 랜달이 말했다. 그가 생각하기에 사장은 양조장 일을 그리 좋아하지도 않았고, 특별히 똑똑하지도 않았으며, 사람 다루는 기술은 형편없었다. 그런 아들이 갑자기 회사를 경영하게 되면서 회장은 뒷전으로 물러나 버린 것이다.

거의 매일 저녁 랜달은 집에 가서 아내에게 사장이 그날 한 짜증나는 행동이나 멍청한 행동을 푸념하고는 했다. 이러한 상황은 거의 여섯 달 동안 지속되었고, 날이 갈수록 사장의 경영 능력은 실제로 더 나빠지는 것 같았다.

그러던 어느 날 회장이 갑자기 사망해 버렸다. 하지만 랜달은 회장의 사망이 실은 전혀 갑작스러운 일이 아니었음을 알게 되었다. 사장은 대학을 중퇴하고 싶지 않았지만, 아버지인 회장이 경영권을 승계할 시간도 벌고 아들과 함께할 시간을 더 많이 갖고 싶어서 대학을 그만두라고 부탁했던 것이다. 사장은 실제로 사업에 흥미도 없었지만 아버지에 대한 존경심으로 이를 수락했다. 장례식이 치러지고 몇 달이 지나서야 이러한 사실이 밝혀지게 되었다.

"실제 상황이 어땠는지를 알고 나니까 제 행동이 부끄러워지더군요. 그렇게 감정적으로 대응하지만 않았더라면 무슨 일이 일어나고 있었는지 더 빨리 깨달을 수 있었을 텐데 말이죠." 과거를 돌아보며 랜달은 그렇게 회상했다. 그는 낙하산인 회장 아들에게 처음 느꼈던 좌절감 때문에 시야가 좁아졌고, 실제 상황이 어떻게 돌아가는지 알아차리지 못했다는 사실을 인정했다. "먼저 자기 자신의 시각에서 빠져 나오지 않는다면 다른 사람의 머릿속에 들어갈 수 없거든요." 랜달은 말했다.

그리고 그는 상황을 제대로 파악하지 못한 데 대한 대가를 치렀다. 랜달은 회장의 후계자인 사장을 비롯한 다른 경영진과 이미 매끄럽지 않은 긴장 관계를 형성하고 있었고, 그가 수면 아래서 일어났던 일들을 알게 되었다고 해서 이러한 관계가 일거에 나아지지는 않았다. "고쳐야 할 울타리가 많네요." 랜달이 말했다. "제 커리어가 적어도 2, 3년은 돌아가게 될 것 같아요."

다른 사람을 읽고 감정적으로 대응하거나 가치 판단을 내리지 않는 좋은 방법은 직접적으로 상황에 참여하기보다는 제삼자적 관찰자 입장을 견지하는 것이다. 어떤 사람과 개인적으로 대화할 때 대화에 온전히 참여하면서도 약간 동떨어져서 객관적인 태도를 유지하는 것이 쉽지만은 않다. 하지만 시간이 지나 당신의 관찰 실력이 향상될수록 객관성은 당신의 제2의 천성이 되어 관찰자 입장을 유지하기도 점점 더 쉬워질 것이다. 하지만 객관적인 관찰자가 되기 위한 출발점으로, 다른 사람들과 직접적으로 얽히는 대신 한 걸음 물러서서 그들을 관찰하기만 해도 유용한 정보를 훨씬 많이 얻을 수 있다.

기준선부터 세워라

관찰의 첫 단계는 여러 상황에 놓였을 때 당신의 직장 동료들이 주로 어떻게 행동하는지를 알아차리는 데서 시작한다. 직장 동료들이 어떻게 말하고, 어떤 옷을 입고, 어떤 행동을 하고, 다른 사람들과 어떤 관계를 맺는지 관찰하노라면 그들에 대한 당신의 호기심은 거의 집착 수준이라 할 수 있을 것이다(물론 스토킹은 안 된다). 나중에는 그들의 목소리나 체취까지 관심의 대상이 된다. 시간이 흐르면서 당신은 동료 한 사람 한 사람이 가진 특정한 패턴을 발견하고 향후의 관찰을 가늠하는 "기준선"을 형성하게 될 것이다. 그러면 상대의 행태가 기준선을 중심으로 어떻게 변하는지 매우 명확히 인지할 수 있다.

기준선을 세우는 가장 좋은 방법은 회의나 프레젠테이션, 토론 등 다양한 상황에서 사람들을 관찰하는 것이다. 당신은 사람들이 어떻게 의사를 전달하고 옷을 입으며 다른 사람을 대하는지, 목소리는 어떤지, 행동거지는 어떤지 관찰할 수 있다. 회식 등 회사 동료와의 모임에서는 다른 사람들이 평소보다 편안한 상태에서 어떻게 다른 사람들을 대하는지 볼 수 있어 "사람 관찰"의 좋은 기회가 된다. 누가 참석을 하고 안 하는지, 누가 얼굴 도장만 찍고 빨리 집에 가는지 같은 사실만 눈여겨봐도 도움이 된다. "실세" 옆에 누가 앉는지, 자리 반대편 끝에 앉는 사람이 누군지 지켜보라. 누가 빨리 긴장을 풀고 (그리고 그럴 때 행동이 어떤지) 누가 계속 긴장 상태를 유지하는지도 지켜볼 만하다.

화상 회의나 이메일, 또는 기타 행동에 대해서도 기준선을 설정할 수 있다. 어떤 사람들은 화상 회의 중에 자유롭게 자신의 생각이나 아이디어를 공유하고 질문을 하는 반면 직접 지명 받을 때까지 반응을 보이지 않는 사람도 있다. 이메일을 받으면 즉시 답변하는 사람이 있는가 하면 어떤 사람은 며칠이 지나야 답장을 하기도 한다. 다른 사람들이 모든 내용을 꼼꼼하게 다 읽을 거라는 (헛된) 기대를 하면서 장황한 이메일을 보내는 사람도 있다. 한 줄짜리 용건만 간단히 써서 보내는 사람이 있는 반면에 말이다. 내가 여기에서 말하고자 하는 바는 직장 동료들의 평소 행동에 변화가 있으면 알아챌 수 있도록 그들의 평소 행동이나 업무 스타일에 주의를 기울일 필요가 있다는 것이다.

함께 일하는 동료 중 중요 인물에 대해 기준선을 갖게 되면, 그 기준선에서 어떤 변화가 있을 때 당신은 더 민감하게 대응할 수 있다. 늘 꾸물거리는 사람이 갑자기 회의 때마다 일찍 나타난다거나, "수다스러운" 동료가 평소와 달리 말이 없다든가, 회의 내용을 필요 이상으로 하나하나 열거하던 동료의 이메일이 갑자기 짧고 퉁명스러워졌다든가 하는 변화들 말이다. 이런 변화 이면에 중요한 이유가 있을 수도 있고 그렇지 않을 수도 있지만, 무언가가 변했다는 사실을 알아차리는 것이 중요하다. 그리고는 그 배경에 숨겨진 의미를 찾아보아야 한다(또는 사실 별 의미가 없다는 사실을 알아내거나).

데릭 아담스는 스타벅스 바리스타로 근무했는데, 단골의 이름과 그들이 주로 주문하는 메뉴를 기억하는 정도를 넘어서는 관찰력을 늘 자랑으로 삼고 있었다. 그는 단골의 옷차림이나 평소 기분, 성격, 눈맞춤 (또는 상대의 눈을 잘 못 쳐다봄) 등 자신의 눈에 띄는 모든 특징을 관찰했다. "처음에는 하도 지겨워서 시작한 일이죠." 그가 말했다. "그런데 나중에는 사람의 행동 패턴을 관찰하는 일이 너무 흥미롭고 재미있어졌어요. 특히 그 패턴이 변할 때요."

데릭은 카푸치노 라지 사이즈를 주문해서 현금 결제를 하고 난 잔돈은 팁 병에 넣어주곤 하던 한 단골의 행동에 변화가 있다는 사실을 눈치챘다. 그 손님은 늘 정장을 잘 차려입고 친절했지만 참을성은 좀 없는 편이었으며, 음료를 받아갈 때면 상대의 눈을 쳐다보며 "감사합니다"라고 말하고는 했다. 이러한 평소 행동이 그 손님의 기준선이었다. 그런데 그 손님이 한 주 정도 커피를 사러 오지 않다가 평소보다 늦은 시간에 매장에 들른 어느 아침,

데릭은 그의 행동이 변했음을 알아차렸다. "오랜만이네요!" 데릭이 쾌활하게 말했지만 손님의 기분은 그다지 좋지 않은 것 같았다. 그 손님은 작은 커피를 주문하고 잔돈을 받아 가졌으며, 커피가 나왔을 때에도 데릭과 눈을 맞추지 않았다. 그의 행동에 변화가 생긴 것이다. "그 사람한테 심각하고 우울한 문제가 생긴 것 같았어요." 데릭이 말했다.

이후 몇 주 동안 그의 행동 변화는 지속되었고, 그 손님의 옷차림은 점점 캐주얼해졌다. 추측을 할 때는 신중을 기해야 하고, 작은 사이즈의 음료를 주문하고 잔돈을 가져가는 데는 다른 이유가 있을지도 모르지만 데릭은 그 손님이 실직을 해서 자금 사정이 넉넉하지 않다는 인상을 받았다.

어느 아침 그 손님이 와서 커피를 주문하자 데릭은 손님이 주문한 작은 사이즈 대신, 그가 늘 마시곤 하던 라지 사이즈 카푸치노를 주었다. 그 손님이 뭐라고 말하기도 전에 데릭은 웃으면서 "가끔은 아침 카페인을 평소보다 좀 많이 섭취하는 것도 괜찮잖아요."라고 말했다.

그 손님은 데릭의 눈을 쳐다보고(몇 주 만에 처음 있는 일이었다) 작게 미소 지으면서 "감사합니다"라고 대답했다. 더 이상 아무 말도 하지 않았지만 그 짧은 시간 동안 두 사람 사이에는 인정과 감사, 상호 이해의 감정이 오갔다. 이후에도 데릭은 그 손님에게 매일 아침 추가 카페인을 주었고, 한 달쯤 더 지난 후 손님은 다시 원래의 라지 사이즈 카푸치노를 주문하기 시작했다. 손님이 별다른 이야기를 하지는 않았지만, 데릭은 그 손님의 고용 상태가 개선되었음을 알 수 있었다.

데릭이 이 이야기를 내게 해 준 것은 몇 년 전의 일인데, 그는 지금 큰 사무용 설비 회사의 마케팅 부장으로 일하고 있다. 스타벅스에서 바리스타로서 일하면서 익힌 관찰 기술이 크게 도움이 되었다. "사람들은 제가 어떻게 지지부진한 프로젝트를 풀어내는지, 어떻게 사내 정치의 지뢰밭을 피하는지, 입사 3년 만에 어떻게 업계 경험이 많은 경쟁자들을 제치고 부장이 되었는지 궁금해하더군요." 그는 스스로의 성공이 기꺼이 시간을 할애해 주위 사람들에게 관심을 기울인 결과라고 말한다. "이제는 저한테 제2의 천성이 돼서 특별히 노력을 할 필요도 없기는 하지만, 그게 모든 차이를 만들죠."

당신이 함께 일하는 사람들에게 더 많은 관심을 기울이고 그들 각각에 대해 기준선을 세우려고 한다면, 처음 며칠간은 쉽지만 꾸준히 관심을 유지하기는 어렵다는 사실을 알게 될 것이다. 대부분의 사람들은 회사에서 동료 한 명 한 명에게 관심을 기울이기보다는 "자동 조종" 상태에 너무 익숙해져 있어 옛날의 행동 패턴으로 돌아가기 십상이다. 매일매일 과중한 업무량에 짓눌리다 보면 더욱 그렇다. 하지만 노력을 계속하고 초기에 맞닥뜨리는 어려움을 뚫고 나가다 보면 나중에는 마치 당신의 원래 버릇처럼 느껴지게 될 것이다. 한 가지 명심할 것은, 독심술 공연이 아니기 때문에 타인에 대해 순간적으로 판단을 내릴 필요가 없다는 것이다. 시간을 들여 찬찬히 관찰을 하면 기준선을 세울 수 있게 된다.

특이점을 찾아라

다른 사람을 관찰할 때면, 그 사람의 특이점에서 많은 사실을 알아낼 수 있다. 옷차림이나 헤어스타일, 몸단장, 옷 입는 스타일 같은 데서 특이한 점을 찾아보라. 행동거지, 버릇, 목소리 톤 등도 관찰해 보라. 상대가 의도적으로 내보이는 특이점들은 (옷차림, 문신, 특이한 헤어스타일, 자동차나 시계·보석류 선택 등) 그가 다른 사람들의 눈에 어떤 이미지로 비치고 싶은지를 투영한다. 포춘 500 기업의 CEO가 일부러 싸구려 시계를 차고 있다거나, 반대로 주머니 형편이 좋지 않은 영업 사원이 가짜 롤렉스를 차고 있다면 이들은 어떠한 메시지를 외부에 전달하고자 하는 것이다. 주기적으로 이해할 수도 없는 데이터를 잔뜩 첨부한 이메일을 보내는 사람이나, 모든 이메일 끝에 웃는 이모티콘을 붙이는 사람 또한 마찬가지다.

그러나 가끔은 본인이 의도하지 않은 특이점들도 볼 수 있다.

지나치게 말이 많거나, 이상할 정도로 말이 없거나, 다른 사람보다 데이터에 열중하거나, 또는 다른 **의도하지 않은** 특이점들은 그사람에 대해 많은 것을 알려 준다. 그러나 성급한 판단은 금물이다. 과묵한 사람들이 다 내성적인 것도 아니고, 달변인 사람들이다 외향적이지도 않다. 당신이 관찰한 모든 사실에 대해 결론을내리기 전에, 당신이 역시 관찰한 다른 사실들과의 맥락에서 충분히 생각을 해야 한다.

얼굴 표정을 읽어라

사람의 얼굴 표정, 그중에서도 특히 눈빛은 많은 정보를 전달하기도 하고 감추기도 한다. 어린이들은 기쁘면 웃고 슬프면 찡그리는 등 감정이 얼굴에 바로 나타나기 때문에 어린이의 얼굴표정은 읽기 쉽다. 그러나 성인이 되면 대부분의 사람들은 얼굴표정에 진짜 감정을 드러내지 않는 능력이나 버릇(의도적이든 아니든 간에)을 갖게 된다.

회사에서, 집에서, 그리고 다른 사회적인 환경에서 살아가기위해 감정을 감추는 일이 꼭 나쁜 것만은 아니다. 때로 우리는 흥미를 보이는 척을 하기도 하고, 재미없는 농담에 웃기도 하며, 형식적인 미소 속에 짜증을 감추기도 한다. 이런 선의의 속임수 덕분에 우리는 특별히 좋아하지 않는(그리고 그쪽에서도 우리를 특별히 좋아하지 않는) 상대와도 무리 없이 일할 수 있다. 스스로를 감출 수 있기 때문에 우리는 낯선 사람과 어울리고, 그 사람에게 얼마나 솔직해도 좋을 것인지 결정할 때까지 충분한 시간을 들일 수 있다. 여러 가지 의미에서 속마음을 감추는 일은 다양한 종류의 사람들이 효과적으로 공존할 수 있도록 도와주는 "사회적인 접착제"이다. 하지만 가장 생산적이고 효율적인 사람들은 다른 사람들의 속마음을 꿰뚫어 볼 줄 아는 사람들이다.

물론 대부분의 사람들은 자신의 감정이나 생각을 완벽하게 숨기지 못한다. 어떤 사람에게는 잘 숨길 수 있는 가면이 다른 사람에게는 간파 당하는 경우도 많다. 당신이 제삼자로서 두 사람의 대화를 관찰하면, 간혹 대화 상대에게 숨기고 있는 것들이 옆에서는 보일 때가 있다. 아니면 군중 속이나 자신이 특별히 관찰 당하지 않을 만한 상황에서 혼자 있을 때, 사람들은 가면을 벗고 진실한 자기 자신의 모습을 보이기도 한다. 갑작스럽게 스트레스를 받거나 긴장하거나 놀라게 되는 상황에서도 잠시나마 가면이 벗겨지는 경우가 있다.

표정을 관찰할 때 상대가 아래나 옆으로 시선을 돌린다거나, 눈썹을 찌푸린다거나, 입술을 깨문다거나 하는 특정 행동에 너무 의미를 부여하지 마라. 이런 행동에는 수만 가지 이유가 있다. 그보다는 당신이 관찰하고 있는 모든 상황의 전후 맥락에 따라서 상대의 표정을 읽은 후, 당신의 마음이 본능적으로 이끄는 대로 결론을 내리는 편이 더 정확한 결과를 얻을 수 있다. 상대가 실제로 무슨 생각을 하고 있다고 **생각하는가?** 이성적으로 생각한 결론보다 당신의 본능적인 "감"이(만약 당신이 감정적으로 반응하지 않고 시간을 들여 주의 깊게 관찰을 해 왔다면) 통찰력이 더 뛰어난 경우가 많다.

조금만 집중해 트레이닝한다면 당신은 미세 표정을 읽어내는 법을 배울 수 있다. 이는 사람들이 1초도 되지 않는 순간 동안 채가면을 쓰지 못하고 드러내는 진짜 감정의 편린이다. 이 미세 표정은 사람들이 겉으로 내보이는 가면과 충돌하는, 매우 강렬한 감정을 숨기려고 할 때만 나타난다. 진짜 감정을 드러내는 표정은 얼굴에 갑자기, 그리고 순간적으로만 나타난 후 이내 사라진다.

래리 에드워즈는 헬스케어 산업에 종사하는 채용 담당 임원으로 첫 면접에서 지원자들의 미세 표정을 주의 깊게 관찰한다. "임원급 인재들은 대부분 진짜 생각이나 감정을 숨기는 데 능숙하죠. 그래서 저는 지원자들이 대답하기 어려운 질문을 해서 화제를 급작스럽게 전환한 다음에 그들이 어떻게 반응하는지 유심히 지켜봅니다." 그는 말했다. "지원자들의 얼굴에 분노나 당황스러움, 호기심, 기쁨 같은 감정들이 순간적으로 스쳐 지나갈 때 많은 것을 알 수 있거든요."

물론 결론을 너무 빨리 내리지 않도록 주의해야 한다. 당신이 무엇을 보든 간에 전체 대화의 맥락 속에서 판단해야 한다. 대부분의 사람들은 이러한 사항에 시간을 들이지 않으므로 미묘한 감정을 포착하지 못하고, 상대의 가면 이면에 무엇이 있는지 보지 못한다. 당신이 표정을 포착하는 능력을 계발하려고 할 때는 인내심을 가져야 하며, 너무 빨리 단정적으로 해석하려고 노력할 필요가 없다.

실제 포커 게임에서는 게임이 진행되는 동안 다른 사람의 표정을 읽고 평가해야 하므로 시간에 제한이 있다. 하지만 사무실에서 이러한 압박감을 느낄 필요는 없으므로, 인내심을 가지고 시간을 보내다 보면 당신의 관찰에 어떤 함의가 있는지 알게 될 것이다. 그러므로 서두르지 않는다면 결국 당신은 이미 세워 놓은 기준선에 덧붙여 새로운 통찰력을 얻을 수 있게 된다.

(때로는) 보디랭귀지가 많은 것을 말해 주기도 한다

대부분의 사람들이 얼굴 표정은 잘 관리하는 반면, 보디랭귀지를 통제하는 데는 그만큼 능숙하지 못하다. 다른 사람을 관찰할 때 보디랭귀지가 중요하다는 얘기는 수없이 들어왔을 테지만, 이를 해석할 때는 주의를 기울일 필요가 있다. 당신이 보디랭귀지에 대해 책에서 읽거나 들은 것들은 텔레비전 방송이나 가십 기사에 내보내기 위해 지나치게 단순화한 것이기 때문이다. 일반적으로 가장 널리 알려진 오해는 특정 행동, 예를 들어 팔짱을 낀다거나 고개를 기울이는 데에 정확한 의미가 있다는 것이다. 제스처나 몸의 움직임을 위시한 모든 보디랭귀지는 오히려 다소 모호한 의미를 지니고 있다. 당신이 대화 중에 팔짱을 낀다는 것은 당신이 짜증이 났거나, 방어적인 기분을 느꼈거나, 배가 고프거나, 춥다는 뜻이 될 수 있다. 허리가 아파서 팔짱을 낄 수도 있다. 팔에 있는 문신을 의식해서일 수도, 그냥 팔짱을 끼는 게 편해서일 수도 있다. 팔짱을 끼는 이유는 이중 하나(또는 전부)일 수도 있지만, 아무 의미가 없을 수도 있다.

정형화된 형태로 명확한 분석을 내놓아야 한다는 압박감에 시달리는 "전문가"들 때문에 많은 사람들은 보디랭귀지를 잘못 해석하거나 여기에 지나치게 많은 의미를 부여하도록 배웠다. 킴 카다시안이 비행기에서 내려 로스앤젤레스 공항을 걷는 보디랭귀지를 이렇게 해석한다면 텔레비전을 보는 사람은 아무도 없을 것이다. "킴 카다시안이 어깨를 으쓱하고 있네요. 이건 이런 뜻일까요……. 아니면 이런 뜻일까요……. 이런 뜻일 수도 있겠네요……. 아니면 아무 뜻 없는 걸까요." 고로 텔레비전에서 보디랭귀지에 대해 떠드는 사람들의 코멘트는 자의 반 타의 반으로 지극히 단순할 수밖에 없다.

그건 그렇다 치고, 그럼 우리가 해야 할 일은 무엇인가? 보디랭 귀지를 해석하는 최고의 비결은 다음과 같다. 어떤 사람의 자세나 특정한 신체적 특징(손의 위치나 머리의 기울기 등)을 슬쩍 보기만 하고서는 눈길을 돌려라. 그리고 다시 그 사람을 보지 않은 채, 상황이 돌아가는 맥락 속에서 그들의 보디랭귀지가 무슨 뜻일 것 '같은지' 스스로에게 질문을 던져보라. 표정과 마찬가지로, 대개는 보디랭귀지도 슬쩍 보기만 한 다음 당신이 본능적으로 보이는 반응에서 많은 것을 알 수 있다. 무슨 의미를 담고 있다면 말이다.

여기서 좋은 점은 당신이 굳이 전문가가 될 필요가 없다는 사실이다. 인류가 진화 과정을 겪는 과정에서, 우리는 선천적으로 다른 사람의 감정과 의도를 읽을 수 있게끔 프로그램 되었다. 그리고 이는 인류가 한 종으로서 생존해 나가기 위한 능력 중에서도 핵심적인 특질이다. 강렬한 감정을 감지해(대개는 무의식적으로) 필요할 때에는 빨리 대처할 수 있어야 하기 때문이다.

무의식적으로 타인의 감정을 읽는 이러한 능력은 급변하고 있는 현대의 직장 환경 때문에 크게 감퇴되었다(아예 소멸되었을지도 모른다). 하지만 마찬가지로, 시간을 들여 주의를 기울인다면 타인에게 감응하는 뇌 부위가 다시 활성화될 것이다. 이것이 소위 "감"이나 "본능"이라고 불리는 능력이다. 스스로의 무의식에 "지금 무슨 일이 일어나는 것 같아?"라고 자문한 다음 대답을 기다려

라. 주의를 기울이고 스스로의 본능이 내리는 대답을 들으면 무의식이 알고 있는 것을 의식적으로도 알게 될 것이다. 처음에는 좀 거칠고 불확실한 방법일지도 모르지만, 결국 당신의 진화된 의식 체계는 이러한 방법을 "기억하게" 된다.

"게임 속의 게임"이 존재한다는 사실을 무시하라

대학을 졸업한 후 10년이 지나자, 셰리 워싱턴은 커리어 과정에서 놀라운 성장을 일구어 냈으며 실리콘 밸리에 위치한 하이테크 엔지니어링 회사 내에서 굳은 입지를 다졌다. 그녀는 IT 업계에서 높은 위치에 오르기 위해 열심히 일했고, 흑인 여성으로서 전자 공학 학위를 소지하고 있었으므로 비슷한 친구나 동료가 그리 많지 않았다. 셰리는 매우 정력적인 프로젝트 매니저였기 때문에 부하 직원들의 업무 시간은 길고, 업무 강도도 셌으며, 실수가 용납되지 않았다. 셰리가 맡은 프로젝트들은 늘 마감 시간과 예산을 엄수했고 질적 측면에서도 상사들이 기대한 수준 이상을 달성했다.

그녀가 이끄는 IT 조직에서는 회의가 언제나 제시간에 시작해서 원래 예정된 시간보다 10분 먼저 끝났다. 직원들이 다음 회의를 준비할 수 있는 시간을 주기 위해서였다. 대응이 필요한 이메일을 받으면 당일 퇴근하기 전에 답을 해야 했다. 수신함에 도착한 이메일을 읽지 않고 방치해 두어서도 안 됐다. 프로젝트에 참여하는 직원들 개개인의 역할을 명확하게 규정하고, 직원들의 업무 일정 또한 엄격하게 관리되었다. 한 사람이 자기 프로젝트 부분의 일정을 맞추지 못하면 다른 팀원들의 업무 전체가 지연되는 일이 흔하기 때문이다.

세부 내용에 대한 집중도, 엔지니어들과 협업하고 혼자서 코딩을 할 수 있는 능력 때문에 팀원들은 셰리를 신뢰하고 따랐다. 그리고 팀원들은 더 복잡한 소프트웨어를 개발하는 프로젝트를 진행함에 따라 셰리가 느끼는 압박감 또한 이해해 주었다. 3년이라는 시간 동안 셰리의 팀은 iOS, 안드로이드, 윈도우 모바일, 블랙베리 운영 체제에서 호환 구동되는 앱을 여러 개 출시했다.

첨단 기술 개발 산업에서 수많은 기업가들이 이 같은 압박감을 극복하지 못해 무너지는 경우가 종종 있지만, 셰리는 그렇지 않았다. 그녀는 승승장구했고 빠른 길을 달리는 자신의 커리어를 더 발전시켜 나가기를 바랐다. 회사에서도 셰리를 "발전 가능성이 높은 직원"으로 평가했고, 그녀의 능력을 더 발전시키기 위해 영업부(마케팅과 판매 담당 부서)를 맡겼다.

셰리는 부서 내에서 자신이 담당하게 된 업무를 빨리 파악하기 위해 최선을 다했다. 첫 두 주 만에 그녀는 방대한 분량의 매출 데이터를 분석하고 영업 사원 개인별 "판매 계획안 분석"을 제출하도록 했으며, 각 사업 영역의 매출 성장 가능성을 객관적으로 판단하기 위해 시장성 분석을 실시했다. 뿐만 아니라 모든 영업 사원의 매출 순위를 보고 받고, 하위권에 있는 직원들에게 개선 방안을 제출하도록 했다. 그녀는 영업 팀장들과 예닐곱 번 정도 그룹 미팅을 했다. 셰리가 팀장들에게 호의적으로 대하기는 했지만, 직원들은 모두 "새로운 실세가 등장했다"는 기분을 느꼈다.

셰리는 새로 함께 일하게 된 직원을 알기 위해 특별히 노력해야겠다는 생각을 한 번도 해 보지 않았다. 그동안 업무적으로 영업과 마케팅팀 직원들을 만날 기회가 많았기 때문에, 그녀는 표면적으로는 대부분의 직원을 이미 알고 있었다. 또 이전에는 셰리가 고객이나 영업 사원, 영업 팀장을 개인적으로 만날 일이 없었다. 셰리가 이끄는 IT팀이 개발한 앱에 고객이 부정적으로 피드백을 했다고 영업부에서 전달할 때면, 셰리는 단칼에 잘라냈다. "우리 팀원들은 제대로 앱을 개발했으니까, 판매는 영업팀에서 알아서 하셔야죠." 그녀를 위해 변명을 해 주자면, 사실 셰리는 판매 효율성이나 생산성을 개선시킬 만한 아이디어를 몇 개 떠올리기는 했다. 그 아이디어를 적용할 만한 시간이 없었을 뿐이다. 1년도 채지나지 않아 셰리는 IT 부서로 다시 발령을 받았고, 승승장구하던 그녀의 커리어는 정체 국면을 맞게 되었다.

영업 부장으로서의 셰리에 대해 공개적으로 말하는 사람들은 모두 정치적인 화법을 구사하기 때문에, 당시 실제 문제가 무엇이었는지 알아내기란 쉽지 않다. 셰리가 다시 IT 부서로 발령이 난 것은 "본인의 리더십 경로를 핵심 경쟁력에 맞춰 조정했기 때문"이다. 누가 이러한 인사 발령을 내렸을까? 아무도 그 배경에 대해서 알려 주지 않을 것이다. 영업부에 소속되지 '않은' 직원의 증언에 따르면 영업부는 "생산성과 성과 책임"을 지향하는 셰리의 리더십 휘하에서 고군분투했다고 한다.

하지만 당시 셰리와 함께 일했던 영업 사원이나 영업 팀장들의 이야기를 들어 보면, 셰리가 놓치고 있던 점이 있었다는 사실을 알 수 있다. 그녀는 과정이나 절차, 데이터와 계획에 집착했다. 물론 이 모든 것들은 좋은 가치이지만, 너무 극단에 치우치거나 앞뒤 정황을 무시한 채 무작정 고집한다면 오히려 해악을 끼칠 가능성이 높다. 셰리는 자신이 맡게 된 새로운 부서 직원들 간의 관계를 이해하려는 노력을 하지도 않았고 직원들 개개인의 성격이나 우선순위, 관심사도 전혀 몰랐다. 만약 함께 일하는 직원 중 핵심 인물들을 이해하기 위해 더 많은 노력을 기울였더라면, 사고를 하는 과정에서 더 많은 사람들을 고려했더라면, 고객이나 우수 영업 사원들과 좀 더 개인적으로 친밀한 관계를 맺었더라면 그녀는 본인이 성취하고자 한 목표를 모두 이룰 수 있었을 것이다.

하지만 셰리는 그런 것에 가치를 두지 않았기 때문에 지금으로

서는 영업부에 오래 근무해 왔던 "박힌 돌"에 "튕겨나갔다"라고
까지 생각하고 있다. 이는 어느 정도 사실일 수도 있고 그렇지 않
을 수도 있다. 하지만 한 가지 확실한 점은 셰리가 자신의 어떤 점
때문에 이런 결과가 나왔는지 깨닫지 못한다면, 커리어 측면에서
과거의 영광을 찾을 수 없으리라는 것이다.

동료들을 진실로 이해하고 있는가?

아마 당신은 함께 일하는 동료 대부분을 상당히 잘 알고 있다고
생각할 것이다. 최근의 조사 결과에 따르면 83%의 직장인들이 동
료를 "잘" 알고 있거나 "매우 잘" 알고 있다고 생각한다. 그러나 같
은 응답자들에게 동료 개개인에 대해 다음과 같은 질문에 답하도록
했을 때, 대다수의 응답자들은 몇 명에 대해서도 대답하지 못했다.

우리는 동료를 잘 안다고 생각하지만, 아마 어떤 사람을 **안다**
는 게 진짜로 무슨 뜻인지 이해하지 못하기 때문에 그렇게 생각
할 수 있을 것이다. 만약 당신이 정말로 직장 동료를 잘 알고 있다
면, 아래의 네 가지 카테고리에 속한 질문 대부분에 대답할 수 있
어야 한다.

1. 업무 습관과 선호도

그의 커뮤니케이션이나 업무 스케줄 및 미팅 기한의 패턴은 보

통 어떠한가? 이 사람에게서 믿을 만한 부분은 무엇인가? 이 사람에게서 기대하면 안 되는 점은 무엇인가? 이 사람을 설득하거나 그의 사고 체계를 바꾸기 위해 필요한 행동은 무엇인가? 그는 실수를 했을 때 어떻게 대처하는가? 공개적으로 인정하는가, 아니면 감추는가? 그는 어떤 사람들과 함께 일하기를 좋아하며 그 이유는 무엇인가? 또 어떤 사람들과 함께 일하기를 꺼리며 그 이유는 무엇인가?

2. 직장에서 드러내 보이는 성격

그는 회사에서 어떤 사람으로 보이고 싶어 하는가? 그의 이러한 바람은 실제로 다른 사람이 평가하는 그의 성격과 얼마나 일치하는가? 평소에 그는 다른 사람과 잘 어울리고 편안함을 느끼는 편인가, 그렇지 않으면 조심하고 경계하는 편인가? 그는 주도권을 잡고 싶어 하는가, 혹은 다른 사람이 중심이 되어 결정을 내리고 자신은 따르는 쪽을 선호하는가? 그는 다른 사람에게 동의하거나 동조하는 편인가, 또는 무의식적으로 반대할 만한 이유를 찾으려고 애쓰는가? 그는 자신의 관점을 자신 있게 내세우는가, 그렇지 않으면 다른 사람의 아이디어를 구하고 동의를 얻어 내려고 하는가?

3. 직업적 야망과 한계점

그는 어떤 동기와 이유로 일을 하는가? 그는 고통이나 실패를 피하는 쪽에 집중하는가, 아니면 성취와 인정을 얻어 내는 데 집중하는가? 당신은 그들의 집중도나 행동 지향성을 어느 정도로 평가하는가? 직무 관련하여 그의 가장 뼈아픈 고통이나 실패는 무엇인가? 그가 업무에서 가장 강박증을 가지거나 두려워하는 것은 무엇인가? 그가 불편하거나 거짓말을 할 때는 어떤 식으로 말하는가? 그는 직장 내 다른 사람들이 자신을 어떻게 생각하는지 알고 있는가? 만약 알고 있다면, 다른 사람들의 생각에 대해 어떻게 생각하는가? 만약 모르고 있다면, 왜 모르고 있는가?

4. 개인적인 생활과 목표

업무를 제외한다면 그에게 있어 가장 중요한 것은 무엇인가? 일에 쓰지 않는 시간과 에너지는 주로 어디에 사용하는가? 사적인 상황에서는 그의 성격이 다른가? 만약 다르다면 왜 그러한가? 삶에서 그들이 겪었던 가장 큰 고통이나 실패는 무엇인가? 이러한 경험은 그들에게 어떤 영향을 미쳤는가? 직장 동료가 자신에 대해 '몰랐으면' 하는 점은 무엇인가? 그가 가장 걱정하는 점은 어떤 것인가? 그의 가족은 그에 대해 어떻게 생각하는가? 직장 밖에서 그의 친한 친구는 누구이며, 그의 친구들은 그를 어떻게 생각하는가?

저자의 한마디 : 만약 절반 정도 읽었을 때 지겨워져서 이 질문들을 건너뛰었다면 스스로에게 좋은 일 하는 셈치고 끝까지 읽어 주기 바란다. 질문이 긴 것은 알고 있지만 모두 다 읽을 필요가 있는 질문이다. 이 질문들에는 많은 정보가 담겨 있기 때문에 심호흡을 한 번 하고, 건너뛰지 말고 끝까지 다 읽기를 바란다.

분명히 이는 방대한 정보를 담고 있는 질문이다. 물론 직장 동료 모두에 대해 이 질문의 대부분을 대답하지는 못할 것이다. 사실 그 점이 중요하다. 특정인에 대해서 질문에 답을 하지 못한다는 것은, 당신이 그를 실제로는 잘 알고 있지 못하다는 의미이기 때문이다. 하지만 당신이 그들에 대해 더 잘 알아야겠다고 결심한다면, 또 그들에게 더 많은 질문을 하고 시간을 들여 주의를 기울인다면, 그들을 더 잘 이해하고 내적인 동기가 무엇인지 알아볼 수 있을 것이다.

어떤 이는 이 질문을 읽고 직장 동료들에게 저 질문을 해서 재빨리 답을 얻어 내야겠다는 생각을 할 것이다. 그러나 당신이 누군가에 대해 잘 알고자 한다면, 그 사람에게 바로 가서 저 질문들을 던지지 않도록 해야 한다. 그들에게 중요한 것이 무엇인지 직접적으로 묻는 대신 사무실에서 다른 사람들과 있을 때 어떻게 행동하는지를 보고, 그들의 사무실이나 자리가 어떻게 정돈되고 꾸며져 있는지를 관찰하고, 그들이 스스로 말을 할 때 경청하는 등의 노력이 필요하다. 이러한 관찰을 지속한다면 당신은 동료들을 더 깊이 이해할 수 있게 된다. 그 연후에는 때에 따라 자연스럽고 평범한 분위기에서 저 질문들 중 몇 개를 직접 할 수도 있다.

세상 모든 사람들의 내적 동기와 불확실성을 알아내는 데 기력을 소진하지 말고, 핵심 인물 몇몇에 집중해라. 회사 내에는 아마도 당신의 커리어 향상에 큰 도움을 줄 수 있는 소규모의 그룹이 있을 것이다.

- 당신의 직속 상사(당연하지만)
- 당신 상사의 상사
- 회사 내에서 영향력이 막강한 동기나 동료들
- 당신이 직업적으로 성공하는 데 가장 중요한 역할을 해 줄 부하 직원이나 후배들

핵심 그룹에 있는 사람들의 배우자 또는 그들에게 중요한 관계의 사람을 만날 기회가 있으면, 그들을 공략하는 것도 좋은 방법이다. 이들은 당신에 대해 단편적인 인상만을 가지고서도 당신의

이미지 형성에 중대한 영향을 미치는 경우가 많다.

　이러한 것들은 처음엔 보상은 없으면서 많은 노력이 필요해 보인다. 그러나 시간이 흐르면서 당신이 타인을 더 깊이 이해하는 능력을 기르고 그 능력을 커리어 향상에 이용할 수 있게 된다면, 이는 큰 수고처럼 느껴지지 않을 것이다. 결과적으로는 당신의 일상적인 사고 체계 중 일부가 될 것이기 때문이다. 그리고 이러한 노력이 커리어에 미치는 영향력은 대단히 크다.

생각해 보자

　이번 장에서는 다양한 지침들을 간략히 살펴보았다. 2장으로 넘어가기에 걱정되는 부분이 많은 고로 잠시 쉬면서 몇 가지 사실을 되새겨 보도록 하자.

- 현재 당신의 커리어 발전에 막대한 영향력을 행사할 수 있는 회사 동료 한 명을 떠올려 보라. 아마도 당신의 직속 상사일 가능성이 높다. 당신은 **실제로** 그를 얼마나 잘 알고 있는가? 앞서 제시된 질문들을 간략히 훑어본 후 그를 좀 더 잘 알기 위해서 무엇을 해야 할지 생각해 보라.
- 모든 직장 동료들에 대해 생각해 보고, 당신이 놓친 실마리나 시사점도 함께 떠올려 보라. 또 당신이 놓친 실마리나

시사점이 당신의 커리어에 어떤 영향을 주었는지도 되새겨

보라. 이는 스스로를 비판하라는 것이 아니라, 우리가 늘 "게

임 속의 게임"을 놓치고 있다는 사실을 의식적으로 알기 위

함이다.

실천해 보자

이제 당신은 좀 더 많은 것들을 알게 되었다. 하지만 아무리 유

용한 사실이라도 실생활에 적용하지 않는다면 아무런 도움이 되

지 않는다. 그러므로 현재까지 논의한 개념을 다시 한 번 되짚어

보고 스스로 실전에 적용할 수 있다는 확신을 가지고 싶다면, 수

일 내로 다음의 사항들을 실천해 보도록 하자.

- 당신의 커리어 발전에 가장 큰 영향력을 가진 핵심 그룹을

이루고 있는 사람들이 누구인지 생각해 보라. 이들은 상사,

동료, 또는 부하 직원일 수 있다.

- 돌아오는 주에는 당신이 속한 핵심 그룹을 제삼자의 관점

에서 관찰해 보는 기회를 놓치지 말자. 회의 석상, 화상 회의,

프레젠테이션, 회식 등 다양한 기회가 있다.

- 관찰을 할 때는 사람들의 보디랭귀지나 얼굴 표정, 회의에

참석하는 태도(관련이 있다면)를 주의 깊게 관찰하고 핵심 그

룹에 속한 사람들에 대해 기준선을 정하라. 그리고 그 기준선에서 벗어나는 행동을 하는 사람에게 관심을 가져 보라.

• 핵심 그룹에 속한 사람을 더 잘 이해할 수 있는 질문을 할 기회가 주어진다면, 놓치지 말자.

• 회사 내에서 당신이 가장 감정적으로 반응(좌절, 분노, 위협, 매력 등)하게 되는 사람을 한 명 골라 그 사람을 판단하거나 어떤 가정을 하지 말고 한 주 내내 객관적으로 관찰해 보라. 노력의 대가로 무언가가 달라질 수도 있고 그렇지 않을 수도 있겠지만, 이 연습을 통해 당신이 성장할 수 있다.

• 그다음 주에는 일과 중에 다른 사람들과 그들의 평소 행동을 '시간을 들여' 관찰해 보자는 과제를 스스로에게 상기시켜 보라. 바쁘고 정신없이 인생을 살아가느라 놓치고 있던 사소한 것들에 놀라게 될 것이다.

【장기 사고(思考) 및 행동 포인트】

다른 사람에 대한 스스로의 감정적인 반응과 판단을 의식적으로 인지하고 다른 사람의 행동을 관찰하는 동안 이러한 것들을 배제하도록 노력하라.(제인 구달이 되자!)

♠ 다른 사람의 행동의 극단을 주의 깊게 관찰하되 즉각적으로 평가를 내리려 하지 마라. 그 대신 많은 관찰과 상호 작용 끝에 시간을 들여 판단을 내리도록 하라.

♠ 적극적으로 경청하라. 사람들이 사용하는 단어, 그 사람이 주장하고자 하는 생각, 논리를 전개하는 방식이나 언제, 어떻게 물러서는지에 주의를 기울이도록 하라. 상대가 무엇을 말하는지 또 무엇을 말하지 않는지 읽어 보라.

♠ 직장 생활이나 사생활에 관련되어 있는 사람들을 더 깊이 이해할 수 있도록 해 주는 질문을 할 기회가 오면 놓치지 마라.

당신을 둘러싼 사람들에게 주의를 기울이는 일은 한 번으로 끝나는 일도 아니고, 임무를 완수한 다음 해야 할 일 리스트에서 지워버릴 수 있는 성격의 일도 아니다. 만약 당신이 계속 적절한 수준의 관심을 유지한다면, 이는 다른 사람을 관찰하거나 그들과 상호 작용을 나눌 때 자연스럽게 우러나오게 될 것이다. 언어를 공부할 때 단어 구사 능력이 점차 좋아지듯, 이 분야의 능력 또한 지속적으로 발전할 수 있다.

이번 장에서 우리는 당신이 가장 밀접한 관계로 일하는 동료 개인에 대해 초점을 맞추어 보았다. 다음 장에서는 당신이 일하는 회사의 문화와 그 안에서 일어나는 복잡한 상호 작용으로 관점을 넓혀 보자.

2장

지뢰밭에서
발레하기

회사 내에는 친구도 적도 없고
자신의 일을 제대로 하려는 불완전한 사람들만이 있을 뿐이다.

"저는 직장 사람들과 다 친하게 지내요." 토니는 말했다. "그렇지만 기분 나쁘게 듣진 마세요. 직장 사람들이 제 진짜 친구라고 생각하지는 않아요." 그 얘기를 듣고 나는 혼란스럽기도 하고 기분이 썩 유쾌하지는 않았는데, 왜냐하면 토니가 나를 무척 좋아한다고 생각하고 있었기 때문이다. 나중에서야 알게 된 사실이지만, 다른 사람들도 모두 토니가 자신을 제일 좋아한다고 생각했다. 토니는 말 그대로 회사 내 모든 사람과 친하게 지냈다. 독자 여러분은 앞 장에서 샌디에이고 출신의 토니에 대한 일화를 읽으면서 그가 다른 사람을 읽는 능력이라든가 그 덕분에 직장에서 일어나는 일련의 사건에 대해 깊이 이해할 수 있었던 통찰력에 대해 알았을 것이다. 하지만 토니의 능력은 단순히 사람을 이해하는 데서 끝나지 않았다. 그에게는 다른 사람과 교류하는 능력이 있었다. 나는 우리 지사뿐 아니라 본사나 다른 지역의 지사에도 토니와 친한 동료들이 있다는 사실을 알게 되었다. 우리는 같은 회사에서 거의 같은 기간 동안 일을 했고 사실상 내가 더 높은 직급이었음에도 불구하고, 그는 나보다 훨씬 넓은 인맥을 형성하고 있었다. 그런 측면에서 토니가 직장 내 친분 관계에 대해 한 발언은 상당히 뜻밖이었다.

"잘 생각해 보면 회사 동료가 친구는 아니에요. 함께 점심을 먹으러 나가는 짝꿍도 친구는 아니죠. 심지어 함께 잠을 자는 사람도요." 그는 말했다. "그 사람들이 친구라고 할 수는 없어요. 일자리를 잃고 회사에서 나온 지금 상황에서 1년이 흐른 뒤에 그중 몇 명이나 당신과 함께 점심을 먹으려고 들까요?"

나는 설명을 듣고 나서야 토니가 회사 내 친분 관계에 대해 가진 생각을 진짜로 이해할 수 있었다. 그의 지론에 의하면 회사에서 긍정적인 인간관계를 맺는 일은 물론 좋기는 하지만, 그 관계를 너무 친밀하게 생각하면 안 된다. 그는 마찬가지로 회사에 애사심을 가지는 것도 좋은 일이지만, 회사에서도 나에 대해 같은 종류의 애착을 가지고 있다고 생각해서는 안 된다고 말했다.

몇 년이 지나고 샌디에이고에 있는 '스마터패스터스트롱거'라는 건강·피트니스·영양제 회사에서 일하는 친구를 만났을 때, 나는 토니가 그때 한 말이 무슨 뜻이었는지 갑작스럽게 깨닫게 되었다. 내 친구는 나를 매년 열리는 스마터패스터스트롱거 패밀리데이 행사에 초대했는데, CEO는 회사가 표방하고 있는 가족 우선 문화에 대해 얘기하면서 행사에 참석한 직원들이 그에게는 가족이나 다름없다며 눈물을 흘렸다. 나는 그 회사의 따뜻한 문화나 직원들의 건강과 복지에 기울이는 관심에 깊은 감명을 받았다. 그 회사의 임직원들은 놀라울 정도로 결속되어, 마치 진짜 가족처럼 서로에게 애착을 가지고 있는 듯이 보였다.

몇 달이 채 지나지 않았을 때, 그 친구는 내게 회사가 제품 생산라인 하나를 중단해 자기 부서에서 여덟 명이 구조조정 되었다고 말했다. 그 일이 있었던 주 초에 내 친구의 상사가 그녀에게 찾아와서 "당신은 우리의 중요한 일원이고 당신의 공헌에 깊이 감사하고 있지만, 당신이 속한 부서의 사업 방향을 다른 쪽으로 전환하려 하기 때문에 당신을 회사에서 내보내야 할 것 같습니다"라고 말했다고 한다. 세상에 어떤 가족이 이런 행동을 하겠는가?

내가 살아오는 동안 나는 그 누구도 저녁 식사 시간에 자기 가족에게 "지난 몇 년 동안 가족에 헌신해 줘서 고맙지만, 집안의 운영 방향이 바뀌었기 때문에 나가 줘야겠어"라는 말을 하는 사람을 본 적이 없다.

많은 기업들이 임직원들에게 그들이 회사의 가장 중요한 자산이라고 생각한다는 인식을 심어 주려 애쓰지만, 사실 회사는 직원의 업무 성과나 회사의 목적에 그들이 얼마나 공헌하느냐는 점을 중요시한다. 우리는 모두 인적 자원으로서 회사가 추구하는 목표를 달성하는 데 기여를 해야 한다. 우리가 회사의 목적에 더 이상 기여하지 못한다면(또는 효율성이 떨어진다면) 회사는 소속된 곳에서 우리를 떼어내 버려버릴 것이다.

그리고 토니 덕분에 나는 이것이 잘못된 행위가 아님을 알게 되었다. 원래 사업이란 그런 것이다. "당신 마음에 안 들 수도 있지만, 당신은 고용된 용병에 지나지 않아요. 앞으로도 그럴 거구요." 토니가 말했다.

이는 오늘날 인사부에서 직원들에게 주입시키려고 하는 가족적인 분위기나 직원 중심주의 같은 허상과는 상반되는 이야기이다. 하지만 솔직하게 말해 보자. 인사부 직원들도 회사의 목표를 달성하기 위한 존재일 뿐이다. 인사부 직원들은 그저 상황이 허락할 때에만 직원의 편이다.

이는 직원이 중요한 존재가 아니란 뜻은 아니다. 기업에게 있어서 직원은 물론 중요한 존재이다. 하지만 직원이 가족이라는 명분 속에서 얻을 수 있는 것은 아무것도 없다. 회사만이 직원들에게 결속감과 충성심을 받아낸다. 회사에 대한 직원의 충성심이 회사가 직원에 돌려주는 애착보다 훨씬 강하기 때문에 회사는 예기치 못했던 직원들의 이탈을 걱정하지 않아도 된다. 그러나 기업이 구조조정을 하거나 사업을 축소해야 할 때 직원의 충성심은 고려 대상이 아니다. 다시 한 번 말하지만 이러한 행태는 나쁘거나 비윤리적인 것이 아니며, 심지어 약간이나마 좌절할 일도 아니다. 그냥 기업 문화의 자연스러운 한 측면에 지나지 않는다.

　나는 토니에게 회사나 동료에게 냉소적인 시각을 가지고 있으면서도 어떻게 회사 내에서 그 정도로 우호적인 관계를 많이 맺을 수 있는지 물어보았다. "제 생각에는 회사 밖에 진정한 친구들이 있고 좋은 가족이 있기 때문에, 제가 객관적인 시각을 유지할 수 있는 것 같아요." 그는 대답했다.

　토니가 회사나 함께 일하는 직장 동료에게 취하는 태도는 늘 긍정적이지만 현실적이었고, 회사 내의 친구나 가족에 대한 그의 사고방식에 따라 일정하게 유지되고 있었다. 그에 비해 나의 태도는 직장 내 친구 관계나 회사가 나에게 대하는 처우에 따라 몹시 좋아지기도 하고 나빠지기도 했다. 그런 사실들을 돌아보고 있자니 직장 내 인간관계에 대한 토니의 미묘한 관점이 더 효과적이라는 사실은 명백했다.

> **66** 회사 내에는 친구도 적도 없고,
> 자신의 일을 제대로 하려는 불완전한 사람들만이 있을 뿐이다. **99**

　우리 지사에서 일하는 사람 외에도 어떻게 그렇게 많은 사람을 사귈 수 있었느냐고 토니에게 묻자, 그는 처음에 별일 아니라는 듯이 어깨를 으쓱하기만 했다. 그는 회사에서 주최한 연말 파티에서 회계 부서 사람을 알게 된 이후 꾸준히 연락했다고 말했다. 나도 그 파티에 참석했었다. 나는 파티에 불참하면 모양새가 나쁠 것 같아 마지못해 참석했다가, 슬쩍 빠져도 아무도 모를 것 같아 이내 파티에서 나왔다. 캘리포니아 남부 지역 본부에서 주최하는 연수 워크숍에 토니와 내가 함께 참가했을 때도 토니는 다른 지사 사람들을 만나 저녁에 함께 한잔하러 가고, 나는 시간 낭비라며 투덜거리고 가능한 한 빨리 사무실로 복귀했다.

그렇다. 어쩌면 토니가 나보다 좀 더 천성적으로 외향적이고 사교적인 사람이라 그렇게 행동했을지도 모른다. 하지만 나도 그러지 말란 법은 없었다. 그냥 내게는 매일매일 만나는 사람들 말고 회사 내에서 인간관계를 넓히겠다는 생각 자체가 떠오르지 않았을 뿐이다. 반면 토니는 회사에서 늘 아군을 늘리는 편이었다.

그 결과 토니는 많은 사람들을 알게 되었고, 때로는 까다롭다고 정평이 난 사람과도 친하게 지낼 수 있었다. 토니는 때때로 마케팅 담당 상무와 전화로 대화를 나눠 나를 놀라게 했다. 그 상무는 절대 따뜻하고 대하기 편한 사람이 아니었다. "대체 **그 사람**과 전화로 무슨 얘길 한 거야?" 나는 토니에게 물었다.

"대부분은 커리어에 대해 조언을 구하기도 하고, 우리 둘 다 골프를 좋아하니까 골프 이야기도 하죠." 토니가 대답했다.

"하지만 그 상무는 성격이 나쁘지 않아? 다른 사람에게 하는 거 못 봤어?"

"맞아요. 가끔 까다롭게 구시긴 하죠. 제 생각에는 압박을 많이 받기 때문인 것 같지만요."

"솔직히 말해 봐. 그 사람이 우리 지사가 철수한다고 알려 줬지?"

"그건 아니에요. 하지만 저한테 해 준 조언의 범위가 대부분 우리 회사 바깥 얘기라 좀 짐작할 만하긴 했어요."

토니는 누구에게나 친절하고 건실한 태도로 대할 수 있는 방법을 아는 것 같았다. 그는 모든 사람 개개인에게 진실로 흥미를 갖고 있는 것처럼 보였다. 하지만 그렇다고 그가 다른 사람의 나쁜 점을 간과한다는 이야기가 아니다. 단지 그 흠 때문에 상대를 멀리 하지 않았을 뿐이다.

그에 비해 나는 얼간이와 머저리가 누구인지를 일일이 골라내서, 어떻게든지 그 범주에 드는 사람들을 기피하고 회사 내에서 내가 믿는 소수의 사람들과만 친분을 유지하는 습관이 있었다. 토니가 사내 정치를 직장 생활의 한 측면으로 받아들인 반면, 나는 사내 정치라는 개념 자체를 혐오했다. 그리고 토니는 사내 정치가 돌아가는 정황에 놀라거나 다치지 않도록 스스로를 보호할 수 있을 정도로 현명하고 눈치가 빨랐다.

토니는 내 관점을 바꾸어 주었고, 나는 그의 태도가 커리어 계발에 훨씬 효과적이고 효율적이라고 판단해 몇 년 동안 그를 따라잡기 위해 열심히 노력했다. 하지만 나는 회사 내 인간관계에서 벌어지는 일련의 역학 관계의 파고에 휩쓸려 고생하는 사람을 여럿 보아 왔다. 여러 해가 지난 후 나는 이 문제로 특히 고통받는 한 젊은 여성을 알게 되었다.

"왜 사람들은 있는 그대로 직설적으로 말하지 않는 거예요?" 플로리다 탬파에 위치한 통신 회사인 데이터다이내믹스에서 중간 관리자로 일하는 제니가 한탄을 늘어놓았다. "일하는 데 에너지를 모두 집중한다면 소문이나 피해망상, 중상모략 같은 일이 벌어지지 않을 텐데요." 그녀는 자신이 지난주에 지각을 해서 직장 동료들이 "걱정"을 하고 있다는 이야기를 회사 내 "친구"에게서 듣고 스트레스를 받고 있었다. 처음에 제니는 그녀의 자리가 자신이 오는지 가는지 다른 사람들이 볼 수 없는 외진 자리에 있었기 때문에 놀랐다. 남편의 차가 고장 나서 그녀가 남편을 아침마다 회사에 데려다주어야 했기 때문에 제니는 지난주 내내 30분 정도 늦게 출근했지만, 대신 남들이 퇴근한 이후에도 한 시간이나 더 남아서 일을 했다. 하지만 **퇴근이 늦다**는 사실은 아무도 모르는 것 같았다.

제니는 석 달 전에 관리자 직급으로 막 발령 받은 참이었다. 그녀는 오랜 기간 회사에 재직하다 퇴직한 전임자에 비해 자신이 좀 더 일일이 간섭하는 타입의 관리자기 때문에 다른 사람들이 자신을 좋아하지 않는다는 사실을 알고 있었다. 그러나 제니는 원래 사업부 내에서는 내부 직원이 관리자로 승진할 것으로 기대했기 때문에, 해당 산업에 전혀 경험이 없는 젊은 여자가 관리자로 부임했을 때 다들 놀랐다는 사실은 까맣게 모르고 있었다. 제니는 똑똑하고, 경쟁력 있고, 열심히 일하는 진짜로 좋은 관리자였다. 그러나 제니의 부서를 담당한 부장은 그녀에게 전도유망한 커리어를 가릴 수 있는 약점이 있다는 사실을 알았다. 사내 정치나 본인의 업무에 관련되어 일어나는 잡다한 대인 관계 문제에 그녀는 좌절감을 표출하거나 상사에게 불평불만을 늘어놓은 후, 사무실을 대대적으로 정리해 자신의 사람으로 팀을 새로 꾸리려는 식으로 대처하려 했던 것이다.

"제니는 우리 회사에서 유망한 지도자가 될 가능성이 있는 친구였죠." 그녀의 상사가 내게 말했다. "그리고 그 밑의 사람들이 다루기 힘든 것도 알고 있었어요. 대부분이 20년 이상 근속했고 이제까지 해 왔던 방식을 바꾸려고 하지 않았으니까요. 하지만 그 직원들은 깊은 이해도와 업무에 필수적인 전문성을 갖추고 있었기 때문에 대체할 만한 사람을 찾는다는 게 쉬운 일이 아니었어요. 사람을 새로 뽑아서 자기 몫을 하게 하는 데 2년 정도의 시간이 걸리는데, 제니는 해당 사업 분야를 잘 알지 못해서 그런 사실을 이해하지 못했던 거죠." 그녀의 상사는 제니의 장점이나 능력을 잘 알고 있었지만 이렇게 말할 수밖에 없었다. "제니는 사무실 내에서 벌어지는 게임을 잘 이해하지 못한 거예요. 만약에 사람을 한 명 내보내고 신입 사원을 뽑아서 그 자리를 채운다고 한다면 다른 사람들에게 어떤 영향을 미칠까요? 다른 직원들이 신입이 업무에 적응하는 데 도움을 주고 싶을까요? 이직을 해야겠다고 생각하지 않을까요? 이런 사실 모두를 고려해서 생각을 했어야 했던 거죠. 그리고 솔직하게 말을 하자면 우리가 처음에 제니를 면접에서 봤을 땐 상당히 매력적인 사람이라고 생각을 했지만, 자기 팀과 문제를 일으키면서 우리가 느꼈던 매력이 사라져 버렸어요. 만약에 제니가 우리가 **처음 봤던** 그 모습으로 돌아오지 못한다면 여기 오래 있을 수 없을 거예요. 자의로 떠나거나 우리가 내보내거나, 둘 중 하나겠죠."

게임을 사랑해 보라

예전에 나는 골프 실력이 형편없었기 때문에 엄청나게 연습을 해댔다. 나는 좋은 코치들에게 배웠고, 실력을 늘리기 위해 많은 시간을 연습에 쏟았다. 적어도 남들에게 창피하지 않을 만큼은 말이다. 어느 날 한 친구가 나를 실내 골프 코칭 클리닉에 데리고 갔는데, 비디오 스크린에 공을 치면 두 방향에서 녹화를 해 스윙을 분석해 주는 곳이었다. 세 번째 스윙에서, 공이 스크린 가장자리 딱딱한 부분에 맞아 천장까지 튀어 올라 쇠로 된 파이프를 친 다음 내 이마로 다시 떨어졌다. 하느님 맙소사. 직원들이 빨갛게 혹이 나서 부어오른 내 이마에 냉찜질을 해 주고 있을 때, 골프 클리닉 사장은 옆에서 내게 "다른 운동을 해 보시는 게 좋지 않을까요? 다트는 빼고요"라고 충고했다.

그 이후 나는 골프를 싫어하게 되었다. 자, 나는 골프에 소질이 없기 때문에 골프를 싫어하게 된 걸까, 아니면 골프를 싫어하기 때문에 잘 못 치게 된 걸까? 당신이 판단해 보라. 나는 볼링을 좋아하는데 적어도 내 머리를 치지 않을 정도의 실력은 된다.

대부분의 사람들은 자기가 사내 정치를 혐오한다고 말한다. 이는 기본적으로 그들이 사내 정치를 잘 못하기 때문이다. 물론 이것이 정상적인 반응이기도 하다. 룰도 모르고 무슨 일이 일어날지도 모르고 매번 지기만 하는데 게임을 좋아할 사람이 누가 있겠는가?

하지만 당신이 사내 정치를 싫어하거나 회피하거나 적극적으로 없애려 든다고 하더라도, 인간관계란 직업적인 영역에 엄연히 존재하는 한 부분이다. 당신이 커리어의 가장 꼭대기에 있거나 밑바닥에 있더라도 말이다. 동물 병원이나 로펌이나 광고 회사에서 일을 하든, 공사판에서 막노동을 하든, 대기업이나 중소기업에서 일을 하든, 스타트업이나 자리를 잡은 회사에서 일을 하든 간에 당신은 언제나 사람을 상대해야 하고 사람들의 복잡한 특성에 대처해야 한다.

사람이란 뒤죽박죽이고 무질서하며 변덕스러운 존재이다. 그들은 매우 똑똑하면서도 기민하기 때문에 그들의 꿍꿍이를 알기가 더 어려워지기도 한다. 솔직히 말하면, 당신은 태어난 이후 항상 사람들 사이에서 정치를 해 왔다. 아기 때는 당신이 미소를 짓거나 까르르하고 웃으면 어머니가 당신을 안아주고, 먹여주고, 기저귀를 갈아주었을 것이다. 웃어서 원하는 바를 얻지 못할 때는 울어서 해결을 보았을 것이다. 학교에서 친구(또는 적)를 고를 때는 그들의 마음을 얻기 위해 마음을 주었을 것이고, 호의를 받기 위해 호의를 베풀었을 것이다. 이런 행동들은 끝도 없이 나열할 수 있다. 앞으로도 많이 들를 거라고 생각하는 단골 식당에 올 때마다 좋은 대접을 받고 싶어서 웨이터에게 두둑이 팁을 준다면, 당신은 이미 정치를 하고 있는 것이다.

> 66 모든 사람은 회사에서 정치를 한다.
> 어떤 사람들은 이 게임을 혐오하는데,
> 그 이유의 대부분은 그들이 정치를 잘 못하기 때문이다. 99

회사 내에서는 서로 경쟁을 할 필요성과 협력을 해야 할 필요성이 모두 있기 때문에 사내 인간관계가 더욱 복잡해지는 경향이 있다. 게다가 회사가 아니라면 당신이 어울리지 않을 법한 사람과 접촉을 해야 하는 점도 문제이다. 사적인 생활에서 우리는 본능에 따라 친구를 고르고 절교를 하기도 하지만, 직장 동료와의 관계는 우리에게 강요되는 측면이 있다. 이처럼 직장 내 인간관계는 자연스럽게 형성된 것이 아니며, 그 안에서 일부 사람들은 개인의 영달을 위해서나 본인이 목적하는 바를 이루기 위해서 때로는 다른 사람을 희생시키면서까지 이익을 얻고자 한다.

　이러한 것들이 정정당당하거나 옳지 못한 일처럼 보일 수도 있다. 일을 잘하면 모든 문제가 해결되지 않을까? 불행하게도 그렇지는 않다. 냉정하게 진실을 말하자면 당신은 업무도 잘해야 하고 **그러면서도** 인간관계를 잘 풀어가는 법을 배워야 한다. 이는 마치 지뢰밭에서 아름답게 발레를 하는 것과 같다. 당신이 지뢰를 무시한다면, 또는 아무 일도 하지 않으면서 지뢰 같은 사람들에 대해 불평만 늘어놓는다면 발가락 몇 개쯤 우습게 잃어버릴 수도 있다.

　만일 당신이 주위에서 벌어지고 있는 정치적인 사태들을 무시하고(또는 좌절감만 표출하고 손을 쓰지 않거나) 회피한다면, 다른 사람들이 정치로 이득을 보는 동안 당신은 정치에 참가하지 않음으로써 벌어지는 일들에 대한 대가를 불필요하게 지불하게 될지도 모른다. 정치에 참여하지 않는다는 것은 당신 자신이나 당신의 팀, 또는 당신이 추구하는 목적의 이익을 개선시킬 수 있는 기회를 놓치는 것과 같다. 그리고 이 게임에 익숙해질수록 당신은 정치를 즐기게 될 것이다. 이것은 내가 보증할 수 있다. 특히 다음과 같은 일부터 시작한다면 말이다.

- 다른 사람이 기대하는 것보다 조금 더 남들을 도와주기.
- 사적인 영역에서 다른 사람을 알기 위해서 약간의 노력을 더하기.
- 다른 사람의 말을 경청하고, 그들이 다른 데로 이야기가 새어 나갈까 걱정하지 않고 불평불만을 털어놓을 수 있는 "안전한" 사람이 되기.

앞서 나열한 것들은 굳이 정치적인 의도를 가지고 있지 않더라도 좋은 사람이라면 누구나 직장 내에서 행하고자 하는 일들이다. 그리고 정치적인 측면도 일부 있지만 회사에서 행했을 때 순수하게 좋은 결과를 낳는 행동들, 예컨대 복도에서 마주친 사람에게 환하게 인사한다거나 엘리베이터에서 친근하게 수다를 떨기 위해 잠깐 내릴 곳을 지나치는 등 당신이 할 수 있는 (또는 이미 하고 있는) 행동들은 무수히 많다.

그렇다고 해서 실제로 업무를 잘하는 것보다 정치적인 데 집중하는 것이 좋다는 얘기는 절대로 아니다. 실무 능력은 성공을 하기 위한 가장 기본적인 밑바탕이다. 토니가 사내에서 정치를 잘할 수 있었던 커다란 이유 중 하나는 그가 자신의 업무를 매우, 매우 잘 해냈기 때문이었다.

사내 정치 환경이 당신에게 유리하도록 조성하라

당신을 둘러싼 정치 상황에 대처하기 위한 전략을 세울 때 최선의 방법은, 우선 주의 깊게 관찰을 한 다음 그 정보를 당신이 일하고 있는 회사 내 네트워크를 더 깊이 이해하는 데 이용하는 것이다. 이는 아군 네트워크를 형성하고 사내 친구를 만드는 데도 유용한 전략이다.

출발점은 어디로 잡아야 할까? 유형 및 무형의 위계질서를 파악하는 데서 시작해 보자. 조직도를 보는 것만으로도 알 수 있으므로 공식적인 구조를 파악하기는 쉽다. 그다음으로는 눈에 보이지 않는 비공식적인 위계질서를 파악하는 데 시간을 들이자. 당신이 속해 있는 사업 그룹뿐 아니라 더 넓은 범위의 조직에도 관심을 가져 보라.

- 모든 일에 결정 권한을 갖고 있는 실세는 누구인가? 왜 그

렇게 생각하는가?

• 권력을 가지고 있지만 실제로 힘을 행사하지 않는 사람은 누구인가? 그들이 수동적으로 구는 이유는 무엇인가? (다른 직원들이 리더십을 발휘할 수 있는 기회를 주는가, 책임을 회피하는가, 또는 다른 이유 때문인가?)

• 사람들에게 존경을 받는 사람은 누구인가? 왜 존경을 받는가? (장기근속인가, 혁신적인 성격인가, 다른 사람을 돕는 태도인가, 업무 성과 때문인가?)

• 조직 내에서 인간관계를 가장 능숙하게 다루는 사람은 누구인가? (그들을 관찰하고, 배우자.)

이상의 항목들은 당신이 시간을 들여서 대답해야 하는 질문이다. 특정한 그룹을 몇 년간 관찰해온 게 아니라면, 당신은 이 질문들에 대해 곰곰이 생각해 보고 회의나 이벤트, 업무상 토론 등에서 동료들이 어떻게 소통하는지를 관찰하는 데 시간을 투자할 필요가 있다. 다른 사람들에게 특정 사람들에 대한 그들의 의견을 구해도 좋지만 우호적인 태도를 견지해야만 한다. 당신이 그 특정 인물에 대해 갖고 있는 긍정적이거나 부정적인 이미지를 상대에게 전달해서는 안 된다. 흔히 사람들은 당신에게서 감지되는 의견을 투사해 대답을 하는 경향이 있다. 그렇지 않더라도 그들이 당신의 의견을 짐작해 거기에 맞춰 본인의 견해를 조정해서 말하기도 한다. 그러니 다음과 같이 어느 방향으로도 대답할 수 있는 중립적인 질문을 던져라.

- "산드라와 함께 일하는 건 어때요?"
- "밥과 함께 진행한 프로젝트는 어땠나요?"
- "당신네 부서 분위기는 어때요?"
- "새 팀장이 오고 나서 바뀐 것들이 있나요?"

물론 질문을 할 때는 어떤 방법으로 말을 할지, 그리고 당신이 말하고 있는 상대가 누구인지를 모두 신중히 고려해야 한다. 일반적으로 직장에서는 회사 밖 친구들이나 가족 사이에서는 없는 피해의식이 저변에 깔려 있다. 당신이 가족 중 누군가에게 "밥 삼촌에 대해 말해 주세요"라고 말한다고 해서 상대가 과민 반응을 하지는 않을 것이다(밥 삼촌에게 모두가 말하기를 꺼리는 어두운 비밀이 있는 게 아니라면 말이다). 하지만 업무의 세계에서는 다른 사람에 대한 아주 사소한 질문조차 피해망상적인 반응을 부를 수 있다.

당신이 권력과 영향력, 조직 내 다른 사람의 존경을 받는 사람이 누구인지를 깨닫게 되었다면, 이제는 사람들 사이의 사회적인 관계에 시선을 돌릴 차례다.

- 누가 누구와 친하고, 누구와 친하지 않은가?

- 뚜렷한 그룹이나 파벌이 있는가?

- 다른 사람과 어울리는 데 가장 문제가 있는 사람은 누구인가?

- 누가 "외톨이"이며, 다른 사람들은 그들을 어떻게 평가하는가? (어떤 외톨이들은 존경을 받고, 어떤 외톨이들은 호기심 또는 의심의 대상이 되며, 어떤 이들은 외면당한다.)

이 질문에 제대로 답하려면 시간이 필요하다. 참을성 있게 관찰을 하며 여러 다른 상황에서 사람들과 상호 작용을 해야 답을 얻을 수 있다. 당신이 관찰을 하고 주위에 대해 심도 깊게 이해하게 된 연후에는 조직 내에서 스스로 사회관계를 쌓을 수 있게 된다. 아마 당신은 이미 자연적으로 형성된 사회관계에 속해 있을 것이다. 만약 당신이 신입 사원이라면 다른 신입 사원들과 연계되어 있을 것이고, 당신이 경력이 있는 중간 관리자라면 직속으로 보고하는 상사나 비슷한 직급의 다른 중간 관리자들과 연계되어 있을 것이다. 그러나 조직 내의 정치적 역학 관계를 고려한다면 당신은 이에 그치지 않고 당신의 업무적·사회적인 네트워크를 넓히고 싶을 것이다.

조직 내에서 힘을 가진 사람을 피하려 들지 마라. 그들은 당신이 생각하는 이상으로 우호적이고 다가가기 쉬운 사람일지도 모른다(그들에게 편안하게 다가가서 말을 거는 사람이 거의 없기 때문에 오히려 그들에게 다가가기가 쉽다). 공식적인 조직 내의 모든 방향(동료, 상사, 임원)에 있는 사람들과 관계를 맺고 비공식적으로 영향력을 행사하는 사람들과도 연이 닿아야 한다.

- 관계를 맺을 때는 신뢰와 존경이 바탕이 되게 하라. 빈말은 피하자.
- 모두에게 친절하게 대하라. 특정 그룹하고만 친하게 지내지 않도록 주의하자.
- 여러 네트워크를 동시에 가져가라. 그럼으로써 당신은 조직의 동태에 촉각을 곤두세울 수 있게 된다.

정치적인 기술이 빈약했던 (실질적으로 말하면 거의 전무했던) 중간 관리자 제니에게 부장이 다가와 팀과 겪고 있는 문제들에 대해 이야기하자, 제니는 인내심을 잃고 말았다. 아마 그녀도 자신을 둘러싼 환경을 더 깊이 이해할 필요가 있다는 사실을 알고 있었기에 어느 정도 당황하기도 했겠지만, 그녀는 누군가에게 조언을 받거나 배울 수 있는 기회가 없었다. 제니는 예전 직장에서는 늘 뛰어난 성과를 내왔고, 덕분에 고속 승진을 하며 상사들의 기대치를 뛰어넘는 실적을 냈다. 그런 관계로 직장 내에서 실책 때문에 상사와 이야기를 하는 일은 전에 없던 경험이었다. 그리고 짐작할 수 있겠지만, 제니는 이 실책을 만회하고 다시는 이런 일이 재발하지 않도록 서둘러서 일을 진행하려고 했다. 그래서 빠른 시일 내로 당시 상황을 해결할 수 없다는 걸 그녀에게 이해시키는 데에는 상당한 시간이 걸렸다.

하지만 일단 이해한 이후 그녀는 대견하게도 앞서 논의된 사항 중 많은 부분을 받아들여서 적용하기 시작했다. 그녀는 자신이 맡은 팀 내의 인간관계를 더 깊이 이해하게 되었고, 나중에는 그 팀에 속하지 않은 외부 사람으로부터 팀원 중 아무도 팀장으로 승진 고려 대상조차 되지 않았기 때문에 팀 전체가 좌절감을 느끼고 있다는 사실도 전해들을 수 있었다. 맞건 틀리건 간에 이는 팀원 전체가 낙제점을 받은 것 같은 상황으로, 그들은 모욕감을 느꼈던 것이다. 이 상황에 아무 책임이 없음에도 불구하고 불만의 화살은 제니에게 쏟아졌다. 이러한 사실을 알게 되었다고 해서 문제가 해결되지는 않지만, 이는 장족의 발전이었다.

당신을 증오하는 이를 포용하고, 중상모략하는 이와 연대하라

제니가 취한 다음 행보는 당시 벌어지고 있던 부정적인 상황을 중립적으로 돌려놓고 자신의 밑에서 일하던 팀원들과 긍정적이고 건설적인 관계를 맺는 것이었다. 사실 등 뒤에서 자신의 험담을 늘어놓는 줄 알면서도 상대에게 미소를 짓고 긍정적으로 반응하는 데는 성숙한 태도가 필요하다. 하지만 자신을 중상모략하는 그룹 전체에게 건설적으로 대하기 위해서는 한층 더 성숙하고 자신감 있는 성격이 필요하다.

부장은 제니에게 그녀가 진실로 어려운 과제 앞에 놓여 있다는 사실을 알고 있다고 말했다. 제일 처음 그녀는 팀원들과 멀리 떨어진 자리에 앉은 것부터가 실수였다는 사실을 깨달았다. 이는 팀원과 자신을 물리적으로 분리시킬 뿐 아니라 사회적으로도 소원하게 만들었다. 제니는 아마 본인이 팀원들을 불편하게 여겼기 때문에 스스로 이러한 결정을 내렸을 것이라는 사실을 인지했다. "팀 사람들이 처음부터 저를 그다지 환영하지 않는다는 사실을 알았던 것 같아요." 그녀는 말했다. "그래서 설비팀 책임자가 저한테 의견을 물을 때, 제가 스스로 부정적인 환경에서 떨어지고 싶어서 팀원들에게서 먼 자리를 골랐어요. 하지만 지금 제가 해야 할 일은 부정적인 환경에서 도망치는 게 아니라 그 환경을 바꾸는 것이란 사실을 알게 되었죠."

부정적인 사람들 중에서도 태도를 바꿀 수 있는 사람들이 있다. 당신이 위협적인 존재라고 생각하고, 당신의 의도를 오해하거나 어떤 식으로든 무시당했다고 생각해 문제가 발생한 거라면 비협조적으로 구는 사람들에게도 긍정적인 영향을 미칠 수 있다. 그러한 사람들 한 명 한 명에게 우호적인 태도로 대하고, 적절한 질문을 하고 그 대답을 경청하면 대개는 태도를 바꾼다. 당신이 망가진 울타리를 보수하는 데 노력을 기울이고 그들이 우선순위라고 여기는 문제를 해결하도록 돕는다면, 이들은 궁극적으로 당신의 아군이 된다. 어떨 때는 가장 강력한 아군이 되기도 한다.

그러나 개중에는 바뀌지 않으려는 사람도 있게 마련이다. 이들은 절대로 믿어서는 안 된다. 마치 열대어를 씹어 먹는 상어만을 키워내려는 듯한 직장 문화도 있다. 그리고 한 조직에 널리 퍼져 있는 문화는 거의 언제나 개개인의 의도보다 더욱 강력한 영향력을 발휘한다. 조직 문화를 필수적으로 이해하도록 하자.

당신이 하고 있는 일에 대한 이해도를 높여라

제니의 상사가 남긴 말을 상기해 보자. "사람을 새로 뽑아서 자기 몫을 하게 하는 데 2년 정도 시간이 걸리는데, 제니는 해당 사업 분야를 잘 알지 못해서 그런 사실을 이해하지 못했던 거죠." 그의 말 덕분에 나는 제니가 자신의 회사에서 벌어지는 정치적인 문화를 완전히 깨우치려면 어떤 일들을 해야 하는지 감을 잡을 수 있었다. 가장 정치적으로 뛰어난 선수들은 자신이 당장 하고 있는 업무를 훨씬 넘어서서 회사 전체의 사업을 이해하기 위해 노력한다. 그들은 보통 판매나 마케팅, 총무, 인사, 창작, 법무, 그리고 (때로는) 컴플라이언스, 리서치와 설비팀 등을 포함한 전체 사업 모델을 더 깊이 그리고 넓게 연구한다.

> **❝** 당신이 재직하고 있는 회사의 사업 모델을
> 더 깊고 넓게 이해하라. **❞**

재직하고 있는 회사의 사업 모델을 처음부터 끝까지 이해하면 할수록, 당신은 회사 문화에 적응하기 쉬워질 것이다. 물론 여기에는 많은 시간과 엄청난 노력이 필요하다. 당신이 당장 해야 하는 업무와 관련되지 않은 타부서의 업무까지 이해하라고 하는 사람은 보통 없기 때문이다.

당신이 구린 구석을 찾거나, 회사의 과오나 잘못을 들춰내기 위해 이러한 일을 하라는 게 아님을 이해하기 바란다. 눈앞에 닥친 업무 범위를 넘어서서 사업 전체를 이해하면, 향후 회사의 밑바탕에 깔린 문화를 완전히 소화하는 데 도움이 된다.

건강한 조직을 보게 된다면 이를 인지하자

당신의 회사가 하고 있는 사업을 더 잘 알게 되면, 이상적인 또는 건강한 비즈니스란 무엇인가에 대해서도 틀을 형성할 수 있게

된다. 슬픈 사실이지만, 일부 사람들은 적절하지 않은 사업 환경에서 너무 오랜 시간을 보낸 나머지 그러한 환경이 정상적인 것이라 믿으며 살아간다. 불화가 만연한 가정에서 성장해 다른 집에서도 매일 고성이 오갈 것이라고 믿는 아이처럼 말이다.

실적이 좋고 나쁜 수백 개의 사업체를 관찰하고 수천 명의 직원(행복하고 생산적인 사람부터 분노하고 신경증적인 사람에 이르기까지)과 대화를 나눠 본 경험을 바탕으로 나는 사업체의 상대적인 건강 상태를 판단하는 열 가지 기준을 나름대로 확립했다. 대부분의 기업은 이 리스트에서 예닐곱 개의 눈에 띄는 강점과 몇 개의 분명한 약점을 함께 가지고 있다.

- 목적 의식 : 직원들이 이 기업에는 금전적인 목표 달성을 넘어서는 중요한 사명이 있다고 느끼는가?
- 리더십의 진정성 : 직원들이 리더를 신뢰하며, 조직에서 리더가 추구하는 방향과 직원들의 지향점이 합치하는가?
- 목표 및 기대치의 명확성: 직원들은 자신에 대한 기대치를 명확하게 인식하고 있으며 자신들의 노력이 회사의 전략 목표에 어떤 방식으로 공헌하는지 인지하고 있는가?
- 기술과 자원의 적정성: 직원들은 자신이 담당한 업무를 충실히 이행하고 요구된 목표를 달성하기 위해 본인들이 충분

한 기술과 자원을 지니고 있다고 느끼는가?

• 직장 내 환경의 활력: 직장 내 환경이 근무 시간 동안 직원들의 에너지와 동기 부여를 유지하는 데 도움을 주고 있는가?

• 생산성의 평등함: **모든** 직원들이 높은 생산성을 유지하고, 업무량이 넓고 고르게 배분되어 있는가? 본인의 업무 능력이나 회사에 대한 헌신 때문에 자신에게만 많은 일이 부과되고 있다고 느끼는 직원은 없는가?

• 자발적인 업무 참여: 직원들이 매일매일 일을 함에 있어서 진심을 다해 참여하고, 행복하며, 신 나게 업무를 하고 있는가?

• 팀워크의 협동성: 직원들은 자신이 누군가를 필요로 할 때 조직의 도움을 기대할 수 있다고 느끼는가?

• 보상 체계의 명확성: 직원들이 보상 및 인정 체계가 의미 있고 공정하며 객관적인 목표에 의거하고 있다고 느끼는가?

• 자기 계발의 기회: 직원들이 업무에서 성장하고 자기 계발을 하고 있다고 느끼는가?

나는 이 리스트가 근본적으로 공정하게 작성되었다고 생각하지만, 최근에 익명을 보장 받아야 하는(그러나 오렌지와 비슷한 이름인) 대기업의 한 CEO에게 그 직원들을 대상으로 설문조사를 해 각 항목에 관해 피드백을 받자고 얘기한 적이 있다. 그의 대답은 이러했다. "흠, 직원들이 이 항목 모두에서 긍정적으로 응답하리라고 기대하기는 힘들지 않을까요, 안 그래요?"

나는 열 개의 항목 중 일부에 직원들이 낮은 만족도를 보이더라도 괜찮겠느냐고 그에게 조심스럽게 물어보았다. 그는 대답하기 전에 잠시 뜸을 들였다. "음, 직원들이 열 개 항목 모두에서 만족스럽다고 대답했으면 하지만, 열 개 모두에 만족한다는 것이 현실적으로 가능할 것 같진 않네요."

아까 말한 바와 같지 않은가? 나는 그가 매일 고성이 오가는 비정상적인 가정에서 자란 아이 같다고 생각한다.

나는 당신이 일하고 있는 환경의 상대적인 건강함을 객관적으로 평가할 수 있다면, 당신이 속한 회사 문화나 그 특수한 정치 상황을 훨씬 더 효율적으로 이해할 수 있을 것이라고 생각한다. 위에서 언급된 열 개의 항목은 당신이 일하는 기업이 어떤 측면에서 강점이 있는지, 어떤 점이 더 개선되어야 할지 생각해 볼 수 있는 틀을 제공한다. 많은 기업들은 모든 직원들이 건강하고 생산적이라고 느낄 수 있는 환경을 조성하기 위해 많은 시간과 에너지, 그리고 자원을 투자한다. 그리고 건강을 최상의 상태로 유지하기 위해 노력하는 사람과도 같이 최고의 기업들은 늘 자신의 활력 징후vital sign를 예의주시한다. 그들은 기업을 좀먹는 질병은 마치 사람에게 발병하는 일반적인 병과 같이 서서히 그리고 눈에 띄지 않게 퍼진다는 사실을 알고 있다.

일반적으로 기업에 발생하는 병(물론 이는 은유적인 표현이다)을 고찰할 때 고려해야 할 한 가지 사실은, 특출하게 건강한 회사에서는 오히려 당신이 눈에 띌 기회가 더 **적다**는 점이다. 만약에 모든 것들이 잘 돌아가고 모든 사람이 긍정적이고 생산적이며 회사의 목표에 의해 동기 부여되어 있다면, 일하기에는 좋을지 모르나 그곳에서 두각을 나타내기는 정말 힘들 것이다. 그러나 문제가 있는 회사에서는 도전에 대응하는 당신의 태도에 따라 얼마든지 다른 사람과 스스로를 차별화할 수 있다. 이는 한번쯤 생각해 볼 문제이다.

회사에 있어 암과 불능, 변비 증상이란 무엇인가?

나는 조직 문화 문제를 이야기할 때는 은유적으로 질병에 관한 용어를 차용하기를 좋아하는데, 그 이유는 a)이 은유가 상당히 잘 들어맞고, b)문제에 대한 경각심을 사람들에게 심어 주기 때문이다. 게다가 이렇게 표현하는 쪽이 더 재미있기도 하다.

가장 건강한 회사에서조차 때때로 발견할 수 있는 세 가지 공통된 질병이 있다. 회사 문화를 건강하게 유지하는 핵심은 잠재되어 있는 위험 요소가 보내는 경고 표시를 재빨리 인식하고, 초기에 재빠르게 대응하는 능력이다. 이러한 위험 요소가 완전히 드러날 때까지 기다린다면, 이미 너무 늦은 것이다. 다음에서 조직 문화가 일반적으로 겪는 세 가지 질병에 대해서 알아보고 초기에 대처하려면 어떻게 해야 하는지 간략히 짚어 보려고 한다.

직원들의 무관심이라는 암

암세포는 인체의 내부 관리 메커니즘의 통제를 벗어나 스스로 증식하고, 숙주에게 최선인 길을 무시한다. 이와 마찬가지로 조직의 미션 및 목표와의 유대 관계를 잃어버린 직원들은 불한당 암세포처럼 조직에서 떨어져 나갈 가능성이 있다. 한두 명의 불성실한 직원 때문에 사업에 치명적인 영향이 있지는 않겠지만, 이렇게 유대 관계를 잃은 직원들이 일정 규모에 이르게 되면 이는 빠르게 기업을 약화시키는 암 덩어리로 발전한다. 다음과 같은 직원들은 암 초기 단계라는 경고등이다.

- 상사의 리더십에 대해 비꼬는 농담을 하고 빈정대는 발언을 주기적으로 하는 직원.
- 회사의 지침이나 정책, 행동 수칙을 자랑스레 무시하는 직원.
- 문제를 회피하거나 잘못된 결정을 내리지 않기 위해 본인의 견해를 밝히지 않고, 강한 의견이 있음에도 불구하고 피력하지 않는 직원. 이들은 "철도 사고"가 닥친다는 사실을

알고 있으면서도 이를 방관한다.

- 회사에는 미래가 없다고 불평하면서도 이를 개선하기 위한 행동을 하기 싫어하거나 무관심한 직원.
- 회사의 사무 용품이나 다른 자산을 집에 가져가면서도 죄책감이나 (잡힐 때까지는) 후회를 느끼지 않는 직원.

만약 당신이 이러한 특성을 가진 환경에서 일하고 있다면, 그 안의 정치 상황에 가장 효율적으로 대처하기 위해서 일단 모든 사람들은 회사에게 최선의 길이 아니라 스스로의 이해관계로 움직인다는 사실을 인식해야 한다. 이때 주위에 만연해 있는 반회사적인 정서에 동조할 필요는 없다. 사실 당신은 이 분위기에 동조해서는 안 되지만, 그러면서도 다른 사람들에게 공통적으로 퍼져 있는 좌절감을 인지하고 이를 해결하기 위해 당신이 할 수 있는 일을 해야 한다. 문제를 풀어야지, 당신의 좌절감(합당한 경우에라도)을 표출해서는 안 된다.

힘 빠진 리더십이라는 불능

현대의 업무 환경이 내포하는 어떤 특성은 일부 리더들의 자신감과 경쟁력을 갉아먹기도 한다. 어쩌면 그들은 꽉 짜인 업무 조직이나 팀을 이끌 수 있는 명확한 권한을 부여 받지 못한 상황에서 자신의 권위를 주장하기 어려울지도 모른다. 어쩌면 그들은 가장 뛰어난 직원들 사이에서 경쟁해야 한다는 중압감에 부담을 느끼고 있는지도 모른다. 어쩌면 21세기에 들어서면서 권위적인 리더십을 거부하고 있는 것인지도 모른다. 그러나 이 현상의 원인이 무엇이든 간에, 다음과 같은 상황이 벌어진다면 조직 내 리더십에 힘이 빠지면서 문제가 발생한다.

- 모든 의사 결정이 합의로 이루어지고 문제가 발생했을 때 명확한 책임 소재를 한 개인에게 물을 수 없을 때.
- 누군가 다른 관점을 제시할 때마다 중요한 결정이 계속 번복돼 투표가 절대로 마감되지 않을 때.
- 팀으로 이룬 성과는 인정을 받지만 공을 세운 개인의 업적이 적절히 조명을 받지 못할 때.
- 책임자가 없다는 인식이 널리 퍼져 있을 때.

이러한 환경에서는 상황에 개입해 공석인 리더 자리를 채워야겠다는 유혹을 느끼기 쉽지만, 주의할 필요가 있다. 당신이 공식적으로 리더의 자리에 임명 받지 못한 상황에서 리더 행세를 한다면, 이러한 문화에 젖어 있는 다른 사람들은 자기 자리를 이탈한다며 곱지 않은 시선을 던질 것이다. 설령 당신이 공식적으로 리더의 직함을 받았고 좀 더 단호하게 처신해야 하겠다고 생각하더라도 서두르지 마라. 나약한 리더십에 익숙해져 있는 거대한 그룹의 결집된 힘에 부딪쳤을 때, 강한 주장을 펼친 사람들의 커리어는 고초를 겪곤 한다. 처음에는 천천히 시작을 하고 정중하게 주장을 하면서, 당신이 이끄는 새로운 조직에 사람들이 적응할 시간을 주어라.

저생산성이라는 변비

직장인들이 엄청난 업무 압박에 직면해 있고 생산성 증진에 대한 책이나 기사, 앱도 쏟아지고 있다는 점을 감안한다면 현대 기업 세계에 저생산성 문제가 있다는 점은 충격적이기까지 하다. 그러나 실상을 보면 프로젝트들은 지연되고, 직원들이 정보나 부품, 또는 명확한 지시가 오기를 기다리면서 헛바퀴만 돌리고 있거나, 어떤 경우에는 직원들이 잘못된 방향으로 헛된 노력을 쏟기도 하는 일들이 종종 일어난다. 현대 사회에서 한 개인의 업무는 다른 사람들에게 너무 많은 영향을 받기 때문에 한 명의 실책이 팀 전체의 생산성을 저해하기 십상이다. 그러므로 다음과 같은 상황에 처한다면 조직의 생산성에 문제가 생긴다.

- 전 직원이 직접적으로 사업에 영향을 미치는 목표와 목적

을 명확하게 이해하지 못하고 있는 경우.

• 프로젝트와 과업이 드물게 어쩌다가 늦는 것이 아니라 일상적으로 지연되는 경우.

• 다른 직원들이 업무 기일을 맞추지 못해 본인의 업무 프로세스가 지연되는 상황에서도 수동적으로 그저 기다리기만 하는 경우.

• 직무 팀 내에서 책임 소재가 불명확하거나 서로 상충되는 경우.

• 실패한 프로젝트를 신중히 분석하고 반면교사로 삼기보다는 서둘러 무마하고 잊어버리는 경우.

이런 종류의 업무 환경에서 취할 수 있는 이점은, 당신이 생산성을 끌어올린다면 눈에 띌 수 있는 기회를 얼마든지 얻을 수 있다는 점이다. 다른 사람이 업무 납기를 지키지 못해서 당신의 업무가 지연된다면 처음에는 상대를 슬쩍 찔러본 후, 그래도 상황이 호전되지 않는다면 좀 더 자극을 주도록 하라. 이러한 문화에 젖어 있는 조직 내에서 무언가를 변화시키고자 할 때에는 다른 사람들의 책임까지 모두 떠안지 않아야 한다. 다른 사람들도 스스로 자기 업무를 제대로 완수함으로써 당신의 생산성에 도움을 줄 수 있다면 기쁘게 생각할 것이다. 그러니 남의 짐까지 떠안는 일만은 절대 피해라. 대신 새로운 아이디어나 프로세스, 전략을 제시함으로써 그들을 돕고, 그러면서도 동시에 당신이 맡은 업무를 약속한 시간에 맞추어 끝낼 수 있도록 최선을 다해라.

우리가 때때로 병에 걸리듯이, 모든 조직은 때때로 이 세 가지 질병 중 한두 가지를 겪기도 한다. 당신은 때로 특정 부서나 직무 그룹, 또는 특정인에서 이러한 증상을 목격할지도 모른다. 이러한 질병에 대한 대응책은 병이 너무 널리 퍼지기 전에 초기에 잘 대처하는 것이라는 점을 기억하자.

극단적인 기업 문화

앞서 언급한 세 가지의 흔한 질병 외에도 더 드물고 극단적이면서, 대처하기 어려운 기업 문화들도 있다. 이러한 증상들은 제각기 다른 도전들을 내포하고 있으며 사내 정치 규칙도 다르기 때문에 다음과 같은 사항들을 늘 예의주시해야 한다.

- 독재자 숭배 문화
- 의기소침한 조직
- 좋은 게 좋은 거란 식의 조직
- 콜로세움 조직
- 근친교배 조직

독재자 숭배 문화는 한 명의 주요 리더를 중심으로 모든 것이 돌아가는 조직을 의미한다. 김정은의 통치 아래에 있는 북한이 가장 좋은 예이며 안나 윈투어나 마리사 메이어, 도널드 트럼프 같은 인물들도 그러한 예가 될 수 있다.

이런 형태의 기업 문화에서 감정적으로, 또 심리적으로 살아남는 방법은 하나뿐이다. 우선 모든 것, 말 그대로 모든 것이 그 리더를 떠받들기 위해 존재한다는 사실을 인지하라. 그다음에는 그 리더가 부하 직원에게 무엇을 기대하는지 주의 깊게 관찰하고 그 기대에 부응할 수 있도록 최선을 다하라. 또한 당신의 노력은 절대로 충분하다고 인정받지 못할 것이라는 사실을 받아들여라. 당신은 절대로, 절대로 리더를 완벽하게 만족시킬 수 없다. 설령 만족했다고 하더라도 당신에게 절대로 그러한 사실을 알려 주지 않을 것이다.

이러한 기업 문화가 제정신이 아니라는 사실을 인지하면서도 동시에 의식적이고 합리적인 근거에 의거해 그곳에서 일하겠다는 결정을 내릴 수 있는데, 이는 당신이 그곳에서 얻을 수 있는 이익이 조직 내에서 겪는 고초를 충분히 보상할 수 있는 수준이기 때문이다. 만약 당신의 연봉이 특출할 정도로 높고 다른 곳에서 충분히 통용될 수 있는 경험이나 인맥을 쌓을 수 있다면, 독재자 숭배 조직에서 일하는 것도 완벽하게 합리적인 결정이 될 수 있다. **하지만** — 강조의 의미를 담은 '하지만'이다 — 이런 조직에서는 언제나 탈출 시점과 출구 전략을 세우고 있어야 한다. 절대로, 절대로 이 조직이 당신의 장기 근무지라고 생각해서는 안 된다. 수많은 사람들이 이러한 조직의 덫으로 떨어져서, 이상한 지시나 비합리적인 요구 사항에 익숙해진 나머지 정상적인 세상이 어떻게 돌아가고 정상인들이 다른 사람들에게 어떻게 대하는지를 아예 잊어버리기도 한다. 시간이 흐름에 따라 특정 개인을 떠받들며 운영되는 조직은 **분명히** 당신의 정신 건강을 망가뜨릴 것이므로, 그런 곳에서 일하고 싶거든 제대로 된 이직 계획부터 세워야 한다.

베스 월드럽은 최고의 건설 회사에 마케팅 부장으로 근무하게 되었다. 그 회사의 사주社主는 최고로 재능이 있으면서도 다루기 힘들고 까다롭고 예측하기 어려운 인물로 정평이 나 있었다. "전 제가 두 눈을 제대로 뜨고 있다고 생각했고, 그분의 변덕스럽고 요구 사항 많은 행동들을 익히 들어 왔었어요." 그녀는 말했다. "하지만 그 전에 너무 평범하고 심심한 건설 회사에서 7년 정도 일하고 나니 좀 창조적인 일을 하고 싶더라구요." 베스는 까다로운 상사와 일하기가 쉽지 않을 거라고 막연히 예상은 하고 있었다. "그렇지만 실제로 어떨지는 전혀 몰랐던 거죠. 새 회사에 출근한 지 두 달 정도 지난 시점이 되자 정신이 나갈 것만 같았어요."

회사에 일하는 다른 동료들은 그녀에게 비용을 집행할 때 사주에게 미리 결재를 받으라고 알려 주었지만, 실제로 그녀가 결재를 받으려고 가자 사주는 신경질을 냈다. "당신이 하는 일이 대체 뭐야? 내가 이렇게 자잘한 일 하나하나까지 다 신경을 쓸 필요는 없잖아. 이건 당신이 알아서 결재하고 진행해!"

그래서 이틀 후 그녀는 최근 완공된 프로젝트의 사진 촬영에 관련된 예산을 결재했다. 그녀는 촬영을 직접 감독했고 최종 선택된 사진을 사주에게 보여 주기 위해 가져갔다. 건물은 매우 훌륭했고 사진도 잘 나왔기 때문에 그녀는 사주가 이렇게 반응하자 충격을 받았다. "대체 누가 이거 결재했어?!"

그 이후 모든 일이 내리막길로 치달았다. 베스는 자신의 의문과 좌절감을 털어놓을 수 있는 친구를 회사에서 찾았다고 믿었다. 하지만 그 친구는 베스가 털어놓은 온갖 이야기들을 사주의 비서(사주와 친밀한 관계를 맺고 있는)에게 전달했고, 결국에는 아주 사소한 것까지 사주의 귀에 들어가게 되었다. 그 중간에 베스가 지휘했던 마케팅 캠페인의 성과를 사주가 인정했다든가 하는 좋은 순간도 있었지만, 이토록 자그마한 인정조차 모두의 질투를 샀다. "나중에는 내가 제정신이 아닌 사람을 상대하고 있다는 사실을 깨닫게 되었어요." 그녀가 말했다. "거의 정신병원에서 일하는 수준이었죠."

베스는 이렇게 가혹한 환경에서도 3년을 꽉 채워 다닐(그리고 제정신을 유지할) 수 있었지만, 이는 그녀가 독재자 숭배 조직에서 지켜야 할 세 가지 규칙을 충실히 지킨 덕분이었다.

- 당신이 그 일을 하는 이유를 정확히 파악하고 그 결말(탈출 시점을 포함해서)이 어떠할지 미리 계획해라.
- 아무도 믿지 말고, 대부분의 사람들이 당신과 동일한 게임을 하고 있다는 사실을 이해해라. 나머지 사람들은 **제대로** 사이코다.
- 우두머리가 요구하는 것을 주되, 그 어떤 보상도 기대하지 마라. 상대에게 일관성이나 신뢰성, 진실성 같은 덕목을 기대하지 마라.

독재자를 숭배하는 조직의 리더는 장시간에 걸쳐 본인은 다른 사람들이 따르는 규칙을 지키지 않아도 된다는 사실을 학습해 왔다. 커리어 계발이라는 관점에서 나는 이런 종류의 사람에게서는 있는 힘껏 도망가라고 충고를 하는 편이다. 거기에 머물러서 커리어를 발전시킬 수 있는 가능성이나 특별한 이유가 **없다면** 말이다.

의기소침한 조직은 대규모 구조조정이나 잇따른 몇 개의 구조조정을 겪었거나 기타의 방법으로 사업 규모를 축소한 조직에서 주로 관찰된다. 구조조정에서 살아남은 대부분의 사람들은 피해망상에 사로잡혀서 자신이 다음 구조조정에서도 살아남을 수 있을지 고민한다. 점점 더 적은 사람들이 남게 되고 그들은 같은 업무를 하거나 더 많은 업무를 떠맡는다. 이러한 환경에서는 다음과 같은 모습을 볼 수 있다.

- 아무도 공개적으로 불평불만을 하지 않는다. 불만은 집에 가서 말한다.
- 사람들이 자신의 "영역", 즉 프로젝트나 직책 또는 회사에 이익을 가져다줄 수 있는 기타 업무를 빼앗기지 않으려고 방어적으로 군다.
- 회사에서 가장 능력이 출중하고 똑똑한 직원들이 매우 적극적으로 이직을 준비한다.
- 직원들이 회사의 미래에 대해 리더들이 하는 말 한마디 한마디를 과잉 해석하고 "진짜 뜻"이 무엇인지 알아보기 위해 지나치게 분석한다.

의기소침한 조직에서 커리어를 계발하기 위한 핵심 방안은 회사의 이익, 특히 다른 사람들이 쉽게 따라올 수 없는 가치를 창출할 수 있도록 최대한 많은 방법을 찾는 것이다. 당신의 업무에 공식적으로 규정되어 있는 역할 및 책임 한계에 구속되지 마라. 당신이 사업 가치를 창출하고 다른 직원들과 스스로를 차별화할 수 있는 길이 있다면 상사에게 허가를 받아 이를 밀고 나가라.

그리고 당장 당신이 실직할 가능성이 높지 않다고 판단되더라도 적극적으로 다른 자리를 알아보아라. 이력서를 다듬고 언제든지 제출할 수 있는 상태로 업데이트해 두어야 한다. 적어도 매 분기마다 한 번쯤은 인터뷰를 볼 만한 자리를 찾고, 만약 그 이상 가능하다면 더 좋다. 당신이 현재의 업무에 충실히 집중하고 있다고 하더라도 잊지 말고 당신의 면접 기술을 연마하고(실제 인터뷰를 통해서) 현재 회사에서 이룬 업무 성과를 잘 모아 놓아야 한다.

> 66 이직을 하는 최고의 타이밍은
> 당신이 현직에 있을 때이다. 99

같은 회사에 있는 사람에게 당신의 이직에 대한 구체적인 이야기를 공유하지 마라. 당신이 정말 신뢰하고 좋아하는 사람조차 자기 자리가 위험하다고 느끼면 당신에게서 등을 돌릴 수 있다. 이렇게 분위기가 침체되어 있는 직장에서도 분명 승진을 하고 앞으로 나아갈 수 있지만, 매우 어려운 일이다. 경영진들은 당신이 회사에 공헌을 하고 당신이 있어 회사에 더 많은 이익이 돌아온다면 기뻐하겠지만, 당신의 성과에 대한 **보상**을 기대하기란 어렵다.

그러므로 당신이 회사에 기여한 부분이 있다면 이를 항상 문서화하여 기록하고 강조하며, 회사 임원들이 있는 자리에서 당신 자신을 세일즈할 수 있는 기회를 절대로 놓쳐서는 안 된다.

대린 포트러프는 테네시에 본사를 둔 한 제조 회사에서 현장 고객 관리 그룹장으로 일하고 있었다. 대린의 업무 대부분은 미시간에 있는 그의 사무실에서 유선상으로 이루어졌지만, 때로는 고객을 만나기 위해 지방으로 출장을 가기도 했다. 하지만 회사가 연이은 구조조정을 실시하자 대린은 회사에서 자신과 같은 현장직을 대거 감원하고 향후 고객 관리 업무를 테네시에 있는 본사에서 맡게 할 것이라는 사실을 알게 되었다. 그는 이미 50대 후반이었기 때문에, 회사에서 자기를 퇴물이라 여기고 에너지가 넘치는 젊은 직원으로 대체하지는 않을까 우려했다. 대린은 회사에 남을 수 있는 유일한 방법은(그의 아내와 두 아들은 테네시로 이사 가고 싶은 마음이 전혀 없었으므로) 자신이 회사와 고객들에게 가져다주는 가치를 세일즈하고 커뮤니케이션하는 길뿐이란 사실을 알았다. 그래서 그는 다음과 같은 전략을 사용했다.

• 회사의 제품 판매에 대린의 지방 출장이 얼마나 도움이 되었는지를 특히 강조하고 모든 고객들에게 추천서를 받는다.

- 본인의 사무실에서 테네시 본사에 있는 다른 팀원과 화상 회의나 장거리 회의를 할 때는 웹캠을 사용하여 다른 팀원들, 특히 상사에게 본인을 노출시킨다.
- 에너지와 활력이 넘쳐 보이도록 외모를 가꾸는 데 투자한다. 그렇다. 그는 (웹캠 이용을 시작하기 전에) 흰머리를 염색하고 9킬로그램을 감량했다.
- 웹캠을 사용할 때에는 배경이 잘 정돈되어 있는지, 마이크와 카메라가 밝고 환하며 잘 작동되는지 확인해 웹캠 영상의 질이 프로페셔널해 보이도록 했다.

이 중 몇 가지는 좀 지나쳐 보일 수도 있겠지만 결과적으로 대린은 회사에서 유일하게 살아남은 현장 고객 관리 직원이 되어 7년 후 퇴직할 때까지 현역으로 근무할 수 있었다. 이처럼 위축되고 의기소침한 환경에서 살아남고 커리어를 계발하기 위해서는 업무에도 뛰어나야 하지만, 회사에 대한 당신의 기여도를 잘 **세일즈할** 수 있어야 한다.

콜로세움 조직이란 최대한 직원들 간의 경쟁을 부추겨서 서로서로 싸우게 함으로써 조직의 생산성과 이윤을 극대화하려는 조직이다. 이러한 조직 문화에서는 공식적인 "점수판"이 있어서 직원들 개개인의 기여도를 모두에게 알린다. 이런 조직에서는 다른 사람의 눈에 보이기 위해 모두가 경쟁적으로 야근을 한다. 만약 눈에 띄지 않는다면 내일 당장 잘릴 수도 있기 때문이다.

　때로 이런 콜로세움 문화는 앞서 언급한 의기소침한 문화와 결합되어 나타나는데, 그러면 줄어들고 있는 파이에서 더 큰 조각을 차지하기 위해 사람들이 앞다퉈 경쟁하는 모습을 보인다.

　콜로세움 조직에서 살아남기 위해 가장 중요한 점은 그 속에서 최고가 되려고 하기보다는 당신보다 못한 사람을 늘 두 명이나 세 명 이상 만들어 놓는 것이다. 이런 사람들을 당신의 "광산 안의 카나리아"라고 생각하자(광부들은 유독 가스에 민감한 카나리아를 광산 안에서 기름으로써 공기 오염의 지표로 삼는다 – 옮긴이). 상황이 악화되면 이 카나리아들이 당신보다 먼저 피해를 입게 될 것이다. 만약 당신이 주위를 둘러보았는데 카나리아라고 생각할 만한 인물을 찾지 못했다면, 당신이 바로 카나리아다.

　비벅 와드와는 맨해튼에 위치한 대형 증권회사에서 일하는 젊은 주식 중개인이었다. 회사의 문화는 노골적으로 적자생존을 표방했는데, 각각의 영업맨들이 그 주에 신규로 개설한 계좌 수와 벌어들인 수수료에 의해 생존이 결정되는 구조였다. 그 회사의 직원들이 스스로 그만두거나 잘리기 전까지의 근속 기간은 대략 8개월 정도였고, 5년 이상 근무하는 직원은 20%도 되지 않았다.

　비벅은 주식 중개인이라는 직업에 매우 만족하고 있었지만 특별히 공격적이거나 경쟁을 좋아하는 성격은 아니었다. 또한 특별히 사교적이거나 근무 후 사람들과 어울려서 파티를 즐기는 편도 아니었다. "여러 측면에서 제가 회사 문화에 맞지는 않았어요." 그는 말했다. "하지만 정말 중요한 건 신규 계좌 개설과 거래 대금, 딱 두 가지라는 사실을 처음부터 알고 있었죠."

그래서 비벅은 진짜로 중요한 게임에서 이기기로 전략을 짰다. 그는 처음에는 경력이 오래된 브로커들이 신입 직원들에게 다가가서 도움을 주는 편이라는 사실을 깨달았다. 처음 6개월가량은 말이다. 하지만 일단 신입 브로커가 열다섯 개에서 스무 개의 계좌를 개설하고 나면, 선배들의 도움이 갑자기 뚝 끊어지고 실적 압박이 구체화되기 시작한다. 그는 그 후 신입 직원들이 알짜 계좌를 개설하고 난 다음 이 압박에 못 이겨 회사를 나가면 선배 직원들이 계좌를 나눠 갖는다는 사실을 알았다. 선배 브로커들이 6개월이나 1년 정도 일한 후에 그만두는 신입을 환영하는 건 당연한 일이었다.

다행히도 비벅은 이러한 사실을 알아차렸고, 문제의 6개월 시점이 되어 상사 및 손위 직원들에게서 실적 압박이 쏟아지자 올 것이 왔다고 생각했다. 그래서 상사가 비벅에게 회식에 참석하지 않았다고 지적했을 때, 비벅은 그날 저녁 인디언 커뮤니티 센터를 방문해서 사람들을 만나 고객으로 유치했다고 설명했다. 그러자 갑자기 회식에 참석하라는 압박이 뚝 끊어졌다. 비벅은 입사 첫 해의 남은 몇 달 동안 스스로를 채찍질했고, 어느 날부터인가 상사가 그를 수비수라고 부르기 시작했다. 콜로세움 조직 문화에서는 게임의 룰을 이해하고 점수를 어떻게 지키는지 아는 것이 무엇보다 중요하다.

당신이 지금 임하고 있는 게임의 규칙을 정확하게 이해 못하거나 당신이 게임에서 승리할 만큼 강하고 의지가 굳세지 않다면, 콜로세움 조직은 당신을 껌처럼 씹다가 뱉어 낼 것이다. 하지만 긍정적인 면을 보면 게임에서 승리하는 사람에게는 달콤한 보상이 기다리고 있다.

좋은 게 좋은 거란 식의 문화란 조직 내에서 부정적인 생각이나 의견을 전혀 용납하지 않는 문화를 뜻한다. 이러한 조직에서는 모든 사람들이 웃으며 서로를 상냥하게 대하고, 구성원들끼리 사이가 매우 좋다. 겉으로 보기에는 흠 잡을 데 없이 기분 좋고 긍정적인 문화처럼 보이지만, 이러한 문화가 극단으로 치달으면 숨이 막힌다. 특히 당신이 천성적으로 그런 성격이 아니라면 말이다.

제프 반스는 뉴욕 첼시 인근에 위치한 나마스떼 커피하우스의 교대 근무 책임자였다. 스물세 살의 그는 뉴욕 대학교의 졸업반으로서 학업과 정규직 업무 사이에서 균형을 잡기 위해 노력하던 중이었다. 제프는 매우 야심찬 젊은이로 대학 졸업 후에도 나마스떼에서 계속 일을 하기로 결심했다. 당시 그의 회사는 뉴저지와 매사추세츠, 코네티컷에 이르기까지 북동부로 매장 지역을 넓혀가고 있었다. 제프의 목표는 졸업반 때 부점장이 되고, 졸업 후에는 점장이 되는 것이었다. 그 후에는 구역 담당자로, 나아가서는 지역 총괄 책임으로 성장해 나가는 것이 그의 목표였다.

하지만 그는 두 번이나 부점장직에 지원했다가 탈락해 크게 좌절한 상황이었다. 교대 근무 책임자로서 제프는 팀을 매우 효율적으로 운영했고, 그가 운영하는 교대조의 생산성이 지점에서 제일 뛰어나다는 사실을 알고 있었다. 실제로 그의 교대조는 그 지역에서 가장 뛰어났다. 제프는 콜로세움 조직에 완벽한 성격을 갖고 있었는데, 이기기 위해 필요한 동기와 투지를 모두 갖추고 있었다. 하지만 그는 본인이 속한 조직이 콜로세움 조직이 아니라, 좋은 게 좋은 거란 식의 환경이라는 점을 미처 깨닫지 못했다.

부점장 승진에서 처음 탈락했을 때 제프는 본인이 아직 학생이기 때문에 회사에서 그가 업무량을 감당하지 못할 것이라고 판단했으리라 생각했다. 하지만 1년이 지난 후 두 번째 기회가 왔을 때, 회사에서는 다른 지역 출신인데다가 제프와 **마찬가지로** 학생 신분인 부점장을 새로 채용했다. 이러한 사실을 알게 된 제프는 회사를 그만두기로 마음먹고 마지막 날에 점장에게 면담을 신청해 자신의 생각을 말하기로 했다.

그는 점장의 사무실에 가서, 앉으라는 권유도 뿌리치고 선 채로 이야기했다. "전 그냥 제가 왜 그만두는지 이유를 말하러 왔습니다. 저는 누구보다 열심히 일하고 교대 효율도 가장 높은데다 이 지점에서 제일 헌신적으로 일해 왔습니다. 그런데도 다른 사람을 부점장으로 뽑으시다니 정말 너무하십니다!" 그는 좌절감을 간신히 억누른 채 말했다.

"네, 정말 열심히 일하셨죠. 필요 이상으로 말이에요." 점장이 응수했다.

"그건 무슨 뜻인가요?"

"신입 직원을 가르치는 데 얼마나 많은 시간과 에너지를 쓰고 있죠?" 점장이 물었다.

"많이 쓰고 있죠. 우수한 직원을 계속 데리고 있기가 얼마나 힘든지 아시잖아요. 거의 격주에 한 번씩 신입 직원이 들어오는 것 같아요."

"이 지점에서 근무하는 다른 교대조에 비해서 제프 씨가 담당하고 있는 교대조의 이직률이 거의 두 배나 되는데요, 그 이유가 뭐라고 생각하시나요?"

제프는 다음 수순이 무엇인지 알았으므로 눈알을 굴렸다. 이전에도 점장에게 같은 말을 들은 적이 있었기 때문이다. 그렇다. 그는 자신의 교대조에 근무하는 다른 직원들에게 다소 깐깐하고 혹독하게 굴었다는 사실을 인정했다. 하지만 생산성을 끌어올리려면 필요한 희생이었다. 멍하니 서서 찬송가나 부른다고 일이 해결되면 얼마나 좋겠느냐마는 말이다. 그는 점장과 전에도 이러한 이야기를 나눈 적이 있고, 그 토론을 다시 한 번 되풀이할 이유가 없다고 생각했다. 거기에서 물러설 그가 아니었다.

"결국 모든 일은 성과로 보여야 하는 거잖아요." 그는 항변했다.

"저도 전적으로 동의하지만 제프 씨가 이룬 성과의 이면에는 제프 씨의 관리 스타일을 견디지 못하고 좌절해서 회사를 나간 직원들이 있단 말이죠. 제프 씨를 피하기 위해서 다른 근무조로 옮기기까지 했지만 당신한테는 절대 이야기하지 않겠죠. 그리고 어떤 직원들은 당신의 처우가 회사가 자신들을 **실제로** 어떻게 생각하는지 단편적으로 보여 준다고 생각하기 때문에 다시는 나마스떼 커피하우스에 발을 들여놓으려 하지 않겠죠. 우린 이 이야기를 전에도 한 적이 있으니까 이 말이 사실이라는 것 정도는 알고 있으시겠죠."

점장은 심호흡을 하고는 이야기를 이어 나갔다.

"스스로 그만두신다니 어쩌면 다행인지도 모르겠네요. 저는 제프 씨를 내보내야겠다고 결정했거든요. 제프 씨가 회사에 보여 준 헌신과 노력을 높이 사지만, 일하는 **방식**이 우리 회사와는 맞지 않아요." 점장은 치명타를 날리면서도 친절한 태도를 유지하려 애썼다.

이 대화로 제프가 스스로에 대해 깨달았다면 좋았겠지만, 그런 일은 일어나지 않았다. 대신 그는 일종의 독선적인 분노를 느끼며 나마스떼 커피하우스를 나섰다.

이후 그는 친절함을 표방하는 두 개의 회사에서 힘든 시간을 보낸 후 마침내 매우 경쟁적인 문화를 가진 문구 회사에서 빛을 발하게 되었다. 제프는 자아 성찰과 유연성을 가지지 못한 사람이었으므로, 자신의 원래 스타일과 잘 맞는 기업 문화를 찾는 일이 그에게는 매우 중요했다. 하지만 가장 성공하는 사람들은 **그들에게** 잘 맞는 조직을 찾아다니기보다는 자신의 커리어에 가장 적합한 회사의 문화에 자신을 유연하게 맞출 줄 안다.

> **66** 조직의 문화가 당신에게 맞추기를 기대하지 마라.
> 당신이 그 문화에 스스로를 맞춰야 한다. **99**

근친 교배 문화는 대개 임직원들이 자부심을 느끼는 유구한 역사를 가지고 있고, (시대에 뒤떨어진 경우가 많은) 긴 세월 동안 유지된 절차와 과정을 고수하며, 외부인들에게는 생소하게 들리는 내부 용어를 사용하는 조직에 만연한 경우가 많다. 이러한 조직의 구성원들은 그들의 배타적인 환경에 비뚤어진 자부심을 갖는 경향이 있으며 리더의 대부분이 그 회사에 평생을 바친 사람들로 채워져 있다.

제너럴모터스나 브룩스브라더스, 듀퐁은 근친 교배 문화가 만연한 좋은 예이다. 이들 회사 내에서는 내부에서 사용되는 구호나 일반 사람들은 알아볼 수 없는 3글자 알파벳 약어가 난무한다.

이런 조직에서 성공하기 위한 첫 번째 열쇠는 물론 그 문화를 이해하는 것이다. 일단 연구하라. 회사의 연혁을 공부해 상사들에게 회사의 역사에 대해 이야기해 보라. 회사 고유의 언어나 관습, 그 조직에서 수십여 년을 지낸 사람들이 가진 사고 패턴을 완전히 흡수해 자기 것으로 만들어라.

그다음 열쇠는 당신이 그 문화를 바꿀 수 없다는 사실을 받아들이는 것이다. 수많은 기업 대표가 이러한 근친 교배 조직의 오래된 문화를 바꿀 수 있으리라 자신하다가 좌절을 맛보았다. 몇몇 예외(애버크롬비앤드피치, 할리 데이비슨)가 있기는 하지만 그래도 그 문화를 바꾸는 것보다는 적응하는 쪽을 선택하는 편이 현명하다.

일반적으로 근친 교배 조직이 바뀔 수 있는 유일한 길은 조직의 생존 자체를 위협할 수 있는 외부적인 사건의 발생이다. 생존을 위해서 근본적으로 바뀌어야 할 때가 오면, 어떨 때는 변화의 물결이 일기도 한다. 어떨 때는 말이다.

문화 간의 대립

마리아나 로사도는 미네소타에 본사를 둔 1800년대 후반에 설립된 가정용품 판매 회사(1년 매출이 1억 달러가 넘는)의 신임 부사장이었다. 회사의 CEO이자 소유주가 전미 영업 총괄 부사장으로 승진시켜 주기 전에는 남미 지역 영업 총괄(멕시코에 본사를 둔)을 역임했다.

마리아나는 남미에서 7년 동안 판매 기록을 계속해서 경신해 왔으며 자신을 중심으로 매우 동기 부여가 잘된 팀을 꾸려 왔다. 그녀는 아래 직원들에게 자극을 주는 지도자로서 영업 사원들이 가득 모인 지역 또는 전국 단위의 회의 석상에서 설득력 있는 연설을 하는 능력을 갖고 있었다.

멕시코에서 마리아나는 일류 사업팀을 거느리고 있었다. 그녀는 팀의 한 명 한 명을 직접 채용했으며 팀원들은 매년 사업을 성장시키고 영업력을 확충하려는 그녀의 목표를 공유하고 헌신했다. 마리아나의 채용 절차는 시스템이 잘되어 있다기보다는 본능에 의지하는 편이었다. 물론 지원자들의 능력을 검증하는 것도 중요한 일이었지만 마리아나는 자신이 형성한 기업 문화에 적합한 사람을 찾아내기 위해 본능을 사용했다. 남미 사업부 직원들은 마리아나에 대해 높은 충성도를 보였으며 모두가 함께 이룩한 업무 성과에 자부심을 가지고 있었다. 미국에 위치한 본사가 매출 감소로 어려움을 겪을 때에도 남미 지역에서는 매년 평균적으로 23%의 성장률을 기록했다.

마리아나는(굳이 의도적으로 만들지는 않았으나) 전형적인 독재자 숭배 문화를 형성했지만 본사는 그녀가 이루어 낸 재무 성과에 매우 만족했기 때문에 7여 년 동안 성장을 계속하도록 내버려 두었다. 그녀의 성과가 눈에 띄지 않을 수 없었기 때문에 미국 본사 실적이 침체되자 CEO 겸 사주는 그녀를 전미 영업 부사장으로 승진시키고 미네소타에 위치한 본사로 그녀를 불러들였다.

마리아나는 회의나 이벤트에 참석하기 위해 미국 본사를 여러 번 방문했지만 본사에서 실제로 근무하게 되고 나서야 진정한 문화를 알게 되었다. 100년이나 된 자랑스러운 역사를 지닌 전형적인 근친 교배 문화였다.

공식적으로 새 직책을 맡아 출근한 첫날, 마리아나는 선명한 붉은색 정장을 입고 밋밋한 베이지색 본사 건물로 걸어 들어갔다. 그녀는 사무실 직원들에게 부임 연설을 했지만 반응이 너무나 없어 놀라고 말았다. "이 사람들 혹시 자고 있나요?" 동료들에게 이렇게 물어볼 정도였다.

7개월 정도 후에 그녀는 일부 직원들(그녀에게 와서 직접 말을 한 사람은 아무도 없음에도 불구하고)이 그녀의 업무 스타일을 불편해한다는 이야기를 듣게 되었다. 일부 직원들은 그녀가 남미에서 이루어 낸 성과를 인정하지 않았다. 그녀는 자신에 대한 비판적인 여론을 듣고 솔직히 혼란에 빠지지 않을 수 없었다.

일부 직원들은 그녀가 매우 자기중심적이라고 이야기했고, 그녀를 둘러싼 숭배 풍조에 대해서도 수군거렸으며, 많은 영업 사원들을 세워 놓고 연설할 때에는 (늘상 그렇듯이) 감동적인 이야기로 끝을 맺곤 하는 그녀의 습관에 대해서도 빈정거렸다. 어떤 이는 그녀를 빛 좋은 개살구라고 했고 어떤 이는 요란한 빈 수레라고 비웃었다. 제대로 된 사업 능력은 없으면서 그럴싸해 보이는 계획만 늘어놓고 (제대로 교육받지 못하고 경험이 없는) 영업 사원들이나 혹할 만한 이야기나 한다고 수군거렸다. 그녀는 이러한 험담을 무시하려 애썼지만 상처를 받지 않을 수 없었고, 그들이 틀렸다는 사실을 보여 주기 위해 더 열심히 노력했다.

그녀는 멕시코에 있는 자신의 팀에서 몇몇 직원을 데려왔지만, 옛 직원들은 (마리아나 개인이 아니라) 조직화된 팀에서 모든 결정이 이루어지고 (마리아나의 감이 아니라) 데이터에 근거해 움직이는 새로운 조직 문화에 적응하지 못해 애를 먹었다.

결국 문화와 개인의 성격, 자아 사이에 큰 충돌이 일어났다. 그리고 안타깝게도 마리아나는 이 전투에서 승리하지 못했다. 2년도 안 되어 그녀는 회사에서 퇴직해 멕시코로 돌아갔다. 그 경험을 지금에 와서 돌아보면서 마리아나는 자신이 실패할 수밖에 없었다는 사실을 깨달았다.

"저는 큰 부분을 놓치고 있었던 거예요." 그녀는 말했다. "멕시코에 있던 제 팀이 너무 잘 정비되어 있었고 저를 개인적으로 잘 따라 주었기 때문에, 저는 본사에서도 응당 그러려니 했거든요. 회사 CEO이자 소유주가 직접 데려왔는데, 직원들이 절 따르지 않을 이유가 없잖아요? 그때는 그렇게 생각을 했는데 지금 와서 생각하니 제가 좀 더 신중했어야 했던 것 같아요."

마리아나는 자신이 본능적으로 사람을 좋아하고 상대도 자신을 좋아할 것이라 생각했다는 사실을 깨달았다. 그녀는 다른 사람과 빨리 유대 관계를 맺고, 다른 사람들도 그렇게 하겠거니 생각해 왔다. 이러한 방심 때문에 그녀는 많은 (아마 대부분의) 사람들이 그녀를 보자마자 열광할 준비가 되어 있지 않은 문화에 잘 대응하지 못했다. 남미 본부는 (어떤 의미에서는 당연하게) 그녀의 리더십을 인정했지만, 미국 본사는 사람들이 자신을 존경할 것이라고 기대만 해서는 안 되고 직접 직원들의 존경을 얻어 내야 하는 문화였다. 본사 직원들은 그녀가 자신들에게 맞추어 주길 바랐지, 자신들이 맞춰야 한다고 생각하지 않았다.

최근의 대화를 바탕으로 보건대 마리아나는 여전히 몇 가지를 놓치고 있다. 가장 큰 맹점을 지적하면 마리아나는 함께 일하는 사람이 자신의 팬이 아니라고 느끼면 바로 그 사람을 적으로 간

주한다. 팀이 아니라고 판단되면 바로 배제시켜 버리는 것이다. (멕시코에 있었을 때 그랬던 것처럼) 팀을 완전히 통제할 수 있었을 때, 그녀의 주위는 온통 충직한 팬들로 채워져 있었다. 이러한 위치에 있는 기업 대표들은 점차적으로 주위에 있는 사람들이 모두 충실한 팬(뒤통수치는 나쁜 놈들을 제외하고는!)이라고 믿게 되고 자신의 팬이 아니라고 판단되는 사람은 가차 없이 추방해 버린다.

당신이 근무하고 있는 회사의 문화가 이러한 문제 사례들보다 더 긍정적이고 직원에게 재량을 허용한다고 하더라도 자신의 회사 문화를 명확하게 이해할 필요가 있다. 외부에서 볼 때는 비슷해 보이는 회사들의 문화도 실질적으로는 상당히 다른 경우가 많다. 그리고 때로는 사업 모델 때문에 문화적 차이가 발생하기도 한다.

홀푸드와 트레이더조스, 그리고 스프라우츠파머마켓을 예로 들자면, 이들은 건강하고 자연주의적이며 유기농 식품에 초점을 맞추어 사업을 영위하는 비슷한 회사들처럼 보인다. 그러나 세 회사 모두에서 일을 해 본 사람이라면 이 회사들의 사업 모델이나 기업 문화의 미묘하지만 결정적인 차이점을 구분해 낼 수 있을 것이다.

홀푸드는 소비자와 직원 모두의 건강한 삶을 지지한다는 사명 하에서 운영되고 있다. 그런 기치 하에서 홀푸드는 임직원들이 진정으로 성장하고 행복하게 일할 수 있는 내부 문화를 만들기 위해 노력한다. 홀푸드에서 근무하는 직원들의 급여(와 제품 가격은)는 저가에 건강한 식품을 생산하는 데 목표를 두고 있는 트레이더조스나 스프라우츠보다 평균적으로 높다. 트레이더조스 직원들은 보통 단기 근로자로, 회사에서도 직원들의 이직률이 높을 것으로 예상하고 있다. 스프라우츠에서는 이직률이 상대적으로 낮고 직원들에게 장기적인 커리어 성장 기회를 제공함으로써 우수한 직원의 이탈을 방지하고자 한다. 세 회사 문화의 미묘한 차이점을 집어내거나 어떤 회사가 다른 데보다 낫다고 하려고 이 이야기를 꺼낸 게 아니다. 오히려 상당히 유사해 보이는 기업 간에도 문화의 차이가 있다는 예시를 들기 위함이다.

바비 하트웰은 스프라우츠의 부점장으로 일하다가 자신이 담당한 구역에 홀푸드의 지점이 생기자 점장으로 이직했다. 그녀는 처음에는 자신의 업무가 비슷할 것이라고 생각했지만 실제로는 꽤 다르다는 사실을 발견하고 충격을 받았다. "홀푸드에서 일하는 게 훨씬 힘들었어요." 바비는 말했다. "홀푸드에서는 고객들이 새로운 경험을 하고, 고객과 직원뿐 아니라 농부나 식재료를 생산하는 사람들 모두의 라이프스타일을 뒷받침하는 데 훨씬 가치를 두고 있어요. 다 좋죠. 그런데 문제는 비용 절감에는 그만큼 신경을 안 쓰면서 매출 성장이나 수익성도 추구하려 든다는 거예요. 실제로 저런 라이프스타일을 추구하는 만큼이나 매출 성장이나 수익성 같은 실적 압박도 강했어요. 제가 스프라우츠에 있을 때 느꼈던 것보다 훨씬 많이요."

스프라우츠에서 일할 때 바비는 상대적으로 실적 압박이 덜한 환경에서 일했고, 당시 그녀는 회사의 압박이 비용을 낮추고 재고를 효율적으로 관리하는 데 적절한 동기를 부여하는 정도라고 느꼈다. 하지만 홀푸드에서는 모든 것이 엄격하게 관리되고 평가되었다. 그녀는 비용 절감보다는 고객 방문과 매출을 늘려서 수익성을 제고해야 한다는 압박감을 많이 느꼈다.

만약 당신이 속한 회사나 고용주의 문화를 이해하지 못한다면 커리어 발전에 제동이 걸릴 수도 있다. 바비의 경우를 본다면 그녀는 결국 스프라우츠로 돌아갔는데, 훨씬 만족하기는 했지만 부점장 포지션이 비어 있지 않았기 때문에 1년 동안 계산대에서 일하며 부점장 자리가 공석이 되기를 기다려야 했다. 바비가 스프라우츠에서 이직하려고 결정하기 전에 두 회사의 문화적 차이를 이해했더라면 그녀의 커리어에 훨씬 도움이 되었을 것이라는 데는 의문의 여지가 없다.

진짜 기업 문화는 사람들이 **말하는** 것과 다를 수도 있음을 명심하라. 진정한 기업 문화는 사람들이 실제로 어떻게 같이 일하느냐 하는 데 달려 있지, 스스로 생각하는 문화나 행동하고 서로 상호 작용을 할 때 **따라야 한다**고 생각하는 문화를 의미하지 않는다. 그리고 일에서 성공하는 사람들은 자기 자신을 포기하지 않고도 업무 스타일이나 평소의 습관을 유연하게 바꿈으로써 회사의 문화에 적응할 수 있는 방법을 찾아낸다.

생각해 보자

이 장에서는 여러 가지 이야기를 다루었으므로 다음 장으로 나아가기 전에 잠깐 쉬어 가면서 몇 가지를 생각해 보는 시간을 가져 보자. 당신의 근무 환경 특유의 문화와 정치를 읽는 방법을 배우고 싶다면 사고방식만 바꿀 것이 아니라 새로운 능력을 개발할 필요가 있다.

- 사내 정치에 대한 당신의 태도는 어떠한가? 피해야 할 골칫거리라고 생각하는가? 짜증나지만 불가피한 일이라고 생각하는가? 아니면 당신은 직장이든 인생의 다른 곳에서든 사람 간의 관계의 기저에 정치적인 요소가 늘 존재하고 있다는 진실을 포용할 준비가 되어 있는가?
- 회사 내 친구 관계에 대한 당신의 관점은 어떠한가? 당신은 회사 친구는 진짜 친구가 아니라 다른 사람들보다 좀 더 친한 동료 관계일 뿐이라는 사실을 이해하고 있는가? 회사

가 아닌 사적인 영역에서 친구나 가족들과 탄탄한 유대 관계를 맺고 있는가? 사적인 관계가 튼튼하면 회사 내 대인 관계에 대한 당신의 태도를 명확히 하기가 더 쉬울 것이다.

• 매일매일 얼굴을 마주 하는 직장 동료 말고도 회사 조직 내에서 폭넓게 우호적인 동료 관계 네트워크를 형성하고 있는가? 만약 그렇지 못하다면 당신의 네트워크 범위를 확대하기 위해 가장 먼저 취할 수 있는 방법은 무엇인가?

• 당신이 일하고 있는 회사의 사업 모델에 대해 처음부터 끝까지 얼마나 잘 알고 있는가? 사업 목표를 달성하기 위해 핵심 부서들이 어떻게 협업하는지 이해하고 있는가? 당신이 재직하는 회사의 제품이나 서비스가 차별화되는 포인트는 무엇인가? 사업의 중요 성장 동력과 성장에 있어서 잠재적인 위험은 어떤 것인가? 방금 한 질문들에 대해 명확한 답을 떠올릴 수 없다면, 사업에 대한 이해를 제고하기 위해 어떤 일을 할 수 있는가?

실천해 보자

• 당신이 속한 회사의 수익 모델을 공부하는 학생이 되어 사업의 성공에 영향을 미치는 모든 부서, 기능, 절차를 넓고 깊이 이해하라.

- 조직 내에서 인간관계를 가장 잘 다루는 사람이 누구인지 찾아내어 그들의 행동 방식을 모방하는 데서 출발하라.

- 동료들을 도울 수 있는 기회를 놓치지 않음으로써 그들의 기대 수준을 뛰어넘어 즉시 "긍정적인 정치"를 시작하라. 다른 사람의 성과를 (이제까지 해 오던 방식보다 더) 인정하라.

- 당신이 속한 조직 및 업무 그룹 내에서 일어나는 정치 역학 관계에 면밀히 주의를 기울여라. 누가 공식적으로 권력을 가지고 있는가? 비공식적인 권력은? 큰 의사결정은 어떻게 이루어지는가? 조직에서 신뢰를 받고 있는 사람과 그렇지 못한 사람은 누구인가?

- 업무 그룹에서 벌어지는 "정치"를 의식하지 못하고 있는 사람을 관찰하고, 그들이 저지르는 실수에 주목하라.

- 당신에게 특별히 불편하게 대하는 특정 인물이 있는가? 생산적인 협력 관계를 형성하기 위해 당신이 취할 수 있는 긍정적인 정치 행동들에는 어떤 것이 있는가?

【장기 사고(思考) 및 행동 포인트】

당신이 재직하는 회사에 대해 전혀 모르는 사람이 있다고 가정하고 그에게 회사 문화를 어떻게 설명할 것인지 생각해 보자. 이런 종류의 문화에서 효율적으로 일하기 위해서 중요한 요소는 어떤 것이 있는가?

아래의 영역에 대해 당신의 내부 조직 문화를 평가해 보고 상대적인 강점 혹은 약점이 문화에 어떠한 영향을 미치는지 생각해 보자.

♠ 목적 지향성: 임직원들이 자신의 회사에 대해서 단순히 재무적인 성과를 넘어 중요한 사명을 추구하고 있다고 느끼는가?

♠ 리더십에 대한 신뢰: 임직원들이 리더를 신뢰하고 조직과 자신의 목표를 일치시키는가?

♠ 목표 및 기대치의 명확성: 임직원들이 회사에서 그들에게 기대하는 부분과 자신들의 업무가 회사의 전략적인 목표에 어떻게 기여하는지 정확하게 인지하고 있는가?

♠ 업무 능력 및 자원의 적정성: 임직원들이 스스로의 업무를 잘 수행하고 요구되는 목표를 달성하기 위해 필요한 능력과 자원을 가지고 있다고 느끼는가?

♠ 환경의 활력: 임직원들이 근무 시간 중에 활력과 의욕을 유지할 수 있는 업무 환경이 조성되어 있는가?

♠ 생산성의 전파: 모든 임직원들이 높은 수준의 생산성을 유지해 업무량이 널리 그리고 공평하게 배분되어 있으며, 특정 직원의 업무 능력이 특출하거나 다른 직원들보다 더 성실하기 때문에 더 많은 업무 부담을 떠맡았다고 느끼는 사람은 없는가?

♠ 업무의 자발성: 임직원들이 진정으로 업무에 임하고 있으며, 매일 기쁘고 행복한 마음으로 매일의 업무를 수행하고 있는가?

♠ 협동하는 팀워크: 임직원들이 업무 시 도움이 필요할 때 타 직원이나 조직에게 기댈 수 있다고 느끼는가?

♠ 포상과 인정: 임직원들이 조직 내의 포상과 인정이 의미 있고, 공정하며, 객관적으로 이루어지고 있다고 생각하는가?

♠ 자기 계발 기회: 임직원들이 조직 내에서 성장하고 발전할 수 있는 기회가 있다고 느끼는가?

www.workplacepoker.com/culture-assessment/에 접속해 당신의 조직 문화를 심층적으로 평가해 보라.

다른 사람을 대할 때는

♠ 언제나 직업적 진실성을 유지해라. 늘 전문가적인 태도를 잃지 말고, 조직의 이해관계를 항상 명심해라.

♠ 개인적인 관점에서가 아니라 조직적인 관점에서 비판하는 피드백이나 반대 의견을 개진해라.

♠ 모든 일을 기밀에 부칠 수 있다고 생각하지 마라. 결국에는 모든 것이 공표되리라고 가정하고 그에 따라 당신이 무엇을 드러낼 것인지 결정해라.

♠ 직업적 진실성의 표본이 되어라.

♠ 늘 타인의 말을 경청하고 다른 사람들에게 말이 새어나가지 않고 자신의 불만을 말할 수 있는 "안전한" 장소로 인식될 수 있도록 해라.

♠ 가십이나 의심쩍은 평가, 소문을 퍼뜨리지 마라. 당신이 무언가를 들었다면, 하루 정도는 시간 여유를 가지고 얼마나 믿을 수 있는 이야기인지 생각해 보라.

3장

스스로
받아들인다는 것

너도 이미 알고 있는 이야기를 하나 할게.

세상은 아름답기만 한 곳이 아니야.

오히려 매우 비열하고도 지저분한 장소라서 때로는 너를 쓰러뜨릴 거야.

네가 일어서지 못한다면 너는 평생을 무릎 꿇은 채 살아가야 해.

너, 나, 그 누구도 인생만큼 강력한 한 방을 날릴 수는 없어.

하지만 얼마나 세게 때리느냐가 중요한 게 아니야.

얼마나 세게 두드려 맞고서도 좌절하지 않고 앞으로 나아가느냐가 중요하지.

그게 이기는 거야.

하지만 이기기 위해서는 맞을 각오가 되어 있어야 한단다.

– 록키 발보아, 〈록키 발보아〉(2006)에서 그의 아들에게

회사에서 나쁜 일이 당신에게 일어났다. 최근이든 과거의 일이
든 말이다. 확실해 보이던 승진 기회를 놓쳤다든지, 믿었던 동료
가 거짓말을 했다든지, 누군가 당신이 이루어 낸 성과를 가로챘
다든지(또는 자신의 형편없는 업무에 대한 책임을 당신에게 뒤집어 씌웠
다든지), 회사에서 잘렸다든지, 상사가 형편없는 놈이라든지, 또
는……. 자, 회사에서 일어날 수 있는 나쁜 일의 종류란 이토록 많
다. 당신에게 닥친 나쁜 일이 어떤 종류든지 간에, 당신은 한 방 얻
어맞은 느낌을 받았을 것이다. 하지만 한마디만 하겠다. 당신이
그런 상황에 빠지게 된 이유가 정확히 무엇인지 충분한 시간을
두고 생각해 보았는가?

　그렇다. 끔찍한 일이 닥쳤다. 하지만 왜 일어났을까? 많은 이들
은 이 질문에 대한 심층적이고 제대로 된 대답을 회피하고 싶을
것이다. 왜냐하면 궁극적으로 당신이 현재 처한 상황이 이제까지
당신이 내린 결정이나 행동, 선택에서 비롯된 결과라면, 만약 당
신이 다른 상황을 만들 수 있었음에도 불구하고 현재의 이 상황

을 초래했다면, 이를 받아들이기가 얼마나 힘들겠는가.

커리어 계발이라는 측면에서 당신이 스스로의 환경을 온전히, 완벽하게, 즉 모두 수용하는 일에는 지대한 가치가 있다. 당신이 응당 받아야 할 책임이나 비난뿐 아니라 당신의 양 어깨에 모든 부담을 지우는 것 말이다. 이는 당신의 과거 행동이나 잘못된 결정, 형편없는 선택에 대한 책임을 묻겠다는 뜻이 아니다. 그보다는 당신의 앞에 놓인 도전에 대비하기 위해 스스로에 대한 의심이나 질책을 내려놓고 당신과 당신의 세계를 직시하자는 의미다.

7여 년 전쯤 대표 자리에서 사임해야 했던 CEO 두 명을 각각 인터뷰하면서 나는 이러한 원칙을 실제로 볼 수 있는 드문 기회를 얻었다. 이들은 모두 리더로서 출중하다는 평가를 받았지만 규모가 줄어가고 있는 (서로 다른) 시장에서 사업을 호전시키기 위해 악전고투했다. 두 명은 모두 강하고 때로는 다소 강압적인 성격을 가지고 있었다. 또한 둘 다 사업이 기울어 가면서 직원 및 임원진과의 관계가 악화되어 가는 광경을 목격했다. 처음에는 매우 비슷해 보이는 두 명이었으나, 당시 상황에 대한 이야기를 나누면서 나는 이들이 완전히 다르다는 사실을 알게 되었다.

"회사에서는 제게 시간을 충분히 주지도 않았고, 필요한 자원도 제대로 투자하지 않았어요." 한 명의 전직 CEO는 자신의 실패 이유를 이처럼 설명했다. "제가 저지른 가장 큰 실수는 이사회를 너무 믿었다는 겁니다. 저는 처음에 채용될 때 그 사람들이 했던 말을 다 믿었지만 두 분기 정도 안 좋은 상황이 이어지자 모두 자기 살 길을 찾아 나가려고 했거든요." 그는 매우 합리적이면서 사실에 근거해 자신이 당시 사업을 살리기 위해 가지고 있었던 계획이 무엇이었는지, 그것이 어디에서 어긋났는지 설명해 주었다. 자원의 부족, 인내심의 결핍, 결재 라인에 있었던 부하 직원들의 실책 등이 주요 원인이었다. 나는 그의 말이 모두 사실이라는 인상을 강하게 받았지만, 나중에 그와 나누었던 대화를 혼자 생각해 보았을 때 그가 실패와 자기 자신을 교묘하게 분리했다는 사실을 깨닫고 충격을 받았다. 실제로 그는 자신이 강구했던 방법들은 모두 옳았고, 다만 다른 직원들이 그의 전략적인 혜안을 따라오지 못했기 때문에 실패했다고 믿었다. 몇 달 후 실시한 다음 인터뷰에서, 다른 CEO는 이와 대비되는 이야기를 했다.

"저는 회사에서 방출되고 반년이 지나서도 이 문제를 해결하려고 붙잡고 있었어요." 그는 말했다. "이미 패배한 체스 게임을 머릿속에서 되풀이하면서, 이길 수 있는 방법을 찾을 때까지 가능한 온갖 수들을 모두 실험해 보는 것 같은 거예요." 그렇다고 그가 자기 자신을 자책하거나 우울해 보이지도 않았다. 굳이 말하자면 그는 자신이 어디에서 악수惡手를 두었는지 정확히 알아내기 위해 강렬한 탐구심을 가지고 스스로를 성찰하는 것처럼 보였다. 그도 역시 줄어들어 가는 시장에서 회사를 회생시키기 위해 노력했고, 필요한 자원을 투자해 주지 않으면서 인내심도 없는 이사회 때문에 애를 먹었다. 그러나 내가 그에게 가장 큰 패인敗因이 무엇인지 물었을 때 그는 주저하지 않고 스스로 어떤 점을 놓쳤는지 설명하기 시작했다.

"저는 우리 회사의 가격 정책에 대해 경쟁자들이 보일 반응을 과소평가했고, 또 줄어드는 시장이 아니고 성장하는 시장에서 잘해왔던 사람을 영업과 마케팅 리더로 임명했죠. 그래서 리더들에게 맹점이 생겼고, 그들이 꾸린 팀도 똑같은 맹점을 가졌습니다." 그는 계속해서 설명했다. "가장 근본적인 문제점은 저 스스로 모든 요소들을 정말로 깊이 이해하기 전에 회사의 성장 문제를 해결하겠다고 뛰어든 거였다고 봅니다. 저는 경쟁사의 전략도 완전히 이해하지 못했고, 고객이 변화하고 있다는 사실도 제대로 이해하지 못했으며, 제 직속 팀이 가진 문제도 제대로 보지 못했죠. 알아차렸을 때는 이미 너무 늦어 있었습니다."

이 두 명의 CEO는 어쩌면 사실상 달성할 수 없는 성장 목표를 할당받았는지도 모른다. 하지만 자신이 실패한 근본적인 이유에 대해서 이야기를 나눌 때, 두 번째 CEO는 분명히 자신의 책임을 더 기꺼이 받아들였고 따라서 자신의 실패가 된 여러 환경을 스스로 수용했다.

현재 두 명의 CEO은 모두 번창하는 회사를 운영하고 있으며, 자타공인 성공한 기업 리더로서 자리를 잡았다. 첫 번째 CEO는 본인이 퇴출된 회사와 거의 비슷한 규모의 제조 회사를 운영하고 있다. 하지만 두 번째 CEO는 이후 점점 더 큰 규모의 사업을 운영해 지금은 기업을 회생시키는 리더로서 세계적인 명성을 얻고 있다. 나는 두 번째 CEO가 성공 가도를 달릴 수 있었던 근본적인 이유가 자신의 실수를 기꺼이 수용하고 그것에서 교훈을 얻었기 때문이라고 확신한다.

자기 자신의 잘못과 실패를 온전히 인식하고 이를 편안하게 받아들이는 사람들에게는 깊숙한 자신감이 있다. 그들은 스스로를 수월하게 받아들이기 때문에 가식적으로 굴지도 않고, 자아가 굴절되지도 않으며, 자기혐오를 느끼지도 않는다. 그래서 우리는 그들에게 끌리며, 함께 있을 때 편안하다고 느낀다. 당신이 이러한 정신적, 감정적 상황에 더 가까이 도달할 수 있게 된다면 앞에 놓인 난제들을 헤쳐 나가기가 훨씬 수월할 것이다. 이는 나쁜 상황에 대처하는 데 도움을 줄 뿐 아니라, 악조건을 당신의 커리어에 밑거름으로 쓸 수 있도록 하는 대응 방법이다.

당신은 문제 상황 그 자체를 다소 (혹은 전혀) 통제할 수 없고 당시에는 그 상황이 커리어 발전에 도움이 된다고 느껴지지 않을지도 모른다. 그리고 실제로 도움이 안 될 수도 있다. 하지만 그 상황에 어떻게 대처하느냐는 온전히 당신에게 달린 일이며, 분명히 이후 커리어 계발에 바탕이 될 것이다.

당신에게 어떤 나쁜 일이 일어났는지에 집중하는 대신, 어려운 상황이 야기되도록 당신이 무슨 일을 했는지, 또는 무슨 일을 하지 못했는지에 집중하라. 스스로에게 질문해 보자.

- 내가 어떤 일을 해서, 또는 어떤 일을 하지 못해서 이러한 환경이 만들어졌는가?
- 나는 왜 그런 일을 했는가?
- 향후 더 효율적으로 나아가기 위해서 어떤 교훈을 얻었는가?

위의 질문들 중 특히 "왜"라는 항목에 특별히 주의를 기울여 보자. 관심의 초점을 당신 자신과 당신의 가정(당신은 왜 그런 상황을 만들었는가?), 당신의 맹점(당신은 그 일이 벌어진다는 걸 왜 몰랐는가?), 당신의 노력이나 준비, 안목 부족에 두어라. "왜"라는 질문에 깊이 대답하다 보면 미래에 비슷한 어려움이 닥치는 것을 예방할 수 있게 되기도 한다.

개인의 책임에 도사리고 있는 위험성

제레미 피치는 캐나다 앨버타 주에 위치한 에너지 서비스 회사인 쇼드릴링에서 일하는 엔지니어링 프로젝트 매니저이다. 그는 성실하고 열심히 일하는 직원이며 회사 동료 누구나 그를 좋아한다. 그리고 그는 자신의 프로젝트를 진정으로 책임지는 매니저로, 프로젝트에 악재가 터지면 이유 여하를 막론하고 전적으로 책임을 진다. 이는 존경할 만한 장점으로, 덕분에 그는 뛰어난 프로젝트 매니저가 될 수 있었다. 그러나 제레미는 이러한 성격 때문에 커리어에 큰 손해를 보게 되었다.

"우리 회사는 다른 회사 두 군데와 협력 관계를 맺어 복합 개발 사업을 진행했고, 제가 그 프로젝트에서 매니저를 맡고 있었어요. 제가 그 사업의 일정이나 예산에 최종 책임을 지고 있었죠." 그는 말했다. 제레미는 쇼 직원 몇 명과 함께 두 파트너 회사에서 차출된 직원으로 구성된 팀을 이끌게 되었다. "전에는 그 회사 사람들과 함께 일을 해 본 적이 없었고, 저는 잘못된 생각을 하게 되었죠."

유관 정부 기관이 요구하는 서류 작업이 일부 누락되거나 관리 감독이 제대로 기재되지 않아서 스케줄이 크게 지연되었고, 결국 몇십만 달러의 비용을 낭비한 상태로 프로젝트가 종료될 위기에 처했다.

프로젝트를 제 궤도로 돌리기 위한 긴급 감사가 진행될 때, 사실은 두 파트너 회사에서 파견된 직원들에게 책임이 있음에도 불구하고 제레미는 모든 책임을 스스로 졌다. "일이 제대로 돌아가게 하기 위해서는 다른 사람을 비난하는 대신 앞으로 무슨 일을 해야 할까에 집중해야 한다고 생각했어요." 제레미가 회상했다. "하지만 결국 저만 모두 뒤집어쓰게 됐죠."

팀 사람들은 제레미에게 모든 비난의 화살이 쏟아지게 내버려 뒀고, 제레미의 희생 아래 프로젝트는 다시 정상 궤도로 돌아와 결국 성공적으로 종료되었다. 하지만 본사에 있었던 제레미의 상사는 그를 신뢰하지 않게 되었다. 두 파트너 회사에서도 향후 협동 프로젝트는 다른 사람이 지휘해야 한다고 의견을 냈다. 제레미는 회사에서 해고되지는 않았지만 커리어 발전이 이후 몇 년이나 정체되어 있었다.

제레미는 소감을 말했다. "이제 와서 생각해 보니 말예요, 아직도 저는 궁극적으로 제게 책임이 있다고 생각하긴 하지만 다른 사람이 그렇게 쉽게 빠져나가도록 하면 안 됐어요. 다른 사람은 잘못이 하나도 없다는 인상을 심어 주었는데, 사실이 아니었거든요."

대부분의 기업 문화에는 그들만의 고유한 협력 및 경쟁 체계가 있다. 우리 모두는 공통의 사업 목표를 달성하기 위해 서로 협력해야 하지만, 그와 동시에 자기 자신의 커리어를 발전시키기 위해 서로 "경쟁"해야 한다. 사업의 세계에서는 밀물이라 할지라도 모든 배를 똑같이 밀어 올리지 않는다. 성공한 프로젝트에서도 어떤 이들은 공로를 더 인정받고, 어떤 이들은 덜 인정받는다. 어떤 이들은 실제 업무 성과에 관계없이 대규모의 성과급을 받는다. 어떤 이들은 승진을 하고, 어떤 이들은 탈락한다. 그리고 다시 말하지만, 이러한 일들이 벌어지는 것은 꼭 능력 때문만은 아니다.

그러므로 당신이 어려운 환경에 대해서 **내면적으로** 모든 책임을 지는 것이 중요하긴 하지만 이런 생각을 외부에 알릴 때는 다시 한번 생각해 보아야 한다. 그렇다고 의식적으로 비난의 칼끝을 다른 사람에게 돌리라는 뜻이 아니라, 다른 사람이 빠져 나가도록 할 때는 조심하라는 뜻이다. 당신은 책임을 지면서도 동시에 다른 사람이 스스로의 실패를 감당하도록 할 수 있다.

> **66** 스스로 책임을 받아들이는 것과
> 다른 사람이 빠져 나가도록 놔두는 것은 엄연히 다른 일이다. **99**

커리어 운이 나쁠 때면 나는 조금이라도 위안을 얻기 위해 내 오랜 친구 알렉스를 떠올린다. 나는 알렉스와 20년도 넘게 친구로 지내 왔는데, 그는 커리어를 시작할 때부터 극도로 운이 나빴다. 그가 4년제 대학에서 기계공학을 공부하고 있던 2학년 때, 알렉스의 아버지가 그에게 전화해 집안 형편이 어려워져서 더 이상 등록금을 대 줄 수 없게 되었다고 말했다. 어쩔 수 없이 알렉스는

2년제 전문대학 학위로 공부를 마치고 일자리를 찾아 나서야 했다. 2년짜리 학위로 그가 찾을 수 있는 최선의 직업은 제도공이었는데, 이는 컴퓨터 제도로 빨리 옮겨가지 못한 소수의 회사에서만 채용을 하는 직업이었다. 그는 6년 동안 연필과 종이로 도면을 그리는 전통적인 수작업 제도공으로 일했지만, 회사가 문을 닫으면서 그도 직업을 잃게 되었다.

알렉스는 다시 제도공 일을 구하러 취업 시장에 나와 면접을 보러 다녔지만, 업계에서 이미 표준이 된 컴퓨터 제도 경험이 없었다. 새로운 기술을 따라잡아야 한다는 사실은 분명했지만 생활비를 벌어야 했기 때문에 그는 영업직으로 취직을 하고 학교는 밤에 다니기로 했다. 알고 보니 그는 판매에 재능이 있었고, 결국 자신의 외향적이고 사교적인 성격은 온종일 제도 책상(이나 컴퓨터 스크린) 앞에 앉아 있는 것과 어울리지 않는다는 사실을 깨달았다. 그는 타고난 영업맨 같아 보였고 별다른 노력도 필요 없이 수월하게 돈을 벌 수 있었다. 덕분에 그는 2~3년가량 부동산 영업직원으로 성공적인 시절을 보냈고, 고등학교 때부터 좋아했던 여성과 결혼해 근사한 집을 사 두 명의 아이를 낳았다. 인생이 순풍에 돛을 단 듯이 흘러갔다.

그러던 어느 날 경기가 갑자기 나빠지기 시작했다. 자연히 부동산 거래도 뚝 끊겼다. 수년간 친구였기에 알렉스는 나에게 전화를 걸어 우리 회사가 직원을 채용하는지 물어 왔다. 불행히도 그때 우리 회사는 불경기에 다른 회사들이 흔히 하는 것처럼 영업 직원을 10% 감축하고 있었다. 알렉스는 자신이 잡은 몇 개 안 되는 면접이 잘 안 되어 가고 있다고 말했다. 당시 내가 회사에서 주로 하던 업무는 영업 직원 트레이닝과 코칭 프로그램을 개발하는 것이었으므로, 우리는 만나서 점심을 먹으면서 그의 면접 전략을 의논하기로 했다.

"좋은 소식이 있어!" 우리가 점심 식사 자리에 앉자마자 그가 소리쳤다. "아이가 또 생겼어!" 알렉스가 진심으로 기뻐 보였기 때문에 나는 초를 치지 않기로 했지만 분명 타이밍이 좋다고 말할 수는 없었다.

내 얼굴에 떠오른 걱정스러운 표정을 그도 볼 수밖에 없었으므로 이내 나는 죄책감을 느꼈다. 물론 새 생명은 축복이었다. 점심을 먹으면서 나는 알렉스가 놀랍도록 행복한 가정을 꾸리고 있다는 사실을 알게 되었다. 아내는 아름답고 그를 사랑했으며 헌신적이었고, 두 딸은 건강하고 행복하게 자라나고 있었다. 그는 새 아기는 아들이었으면 하고 바랐다. 하지만 직업이나 재정적인 측면을 보면 완전히 난장판이었다. 그의 전 직업은 부동산 영업 사원이었던 데다가, 그는 불경기가 시작되기 바로 직전에 대규모 토지 개발에 투자하기까지 했다. 당시 그 투자 건은 난항에 빠져 투자금을 회수할 가망이 거의 보이지 않았다.

그러므로 알렉스에게는 일자리가 필요했다. 많은 돈을 벌어다 줄 수 있는 것으로. 하지만 그가 응시하는 면접마다 잘될 기미가 없었다. 나는 상담을 하는 영업 사원에게 일상적으로 던질 만한 질문을 몇 가지 해 보았고, 알렉스의 대답에서 그의 전반적인 인생이 어떻게 흘러가는지 좀 더 알 수 있었다.

"면접 보기 전에 얼마나 공부를 하고 갔어?" 내가 물었다.

"글쎄, 일단 면접 통보가 좀 급작스럽게 와서 준비할 시간이 많진 않았어. 그리고 나는 원래 그 회사를 꽤 잘 알고 있어서 준비를 아주 많이 할 필요는 없었지." 그가 대답했다.

"회사에서 원하는 특정 기술이나 경험이 뭔지 어떻게 알았어?"

"온라인에 게시된 직무 기술서가 상당히 상세한 편이었어."

"회사에서 가장 중요하게 생각하는 직무 능력이 뭔데?"

"무슨 뜻이야?"

"글쎄, 물론 직무 기술서에 써 있는 게 다 중요하긴 하겠지만, 그래도 회사에서 **가장** 중요하게 생각하는 직무 능력이 있을 거 아냐. 면접자들을 평가할 때 어떤 기술이나 능력을 가장 중요시하는데?"

"잘 모르겠는걸."

"지금 너는 전혀 새로운 산업에서 영업을 하려는 거잖아. 부동산 영업과는 근본적으로 다른 점들이 몇 가지 있다고. 그럼 산업에 대해서 미리 어떤 공부를 했어?"

"아까 말했지만 나는 그 회사를 꽤 잘 아는데다 어떤 제품을 생산하는지 이미 알고 있었어. 그리고 영업이 영업이지 뭐 별거 있나."

"알았어……. 그럼 너는 면접에 붙지 못한 이유가 뭐라고 생각해?"

"우선 나는 그 사람들이 나보고 면접을 보자고 한 이유 자체를 모르겠어. 면접관이 나한테 별로 관심이 없어 보였거든. 태도도 좀 무뚝뚝했고 묻는 질문도 정말 이상하고 엉뚱했다고. 예를 들어서 내가 동물이나 식물이라고 치면, 내가 어떤 종류라고 생각하느냐는 거야. 어떤 사람들이랑 잘 못 지내냐는 질문도 했어. 나는 영업을 하니까 사람들이랑 다 잘 지낸다고 대답을 했는데, 면접관이 그 대답을 마땅치 않아 하는 것 같았어. 뭐 이런 어이없는 질문들을 해대더라고."

"아, 면접관이 이상했다는 거구나." 나는 살짝 비꼬면서 대답했지만 그는 알아채지 못했다.

"그랬다니까." 알렉스는 흥분해서 고개를 끄덕였다. "그런 사람이 일하는 회사도 이상하지 않겠어? 그런 사람이 일하는 회사라면 이상할 게 틀림없으니까 차라리 떨어져서 잘된 건지도 몰라."

"전 직장에서 네가 일했던 성과나 예로 준비해 간 거 있어? 영업 보고서라든가 너의 영업 능력을 증명할 수 있는 눈에 보이는 어떤 증거라든가 말이야."

"나 그런 거 없어. 전 직장에서는 그런 증명서 같은 거 준 적 없거든. 그리고 나는 상당히 갑작스럽게 그만뒀기 때문에 갖고 나온 것도 거의 없어. 하지만 면접관한테 긍정적인 추천서를 몇 개 제출하기는 했어."

대화는 한 시간 가량 더 이어졌지만 같은 얘기의 연속이었다. 알렉스가 면접에 준비를 제대로 못 한 것은 명백한 사실이었지만, 그에게는 핑계가 있었다. 면접 때마다 준비할 상황이 안 되었다든가, 정보를 구할 수 없었다든가, 전 직장에서 자료를 주지 않았다든가 하는 이유들이었다. 아니면 아이들을 돌보느라 너무 바빴거나(아내가 파트타임으로 일을 해야 했기 때문에) 직무 기술서가 정확하지 않았거나 면접관이 면접 준비를 잘 해 오지 않았거나, 그 밖에도 당신이 생각해낼 수 있는 온갖 이유들을 댔다. 알렉스가 면접에 제대로 대비하지 못한 데는 늘 어떤 이유가 있었으므로 그의 잘못이 결코 아니었던 것이다.

나는 진심으로 알렉스를 좋아한다. 그래서 대화를 나누던 중 그가 돌연 자신이 그 모든 재정적인 문제를 초래하고 있다는 사실을 깨달았다면 얼마나 좋았을까. 자신의 인생에서 그를 둘러싼 환경을 스스로 통제할 수 있다는 것을 알았으면 말이다. 하지만 그런 행운은 일어나지 않았다. 실은 대화가 그쪽 방향으로 흘러가기 시작하자 알렉스가 조금 기분이 상하고 참을성을 잃었기 때문에 우리는 대화를 마치고 악수를 나누고서 몇 주 뒤에 다시 점심을 먹자고 이야기하며 헤어졌다. 그것이 6개월 전의 일인데, 아직 그에게서는 소식이 없다. 잘 지내고 있기를.

나는 알렉스가 대학에 진학하기 전부터 아버지의 경제 사정이 그리 좋지 않다는 사실을 잘 인지하고 있었음을 알고 있다. 그러므로 중간에 학비가 떨어진 일이 그리 갑작스러운 충격도 아니었지만, 알렉스는 발생할 가능성이 농후한 일에 대해 아무런 대비도 하지 않았다. 마찬가지로 알렉스는 자신의 제도 기술이 곧 시대에 뒤떨어지게 되리라는 사실도 알고 있었지만, 회사에서 컴퓨터와 필요한 소프트웨어를 지급하지 않자 스스로는 아무 일도 하지 않았다. 시류에 적응하지 못했던 그 회사가 결국 문을 닫게 된 것도 놀랄 일은 아니었지만 알렉스는 그때도 아무런 조치를 취하지 않고 있었다. 부동산에서도 마찬가지로, 그는 시장 상황이 악화되고 있다는 사실을 잘 알고 있었다. 또한 영업이 자신의 적성에 꼭 맞는다는 사실을 알았기 때문에 알렉스는 자신의 업무 능력을 향상시키기 위해 어떠한 노력을 할 필요성도 느끼지 못했다. 세일즈 트레이닝 워크숍에도 참석하지 않았고, 책을 읽지도 않았으며, 동료 영업 직원들에게 무언가를 배우려는 시도도 하지 않았다. 그는 그냥 주어지는 대로 일을 했고, 다행히 성과를 냈다. 상황이 달라지기 전까지는.

알렉스는 본인이 겪은 직업적 어려움의 원인을 늘 바깥에서 찾았다. 그는 커리어에서 곤란을 겪으면서도 자신을 둘러싼 환경에 궁극적으로는 스스로 책임이 있다는 사실을 결코 받아들이지 않으려 했다. 왜냐하면 그러한 사실을 받아들이는 것 자체가 무척 고통스러운 일이기 때문이다. 상사나 경기 상황, 회사 경영진, 배우자, 부모, 자녀, 친구, 불운과 같은 외부적인 요인을 비난할 수 없다면 남은 것은 스스로를 탓하는 일뿐이다. 오늘날 자신이 살아가고 생활하는 환경은 결국 스스로가 만들어 낸 것이라는 사실을 자각하는 일은 어렵고도 불편할 수 있다. 하지만 밝은 면을 보면, 그러한 사실을 받아들임으로써 우리는 인생에 필요한 변화를 스스로 만들 수 있게 된다. 자신이 통제할 수 있는 것에 정신을 집중하면, 이는 곧 행동으로 이어지기 때문이다. 하지만 때로는 처음에 느끼게 되는 그 감정적인 고통이 받아들이기에 너무 벅찰 수도 있다.

직장에서 할 수 있는 경험 중에 업무 성과가 저조해서 회사에서 해고되는 것보다 감정적으로 더 힘든 일은 없을 것이다(실제로 고통을 느끼든 혹은 고통을 느끼고 있다고 상상하든 간에, 이는 똑같이 힘든 일이다). 그리고 사업을 축소하거나 구조조정하는 가운데 정리해고 당하는 일은 그보다는 못하지만 거의 비슷할 정도로 힘든 일이다. 이는 재정적인 고통과 감정적인 아픔을 함께 수반한다. 대부분의 사람들은 이러한 상황에서 다른 사람에게 탓을 돌림으로써 고통을 줄이려 든다. 아니면 경기 상황이나 정치인, 심지어 나쁜 날씨에라도. 때로는 단순히 운이 없었다고 말하기도 한다. 만약에 당신의 상사가 부정직한 사람이어서 스스로의 밥그릇을 지키기 위해 회사에는 당신에 대해 거짓말을 하고, 당신에게는 회사에 대해 거짓 정보를 주면서 속임수와 거짓으로 당신을 해고한 상황을 가정하더라도 당신이 그런 상황을 자초했다고 할 수 있을까? 자, 냉정하게 말하면 당신은 스스로 그런 환경을 선택한 것이다. 그리고 설령 당신이 속았다고 하더라도, 당신에게는 좀 더 깊이 생각할 수 있는 기회가 있었다.

직업의 세계에서는 좋든 나쁘든 운이란 말을 적용해서는 안 된다. 갑작스러운 상황이란 것도 없다. 무고한 희생자도 존재하지 않는다. 모든 일이 그만한 이유가 있어 일어난다고 받아들여야 한다. 그리고 당신이 놀라거나 불공정한 대우를 받았다고 해서 그 상황에 대한 당신 자신의 책임이 줄어드는 것도 아니다. 애초에 결정을 내린 사람이 당신이기 때문이다. 그리고 당신에게 남은 선택지가 하나뿐이라고 느낄 때에도 냉정하게 생각해 보면, 그러한 덫에 걸어 들어가는 길을 스스로 선택했을 것이다.

❝ 커리어에서는 좋든 나쁘든

운이란 말을 적용해서는 안 된다. 갑작스러운 상황이란 것도 없으며,

무고한 희생자도 존재하지 않는다. **❞**

경기를 반쯤 진행한 체스 선수는 자신의 말들이 놓인 위치나 선택할 수 있는 수가 제한되어 있다는 사실에 불평해서는 안 된다. 스스로 한 수 한 수를 두면서 그러한 상황을 만들어 냈기 때문이다. 인생이라는 체스 게임을 머릿속에서 되짚어 본다면 이전에 했던 당신의 선택이나 결정이 어떤 식으로 유효한 선택지가 없는 현재 상태를 초래했는지 깨닫게 될 것이다.

하지만 여기에서 중대한 교훈을 얻을 수 있다. 당신은 **언제나** 선택을 할 수 있다는 사실이다. 심지어 과거의 잘못된 선택이 낳은 현재 시점에서도 당신은 선택권을 가지고 있다.

이러한 진실은 당신이 소화하기에는 너무나 딱딱할지도 모른다. 왜냐하면 당신은 다른 사람이나 환경에 탓을 돌리며 안락하고 따뜻한 물에서 목욕을 즐기는 데 너무 익숙해져 있기 때문에, 스스로의 책임이라는 얼음같이 차가운 물보라를 견디기가 쉽지 않을 것이기 때문이다.

나는 커리어 카운슬러로 일하고 있지만 여러 종류의 워크숍이나 웹 세미나를 개발하고 또 개최하기 때문에, 그 와중에 사람들

이 나에게 인생 상담을 하러 찾아오기도 한다. 이런 종류의 대화
는 보통 커리어상 처한 곤경에 대해 이야기하며 시작되는데, 그
런 사람들은 대개 다른 사람 내지는 인생 자체가 자신에게 잘못
대하고 있다는 피해 의식이 강하다. 그러면 나는 그들이 스스로
의 상황에 궁극적으로 결정력이나 책임을 가지고 있다는 사실을
자각할 수 있도록 다음과 같은 질문을 던지곤 한다.

이렇게 말할 때	이렇게 묻는다.
직장에서 험한 말들이 오갑니다.	왜 그런 곳에서 일하기로 했죠?
계속 나쁜 상사들만 만나 왔어요.	당신의 어떤 점 때문에 그럴까요?
저는 사내 정치를 하기가 싫어요.	사내 정치를 안 하겠다고 생각하시는 이유가 뭔가요?
지금 제가 하고 있는 일이 그나마 이 분야에서는 제일 나은 일입니다.	왜 그 분야에 스스로를 한정하고 계시죠?
이 산업에 종사하는 사람들은 모두 고생을 하고 있습니다.	왜 굳이 그 산업에 스스로를 한정하고 계시죠?
제대로 된 학위를 갖고 있지 않아요.	해결하기 위해 어떤 일을 하셨나요?
회사에서 일 잘하는 사람보다 인맥이나 파벌 위주로 승진을 시킵니다.	위에서 당신의 능력을 무시할 수 없을 정도로 능력을 키우려면 어떻게 해야 할까요?
잘못된 사람을 비난한 것 같아요.	그렇게 하신 이유가 뭐죠?
막상 일을 시작해 보니 애초에 들은 이야기와 달라요.	취업을 하기 전에 따로 조사를 하신 게 있나요?
저축해 놓은 돈이 별로 없어서 제일 먼저 취업할 수 있는 회사에 바로 들어가야 할 것 같아요.	상황이 그렇게 나빠지기까지 당신은 어떤 선택을 해 왔나요?
그 사람들이 저에게 거짓말을 했어요.	왜 더 깊이 생각해 보지 않으셨나요?

자기 자신에게 책임이 있다는 사실을 스스로 인정하는 것이 왜 중요한가? 당신이 인생에서 힘든 상황에 빠졌을 때 남을 탓한다고 누가 신경이나 쓰겠는가? 내가 안 된다고 말을 해 주겠다. 왜냐하면 남만 탓하면 당신의 미래 행동과 결정에 대해 냉정하게 생각할 수 있는 능력을 기를 수 없기 때문이다.

우리는 이 장을 시작할 때 회사에서 당신에게 뭔가 나쁜 일이 일어났다고 가정하고 출발했다. 사실 나쁜 일들은 실제로 여럿 일어났겠지만, 아마 당신의 마음에 오래 남아 있는 것은 특정한 하나의 사건일 가능성이 높다.

자, 이제 다시 질문을 해 보겠다. 그 사건이 일어난 정확한 경위가 무엇이라고 생각하는가? 그 상황이 벌어지기까지 당신은 무슨 일을 했는가, 또는 하지 않았는가? 당신이 깊고 명확하게 생각을 해서 정직한 답에 도달하게 된다면, 스스로 큰 발전을 이룬 것이다.

그러면 필연적으로 다음 질문으로 넘어가지 않을 수 없다. 당신은 상황을 바꾸기 위해 무엇을 할 것인가? 당신은 커리어의 세계가 빠르게 변화하고 있으며, 심지어 변화의 속도 자체도 빨라지고 있다는 사실을 알고 있다. 그러면 당신 자신은 어떠한가? 당신도 변화하고 있는가? 당신은 변화를 주도하고 있는가, 그렇지 않으면 다른 사람(또는 상황)이 변화를 주도하도록 내버려 두고 있는가? 당신 앞에 놓인 도전과 기회에 대응하기 위한 준비는 얼마나 잘 되어 있는가?

　향후 당신의 커리어와 인생에 하나의 절대적이며 본질적인 법칙이 있다면, 당신에게 일어난 상황과 사건을 모두 온전히 책임져야 한다는 것이다. 예를 들어 내일 아침에 당신 집 뒷마당에 화산이 솟아올라 집에 용암을 뿌려 댄다 하더라도, 이는 여전히 당신의 책임이다. 자기 집 밑에 있는 지각地殼의 상황에 더 주의를 기울였어야 하지 않을까? 스스로 모든 책임을 진다는 말은 절대로 비난을 하지 않겠다는 뜻이다. 이는 변명을 하며 상황을 빠져나가지도 않고, 다른 사람을 탓하지도 않으며, 상황을 외부의 사건이나 불공정함 또는 불운의 탓으로 돌리지 않겠다는 뜻이기도 하다.

　스스로 책임을 진다는 말은 당신 자신만이 스스로의 운명을 쥐고 있다는 사실을 받아들인다는 것을 의미한다. 자기 자신의 선택, 움직이는 방법, 취하는 행동, 생각하고 느끼는 방식에 책임이 있다는 것을 인지하고 받아들인다는 뜻이다. 또한 생각하고, 말하고, 행위 하는 모든 것에 책임을 진다는 것을 뜻한다.

　개인적 책임이란 개념은 모든 행동, 사고, 감정이 외부의 강압이 아니라 스스로의 선택에서 비롯된다는 인식에 기초하고 있다. 당신 자신만이 스스로가 어떻게 반응할 것인지를 결정할 수 있다. 이는 삶에 대한 태도이며, 철학이며, 존재의 방식이기도 하다.

그러므로 개인적인 커리어 책임이란 당신이 지나온 길, 현재 서 있는 위치, 도달하고자 하는 곳이 전적으로 당신의 손에 달려 있다는 사실을 받아들인다는 의미다.

결과를 수용하고 자신의 삶으로 나아가기

당신의 실패를 인정하라. 실패를 지붕 위에서 소리 지르며 알릴 필요까지야 없겠지만, 적어도 스스로 솔직해져야 한다. 당신이 스스로의 잠재력을 한계까지 끌어내지 않았다면 "결과를 수용하고" 스스로의 실패를 인정하라. 그렇다고 스스로를 자책하라는 이야기는 아니다. 자신이 실수를 저질렀다는 사실을 인식하고 실수에서 교훈을 얻은 다음, 앞으로는 더 잘하겠다고 다짐하는 걸로 충분하다. 완벽함을 추구하되, 실제로 완벽함을 성취할 수 있을 것이라고 기대하지는 마라.

스스로의 언어 습관에 주의하라. "공평하지 않아", "내가 어쩔 수 없는 일이야", "내 잘못이 아니야"와 같은 말들을 지양하라. 스스로 희생양이라고 생각하게 하는 말투는 모두 피해야 한다. "결국은 나 자신이 내 인생이라는 배의 선장이야"라는 인용구를 좌우명으로 삼아라.

스스로를 들여다보자. 스스로에 대해 생각하고 자신의 사고 과정, 정서적으로 어떻게 발달하고 성장하고 있는지를 조용히 돌아

보는 시간을 정기적으로 가져라. 당신은 자신의 강점과 약점, 태도 및 행동 패턴을 잘 알고 있는가? 당신에게 직업적인 성공이 어떤 의미가 있는지 실제로 잘 알고 있는가?

적극적으로 상황에 개입하라. 무슨 문제가 있는지, 무엇이 방해 요소인지를 밝혀내어 장해 요소를 제거하라. 스스로의 생각이나 태도, 감정과 행동을 "온전히 지배하라". 자기 자신이 이 모든 것을 결정할 수 있는 힘이 있다는 사실을 받아들여라. 스스로를 가두고 있는 요소는 무엇인가? 당신이 되풀이하는 행동 중 어떤 것이 성공을 방해하고 있는가? 대답이 떠오를 때까지 기다리지 말고 적극적으로 해답을 찾아 나서라.

변명하지 마라. 우리가 부정할 수 없는 한 가지 사실은, 시간은 가차 없다는 점이다. 하지만 역사나 과학, 예술은 우리에게 늘 선택권이 있음을 되풀이해 말해 주고 있다. 이러한 사실을 인식하고 자신의 개인적 책임을 온전히 포용하고 향유할 준비가 된 사람들이 살아남아 성공을 이룩해 낸다.

남을 비난하기란 쉽고 만족감을 주지만 위험한 일이다

현재 자기 상황을 볼 때 스스로 자초한 부분을 간과하고서 다른 사람을 비난하려는 경향은 대부분의 사람에게 매우 자연스러운 행동으로, 우리의 생각을 바꾸기 위해서는 의식적으로 노력을 해야 한다. 다른 사람을 탓하려는 충동이 들 때 나는 바비시 더완의 사례를 떠올리면서 스스로를 채찍질하곤 한다.

바비시는 호주 브리즈번에 있는 한 중견 기업의 IT 부서에서 일하는 프로그래머였다. 그는 성실히 일하는 직원이었고, 늘 야근과 특근을 하면서까지 할당된 시간과 예산에 맞추어 프로젝트를 완성하기 위해 최선을 다했다. 그는 자신의 상사가 다른 사람의 노력을 가로채 간다고 생각했기 때문에 상사를 좋아하지는 않았으나, 스스로의 일을 잘하는 한 모든 일이 결국에는 잘 풀릴 것이라 믿으며 열심히 일했다.

당시 전사적으로 새로운 시스템을 도입하려던 참이었기 때문에 IT 부서 전체가 여러모로 스트레스를 받고 있는 상황이었다. 정직원을 20%나 늘렸지만 2년짜리 프로젝트를 제시간에 마치기 위해서는 계약직을 여섯 명이나 더 채용해야 할 형편이었다. 바비시는 보안 담당 테스트 팀장직을 맡았고 모두의 신망을 받으며 리더로서 제 몫을 해냈다. 그래서 프로젝트가 공식적으로 종료되고 팀 인원을 정상 수준으로 감축하게 되면서, 바비시는 자신이 인력조정 대상이 되었다는 사실에 큰 충격을 받지 않을 수 없었다.

그의 상사는 이에 대해 아무런 설명을 해 주지는 않았으나 구조조정 대상자들에게 충분한 위로금을 주겠다고 보장해 주었다. 바비시는 팀장이었기 때문에 남들보다 특별히 더 후한 위로금을 받았지만, 개인적으로 배신감을 느낀 상사에게 분노를 금치 못했다. 그래서 그는 결점과 업무 능력, 부서 운영 스타일 등 자신이 상사에 대해 알고 있는 모든 것을 IT 부서 전체에 이메일로 보내고, 회사 CEO도 참조에 포함시켰다. 그 이메일은 핵폭탄급의 파급력을 뿜어냈고, 결과는 뻔했다. 바비시는 경비원들에게 둘러싸여 즉시 퇴거 조치를 당했고, 위로금은 회수 당했으며, 향후 구직 활동시 전 직장에서 긍정적인 추천서를 전혀 기대할 수 없게 되었다.

너무 분노해서 이직을 해야 한다는 자신의 필요에 집중할 수 없었지만, 그는 새 직장이 절실히 필요한 상황이었다. 위로금을 받지 못했기 때문에 그는 순식간에 재정적인 압박에 시달리게 되었다. 그리고 압박감이 심해질수록 그의 구직 능력도 감퇴되었다. 간신히 면접 기회를 잡게 되었을 때에도 면접관이 이전 직장에 대해 물어보면 바비시가 분노를 다스리지 못하고 장황한 이야기를 늘어놓았기 때문이다. 그는 자신이 아무런 잘못을 하지 않은 채로 단지 이용당하고 버려지기만 하였으므로 다른 사람들도 모두 그렇게 여길 것이라 생각했다. 하지만 면접관의 눈에는 분노 조절 장애가 있다고 비칠 뿐이었고, 프로그래머로서 능력은 뛰어났지만 다른 지원자들도 얼마든지 있었다.

수년 동안 나는 비슷한 상황을 수차례 목격했지만 그는 그중에서도 극단적인 예였다. 바비시의 행동은 아무런 득이 되지 않았다. 그는 자신이 일하는 업계와의 연결 고리를 스스로 끊어버린 거나 다름없었다. 어쩔 수 없이 (사실은 스스로 자초한 것이므로 어쩔 수 없다고 말할 수는 없지만) 그는 취업 기회를 찾아 시드니로 옮겨 갈 수밖에 없었고, 스스로를 성찰한 끝에 분노 때문에 구직 기회를 날려버리는 우를 범하지 않을 수 있게 되었다.

그런데 이 이야기에는 반전이 있다. 몇 년 후 바비시는 옛 친구를 찾아 브리즈번을 방문했는데, 그때 그가 구조조정 대상이 된 이유에 대해 듣게 되었다. 그의 상사는 바비시가 이제 IT 부서에서 관리 포지션으로 승진할 때가 되었지만 전 직장은 IT 직원을 계속 감축해 왔기 때문에 그런 자리를 찾아줄 수 없다고 생각했다고 한다. 그래서 바비시가 새 직장을 찾기 수월하도록 위로금을 넉넉히 챙겨 주고 이례적으로 호평 일색인 추천서를 준비해 놓고 있었던 것이다. 그렇다. 만약 그 상사가 바비시에게 먼저 나서서 이런 얘기를 모두 털어놓았으면 더 좋았을 것이고, 아마 그게 더 적절한 방법이었을 것이다. 하지만 모든 과정이 너무 빨리 진행되었기 때문에 그럴 만한 여유가 없었다.

자신의 삶과 당신이 고른 선택지들을 들여다볼 때, 다음의 세 가지 교훈을 명심하기를 바란다.

• 인정하기 쉽지는 않겠지만, 현재 상황을 만든 것은 나 자

신이다.

- 좋든 나쁘든 앞으로 나는 새로운 환경을 만들어 나갈 것이다.
- 외부 환경이 어떠하든 간에 나에게는 스스로에게 긍정적
  인 결과를 이끌어 낼 계획을 창안할 책무가 있다.

사실 나 자신도 가끔은 자기 책임이라는 압박감에서 벗어나 징징댈 때가 있다. 보통 내 징징거림은 이런 식이다. "내가 이렇게 열심히 일하는데, 왜 다른 사람들이 날 알아주지 않지?" 이렇게 얘기하면 내가 좀 더 정당화되는 기분도 느낄 수 있다. 그럴 때면 나는 몇 년 전에 만났던 그레이스 서머스라는 한 여성을 떠올린다. 그러면 다시 건강한 관점으로 스스로를 돌릴 수 있다.

몇 년 전에 나는 텍사스에 있는 한 여성 보호소에서 걸려 온 전화를 받았다. 그들은 학대 받은 여성들이 기존의 관계에서 벗어나 직업적으로 자립할 수 있도록 돕고 있다고 했다. 그 보호소에 있는 많은 여성은 제대로 된 직업을 가져 본 적도 없고, 심지어는 기초적인 직무 기술조차 갖추지 못하고 있었다. 보호소 책임자는 여성들에게 내 회사인 프론트라인러닝에서 제공하는 온라인 교육 프로그램을 수강시키고 싶지만 교육비를 댈 재정적 능력이 없다고 했다. 우리는 전화로 보호소에 있는 여성들에게 무료로 강좌를 제공하기 위한 논의를 했는데, 그러던 중에 그레이스 서머

스를 알게 되었다.

그레이스는 내가 보호소에 제공한 여덟 개의 강좌를 모두 수료했고 더 수강할 수 있는 강좌가 있는지 물어 왔다. 그래서 스무 개의 강의를 추가로 열었는데, 그녀는 그마저도 빠른 시간에 수강 완료했다. 나는 가능한 한 많이, 그리고 빠르게 공부를 하겠다는 열의를 보이는 이 여성이 어떤 인물인지 보호소의 책임자에게 물어보았다. 책임자는 그레이스가 14세부터 삼촌에게 성적으로 학대를 당해 왔으며 17세에 집에서 도망쳐 나왔다고 말해 주었다. 불행히도 집에서 도망쳐 나온 후 그녀는 더 끔찍한 환경에서 생활하게 되었다.

그레이스는 사창가에 붙들려서 몸을 팔다가 17세에 아이를 가졌지만, 아이는 태어난 후 팔려 나갔다. 그녀는 자신의 아이를 다시는 볼 수 없었고 20세에 탈출하여 고등학교 학위조차 없이 보호소에 몸을 의탁했다. 하지만 그녀는 스스로 더 나은 삶을 살기로 굳게 결심했다.

나는 그녀가 긍정적인 데 초점을 맞추고, 어두운 과거에 사로잡히는 대신 앞으로 나아가기로 결심했다는 점에 깊은 인상을 받았다. 그레이스는 앞을 바라보고 그쪽으로 향하기 위한 다음 행보를 내디뎠다. 그녀는 저임금으로 일해야 하는 패스트푸드 가게 직원이나 최저 임금도 겨우 받을 만한 기초적인 수준의 직업에서 커리어를 시작하지 않으려는 결심을 지니고 있었다. 그래서 그녀는 컴퓨터 프로그래밍에 집중했고, 독학으로 간단한 웹 디자인을 배웠다.

그레이스와 수차례 이야기를 나누면서 나는 과거에 대한 분노를 잊고 스스로를 희생양으로 삼지 않으며, 직업을 구할 가능성이 높지 않다는 혹독한 현실을 직시하겠다는 그녀의 의지에 감탄했다. "저에게는 열의가 충분히 있고 동기 부여가 잘되어 있어요." 그녀는 말했다, "하지만 제게는 기술이 없어요. 그 부분을 개선해야 해요."

만약 그레이스에게 좋은 결과가 없었다면 너무나 슬펐겠지만, 다행히 그녀는 해피 엔딩을 맞았다. 그레이스는 결국 초급 웹 페이지 개발자로서 커리어를 시작해 빠르게 승진했다. 지금 그녀는 완벽하게 평범하고 평균적인 화이트칼라 노동자로서 살아가고 있다. 그녀는 매일 아침 짧은 거리를 통근하며 출근 전에 스타벅스에 들러 커피를 사고, 회사에서는 소규모 웹 디자인 팀을 이끌며 저녁에는 남편과 두 아이가 기다리고 있는 집으로 퇴근한다. 그녀의 인생은 평범하고, 평균적이며, 남들처럼 흘러가고 있다. 이 얼마나 놀랍고 환상적이며 기쁜 일인가!

생각해 보자

다음 장으로 넘어가기 전에, 몇 분의 짬을 내어 이번 장의 주요 내용들을 되짚어 보고 이 내용들이 당신의 커리어에 앞으로 어떤 영향을 미칠지 생각해 보자.

- 사실은 스스로 상당한 정도의 영향력이나 지배력을 가지고 있는 상황임에도 불구하고 다른 사람에게 비난의 화살을 돌리려는 충동을 얼마나 자주 느끼는가?
- 다른 사람들에게 당신의 커리어를 이야기할 때, "나쁜 놈"들이 이야기에 등장하는 횟수는 어느 정도인가? 만약 나쁜 놈들이 이야기에 나온다면 희생양도 따라오기 마련이다. 그리고 물론 희생양은 당신일 것이다. 그렇지 않은가?
- 자신의 커리어 상황 전체에 대해 모든 책임을 지는 사람을 업무적으로 알고 있는가? 이들에게서 어떤 점을 배울 수 있는가?

실천해 보자

잠시 시간을 내서 당신의 인생과 커리어, 그리고 당신이 경험해 온 도전과 선택들에 대해 깊이 생각해 보자. 다음의 세 가지 교훈을 명심하기를 바란다.

• 인정하기 쉽지는 않겠지만, 현재 상황을 만든 것은 나 자신이다.

• 좋든 나쁘든 앞으로 나는 새로운 환경을 만들어 나갈 것이다.

• 외부 환경이 어떠하든 간에 나에게는 스스로에게 긍정적인 결과를 이끌어 낼 계획을 창안할 책무가 있다.

【장기 사고(思考) 및 행동 포인트】

커리어 계발이라는 측면에서, 스스로의 환경을 "수용하는" 일에는 지대한 가치가 있다. 자신의 잘못과 실패에 대해 스스로에게 정직해지자.

커리어에는 행운도 불운도 없고, 우연한 상황도 없으며 희생양도 없다. 다만 원인과 결과가 있을 뿐이다.

앞으로 어려운 상황에 처할 때마다 다음과 같은 질문을 스스로에게 던지고 그 해답을 깊이 생각해 보자.

♠ 나는 왜 이렇게 힘든 상황에 처하게 되었는가?

♠ 이 경험에서 무엇을 배웠는가?

♠ 스스로에 대해서는 무엇을 알게 되었는가?

♠ (나의 내면에서) 무엇을 변화시켜야 이 상황에 도움이 되는가?

♠ 이런 변화를 불러오기 위한 내 계획은 무엇인가?

과거에 한 선택들로 인해 옴짝달싹 못하게 덫에 걸렸다는 느낌이 들 때조차 당신은 늘 선택권을 가지고 있다. 항상 당신의 삶과 커리어가 처한 환경에 대한 모든 책임을 받아들일 수 있도록 당신이 사용하는 말을 주의 깊게 고르도록 하자.

_4장

열정에 계속
에너지를 공급해라

슬픈 영혼은 세균보다
더 빠르게 너를 죽인다.
— 존 스타인벡

이 책을 집필할 때 가장 주안을 두었던 점 중 하나는 내 고객을 저버리지 않으면서도 생생하고 도움이 되는 실화를 각색해 내는 일이었다. 고객이 누구인지 모르게 세부 사항을 각색하는 일은 어렵지 않았지만, 주위 사람들의 어처구니없고 말도 안 되는 행동이 이야기의 핵심일 때는 고객의 주위 사람들이 자기 이야기라고 알아채지 않도록 주의를 해야 했다. 하지만 이번 이야기에서는 도저히 그럴 수가 없었다. 당사자에게는 미안한 일이지만 이야기를 시작해 보자.

당시 나는 많은 수의 전화 상담원들을 상대로 한 트레이닝 프로그램을 개발하고 있었다. "상담원들의 태도에 정말 문제가 있답니다." 책임자가 내게 미리 귀띔을 했다. "트레이닝 프로그램을 통해서 고객에게 좀 더 예의 바르고, 기민하며, 친근한 태도를 가질 수 있도록 부탁드립니다."

그래, 그때까지는 좋았다. 그리고 나는 이런 프로그램을 개발할 때는 대개 실제 업무 환경에서 대상을 관찰하는 데 시간을 투자하곤 한다. 이 프로젝트에서도 마찬가지로 나는 미주리 주 캔자스시티 시내에 위치한 평범하디 평범한 오피스 건물의 아래 두 층에서 온전히 하루를 보냈다. 전화 상담 서비스 팀은 1층과 2층을 모두 사용하고 있었다. 작은 베이지색 파티션들이 주욱 열을 맞추어 늘어선 장면을 한번 상상해 보라. 의자 하나, 책상 하나, 그리고 서류 캐비닛이 하나 들어갈 만한 크기의 자리들 말이다.

빈자리가 상당히 많았는데, 이는 회사에서 매년 전화 상담 직원을 홀리데이 시즌(11월 말의 추수감사절에서 신년 초까지의 연휴 기간 - 옮긴이) 동안 40% 늘렸다가 1월 중순이 지나면 급격히 줄이곤 했기 때문이었다. 나는 직원들이 실제로 고객과 통화하는 내용을 옆에서 듣고 메모를 했기 때문에 그날의 업무가 끝날 무렵에는 고객 전화를 몇 통 받아 처리할 수 있는 정도가 되었다. 또 일부 직원들과 점심을 먹기도 하고 1층에 있는 휴게실에서 잡담을 나누기도 했다. 덕분에 나는 대상 직원들의 업무 환경을 실질적으로 파악하면서도 고객사에게 무엇을 중점적으로 교육하자고 제안해야 할 지 알 수 있었다.

다음 날 아침 나는 담당 임원과 여덟 명의 책임자급 직원과 미팅을 가졌다. "지금 교육이나 직원들 태도에 문제가 있는 건 아닌 것 같습니다." 내가 운을 뗐다. "직원들에게 활기가 없다는 점이 진짜 문제로 보입니다."

이어서 나는 직원들이 활기가 없을 때는 태도가 나쁘다거나 사기가 좋지 않은 것처럼 보이는 적이 많다고 설명하고, 콜센터에서 일하는 직원들은 특히 기운이 없을 때 업무에 부정적인 영향을 많이 받는 편이라고도 덧붙였다.

내가 직원들이 더 책임감 있고 동기 부여를 받으면서 업무에 집중할 수 있도록 활기를 북돋울 수 있는 네 가지 요소에 대해 이야기를 시작하자 부서장들은 좀 혼란스러운 듯이 보였다. 그 네 가지 요소는 다음과 같다.

1. 정서적 에너지: 인정을 받고 하나의 인격체로서 존중을 받으며, "안전한" 환경에서 자신의 생각과 의견을 자유롭게 말할 수 있다.

2. 목표 지향적 에너지: 자신이 커리어 환경에서 성장할 가능성이 충분하고 지속적으로 발전해 나갈 수 있다는 긍정적인 기분을 느낀다.

3. 신체적 에너지: 자연광이나 신선한 공기, 깨끗한 물, 건강한 음식을 쉽게 접할 수 있는 환경에서 일하면서 신체적으로 건강하고 탄탄하다는 느낌을 받는다.

4. 정신적 에너지: 지적인 자극을 주면서도 규칙적으로 충전할 수 있도록 "쉬는 시간"을 가질 수 있는 직장에서는 늘 깨

어 있을 수 있다.

나는 이 네 가지 에너지를 담당 임원과 부서장들에게 설명하고는 전화 상담 서비스 직원들과 하루를 보내면서 알아낸 사실을 공유했다.

"일단 귀사에서는 직원들을 작은 베이지색 파티션 안에 가둬두고는 다른 사람들도 볼 수 있을 법한 자리에 개인적인 물건을 가져와서 놔둘 수 없도록 엄격한 규칙을 적용하고 있죠." 나는 말을 꺼냈다. "어떤 직원들은 자기가 교대 근무 시간부터 일터로 몰려 나가는 가축처럼 느껴진다고 했어요. 조그만 우리 안에 앉아서 기계적으로 일하면서 재미라고는 전혀 없고, 엄격하게 통제되는 쉬는 시간 외에는 잡담조차 허용되지 않아서 스스로 사람이라는 생각이 안 들고 기계처럼 느껴진다더군요. 그리고 업무 환경에 대해 불평을 하면 나중에 보복을 받게 된다고 하는 사람도 있더군요. 그래서 직원들이 다들 고개를 책상에 박고 주어진 일만 하는 거죠. 자연스럽게 정서적인 에너지 수준이 극도로 낮아질 수밖에 없습니다."

이런 이야기를 던지면서 나는 임부서장들의 얼굴에 떠오른 표정을 주의 깊게 관찰했다. 차라리 부정적인 반응이라도 일어나기를 바랐지만 아무런 반응도 돌아오지 않았다. 임원조차 표정 없이 멍하니 바라볼 뿐이었다. 그래서 나는 이야기를 이어 나갔지만, 아무래도 미팅에 참석한 누군가가 책상 밑에 있는 빨간 버튼을 눌러 경비를 호출해 나를 건물 밖으로 내쫓는 건 아닐까 하는 의구심을 떨치지 못했다.

"목표 지향적 에너지도 마찬가집니다. 직원들 중에서 이 회사 고객 서비스 부서에서 자신의 커리어를 계발할 길이나 가능성이 있다고 느끼는 사람은 아무도 없습니다. 그러니까 더 나은 직장을 찾을 때까지만 여기 있겠다고 생각하는 겁니다." 나는 계속해서 말했다. "그리고 1월 구조조정을 모든 직원이 두려워하고 있어요." 나는 어떤 반응이 있기를 기대하면서 잠시 이야기를 멈추었지만 이번에도 아무것도 돌아오지 않았다. 방 한구석에서 귀뚜라미 우는 소리가 들릴 지경이었다.

"신체적 에너지에 대해서 말을 해 보자면, 직원들은 두 시간 동안 비좁은 책상에 앉아 있다가 15분 쉬는 시간을 받게 됩니다. 창문도 없고 형광등에서 나오는 불빛은 다소 암울하기까지 하죠. 바닥의 카펫에서는 낡고 퀴퀴한 냄새가 나고, 휴게실에 비치된 자판기에는 쓰레기밖에 없으며 집에서 갖고 오는 것 외에는 건강한 음식이나 신선한 물을 접할 수 있는 길이 전혀 없습니다."

"하지만 각 층마다 자기가 가져온 음식을 신선하게 보관할 수 있는 냉장고와 전자레인지가 설치되어 있는데요." 부장 중 한 명이 반론을 제기했다.

"혹시 최근에 냉장고 안을 살펴보신 적이 있나요?" 나는 되물었다. "아니면 전자레인지라도요. 두 층 모두 관리가 안 되어 상당히 더럽습니다."

"흠, 하지만 그게 우리 잘못인가요? 직원들이 사용하는 물건이니 스스로 청소해야죠." 방금 전 말을 했던 부장이 되쏘았다. 분명이는 내가 자신들을 개인적으로 비난한다고 생각하기 시작했다는 뜻이었으므로, 나는 그냥 빨리 끝내버리기로 했다.

"마지막으로 정신적인 에너지에 대해서 얘기를 해 보면, 회사에서는 미리 정해진 대본만 말할 수 있도록 규정하고 있으니 직원들이 스스로 생각할 일이 별로 없죠. 직원들이 하는 일이라고는 하루 종일 고객의 질문이나 불평을 들어주고 주어진 대본에서 정확한 대사를 찾아 고객에게 돌려주는 겁니다. 메릴 스트립이 온다고 해도 똑같은 대사를 계속 열정적으로 읽어 낼 순 없을걸요."

내 농담에 웃은 사람은 나 혼자였다. 상대는 전혀 웃지 않았다.

"그래요, 핵심을 짚었네요." 그중의 한 명이 말했다. "우린 직원이 정확한 답을 생각해 내길 바라는 게 아니라, 모든 전화에 정확한 정보를 전달하는지를 알고 싶어요."

이 대답을 듣고 나는 그들이 필요로 하는 사람은 내가 아니라는 사실을 깨달았다. 나는 설교조로 들리거나 고객사를 판단내리는 것처럼 말하지 않기 위해 최선을 다했다. 나는 아래의 두 층에서 그 작은 파티션에 앉아 일하는 사람은 그들이 아니라는 사실을 굳이 지적하지 않았다. 부서장들은 모두 위층의 창문이 있는 사무실에서 일하고 있었다. 나는 부서장들이 일하는 층에 들러 휴게실을 살펴보았다. 냉장고는 깨끗했고 전자레인지도 청결했으며 신선한 물이 있었다. 심지어 세 개의 일립티컬 트레이너(러닝머신과 자전거, 스테퍼를 합쳐놓은 듯한 운동 기구 - 옮긴이)와 두 개의 러닝머신이 갖춰진 조그만 운동 시설도 있었다. 흠……. 하지만 나는 이런 사실을 전혀 언급하지 않았다.

"제가 귀사의 직원들에게 고객 서비스 교육 프로그램을 실시하게 된다면 좋겠지만, 솔직히 말하면 그 돈으로 직원들 업무 환경을 개선시켜주는 게 더 나을 것 같습니다." 나는 그들에게 말을 꺼냈다.

"재밌네요." 임원의 답은 이러했다. "그렇지만 저희 회사에서는 업무 환경을 엄청나게 변화시킬 만한 예산이나 자원이 없는걸요." 그는 직원들의 이직률이 너무 높아 대부분 직원들의 근속 연수가 1년 미만이기 때문에 전화 상담 직원 한 명 한 명에게 너무 많은 투자를 할 수 없다고 설명했다. 나는 업무 환경에 좀 더 활기를 불어넣어 준다면 이직률도 줄어들 거라고 응수했다.

다시 정적이 흘렀다.

20분 후 나는 건물 밖으로 나가게 되었지만, 다행히 경비원에게 쫓겨나지는 않았다. 더 이상 노력을 해 봤자 시간낭비일 뿐이었으므로 그 회사의 대답을 받아들여 떠나는 것이 현명한 일이었다.

나는 그렇게 현명한 사람이라고 할 수는 없는 편이었으므로, 이후 그 회사에 많은 예산을 투자하지 않고서도 전화 상담 직원들에게 더 나은 환경을 조성할 수 있는 몇 가지 방법을 담은 이메일을 보냈다. 이렇게 간단한 일만으로도 업무 환경을 개선할 수 있기 때문이다.

- 직원들에게 자기 자리를 원하는 대로 꾸며 사무 공간에 자신만의 "개성"을 허용해 주기.
- 직원들의 생일을 축하해 주고, 그들의 성과를 인정해 주며 그 밖에도 하나의 인격으로서 대접받고 있다고 느끼는 일을 해 주기.

그 회사에서는 이런 일들을 정서적인 에너지라고 생각하지 않을 수도 있지만, 그 회사에서 발전시켜야 하는 것은 바로 이런 것이었다. 거기다가 외부적 업무 환경이 청결하고, 적절한 조명을 제공하며, 신선한 음식과 물을 더 쉽게 접할 수 있다면 더할 나위 없겠다. 어떤 회사에서는 운동 시설을 갖추거나 직원들이 쉬는 시간(60분에서 90분에 15분 정도가 적정하다) 동안 걸을 수 있도록 산책로를 마련해 주기도 한다. 직원들의 신체적 에너지를 북돋워 주기 위해 서서 일할 수 있는 책상이나 인체공학적 의자를 제공하는 미래 지향적 회사들의 수도 점점 더 늘어나고 있다.

예의 회사에 보낸 이메일에 나는 직원들의 신체적, 정서적, 정신적, 그리고 목표 지향적인 에너지를 제고하기 위해 투자를 한 회사들의 생산성이 전방위적으로 개선되었다는 사실을 뒷받침하는 연구 보고서 링크를 첨부했다.

> **❝** 이 보고서는
> www.workplacepoker.com/energy/에서 볼 수 있다. **❞**

2주 동안 나는 이메일에 답장을 받지 못했고, 나중에 고객 서비스에 대해 워크숍을 실시하고 싶은데 비용이 얼마냐는 질문을 받았다. 내가 열정적으로 제시했던 에너지 개선에 대한 의견은 아무것도 없었다. 결국 나는 그해 동안 그 회사에서 몇 개의 워크숍을 개최했고, 피드백도 좋았다. 그러나 업무 환경에는 전혀 변화가 없었다. 하지만 나는 직원들이 자체적으로 당번을 정해 휴게실에 있는 냉장고와 전자레인지를 청소하기로 했다는 사실을 나중에 전해 들었다.

1년 후 그 회사에서는 내게 다시 와 달라고 요청을 했고, 워크숍에 참석한 직원 대부분이 신입이라는 사실은 예상 범위였다. 작년에 나는 그 회사에서 세 차례의 워크숍을 개최했는데, 전원이 신입으로 똑같은 내용을 한 번 더 되풀이할 뿐이었다. 아마 컨트리 뮤직 가수들이 자원 봉사로 감옥에 방문해 재소자들에게 무료로 노래를 들려줄 때 이런 기분을 느끼지 않을까. 사실 진짜로 바뀌는 건 없지만, 조금은 도움이 되기는 한다.

　　만약 그 회사 관리자가 이 책을 읽는다면 내가 도덕적인 딜레마로 씨름하는 일은 더 이상 없으리라 생각한다.

　　커리어의 고속 성장은 아까 예로 들었던 종류의 에너지에서 기인한다. 정서적, 정신적, 신체적, 그리고 목표 지향적 에너지 말이다. 그리고 커리어에서 성공가도를 달리는 사람은 이러한 에너지들을 스스로 끊임없이 끌어올릴 수 있는 버릇이나 생활 습관을 가지고 있다. 아마 당신도 때로는 "그래, 모든 게 다 받쳐주니까 그 여자가 회사에서 그렇게 에너지가 넘치는 거야"라고 생각할 수도 있다. 누구라도 모든 일이 순탄할 때에는 에너지가 넘치기 때문에 이런 생각이 사실일지도 모른다. 하지만 진정으로 성공하는 사람은 상황이 좋지 않을 때에도 사용할 수 있는 에너지를 비축해야 한다는 점을 이해하는 사람이다.

　　그리고 냉정하게 이야기한다면 당신이 자신의 일이나 동료를 얼마나 좋아하든 간에, 때로 그날그날의 사건 때문에 풀이 죽게 되는 일들은 일어나게 마련이다. 굳이 캔자스시티의 시내에 위치한 지하실에서 좁디좁은 베이지색 파티션에 앉지 않더라도 현대의 업무 환경에서 가해지는 압력이나 변덕이 당신 안에서 타오르는 열정에 찬물을 끼얹기도 한다.

용두사미(시작은 창대하였으나 끝은 미약하다)

앤젤라 브랜트는 휴스턴에 본사를 둔 에너지 회사인 다이너트론의 마케팅 팀장으로, 능력이 있으면서도 열심히 일하는 직원이다. 그녀는 목장을 경영하는 부모님 밑에서 외동으로 자라 오스틴에 있는 텍사스 대학교로 진학했는데, 가족 중에서 최초로 대학에 간 아이로서 가질 법한 강한 업무 윤리를 갖고 있었다. "저는 늘 스스로에게 엄했고 회사에 일찍 출근해 늦게 퇴근했으며, 필요한 일이라면 불평 한마디 없이 해 왔어요." 그녀는 말했다. 강한 윤리 의식 덕분에 다이너트론에서 그녀는 제대로 일을 하고 추가로 업무를 해야 할 때는 누구나 떠올리는 사람이 되었다. 입사 2년만에 그녀는 승진을 해냈고 다이너트론에서 최연소(동시에 유일한 여성) 마케팅 팀장이 되었다. 그녀는 역동적이고 성장하는 시장에서 빠르게 성장하는 회사의 임원으로 이어지는 커리어 고속 성장의 궤도에 오른 것처럼 보였다.

그러나 6년 뒤에도 상황은 그리 많이 변하지 않았고, 앤젤라는 자신의 커리어 성장이 정체되었다고 느끼기 시작했다. "임금 상승률도 괜찮았고 매년 보너스도 잘 받는 편이었지만, 승진 기회를 두 번이나 놓쳤거든요." 전화 상담에서 그녀는 이렇게 말했다.

당시 마케팅 팀장이 퇴사를 하자, 앤젤라는 분명 자신이 그 자리에 가장 적임자라고 느꼈기 때문에 지원해 보라는 이야기를 들을 것이라고 생각했다. 하지만 그녀에게 그런 이야기를 해 주는 사람은 아무도 없었고, 앤젤라는 다이너트론의 일반적인 내부 시스템을 통해 지원해야 했다. 그리고 그녀를 끌어 준 사람도 아무도 없었다. 앤젤라는 인사팀 직원에게 전화를 걸어 지원 서류가 제대로 접수되었다는 사실을 확인하려 했으나, 인사부에서는 예의 바르게 정상적으로 지원되었으며 그녀가 그 자리에 적합한 지원자라는 생각이 들면 나중에 연락하겠다는 응답만 했다. 그리고 아무런 연락이 없었다. 그녀는 좌절하고 분노했지만 이유를 알려 줄 만한 사람을 찾을 수 없었다.

다이너트론에서 자신의 커리어가 막다른 골목에 몰렸다는 생각이 든 앤젤라는 다른 곳에서 기회를 찾아야겠다고 결심하고 오스틴, 휴스턴, 댈러스 등지의 마케팅 팀장 자리에 지원했다. 첫 인터뷰를 준비하면서 앤젤라는 자신이 회사를 나가게 되면 다이너트론에서 얼마나 후회할지 생각하지 않을 수 없었다. 자신이 더 크고 좋은 회사로 떠나면 회사에서도 자신들이 놓친 게 무엇인지 알게 되리라. 그녀는 "보여 주고 말겠어"라는 마음을 단단히 먹었고, 새로운 곳으로 옮긴다는 흥분 또한 느꼈다. 하지만 그녀는 첫 면접에서 일자리를 얻지 못했다. 그리고 다른 일자리를 찾아 면접을 계속했지만, 실패한 첫 번째 인터뷰의 후유증은 그녀가 상상한 것 이상으로 컸다. "저한테 딱 맞는 자리라고 생각했기 때문에 정말 열심히 준비했거든요. 그래서 나중에 전화조차 못 받으니까 스스로가 패배자처럼 느껴졌어요. 그 회사에 연락을 계속하려 했지만 제 전화에 응답조차 하지 않더군요. 마치 첫 데이트 후에 남자에게 차인 느낌이었어요. 정말 끔찍했죠."

그렇게 열심히 일하고 재능과 에너지가 넘치던 앤젤라는 6년 만에 커리어의 고속 성장에서 물러나게 되었다. 변한 이유는 무엇일까? 그리고 원래의 자리로 돌아가기 위해서 그녀가 할 수 있는 일이 있을까? "열정을 잃고 말았던 거예요." 지금 그녀는 이렇게 회상한다. "그냥 단순히 한 가지 문제가 아니라, 여러 가지가 서서히 복합적으로 일어나고 있었던 것 같아요."

커리어가 일찍 물꼬를 트게 되면서 앤젤라의 목표 지향적, 그리고 정서적 에너지는 최고조에 이르렀다. 이 에너지들이 너무 상승했기 때문에 앤젤라의 신체적, 정신적 에너지가 감소하고 있다는 사실이 가려졌던 것이다. 첫 승진 후에 그녀는 새로운 직책에 에너지를 쏟았지만, 같은 일을 2년쯤 하다 보니 그 일은 더 이상 새롭지도 도전적이지도 않았다. 그 결과 정신적 에너지를 점점 덜 쏟았기 때문에 그녀의 라이프스타일이 변했고, 나중에는 신체적 에너지도 서서히 감소했다.

대부분의 사람들이 커리어를 시작할 때는 젊은 혈기나 끝을 모르는 야심, 경험 없는 사람의 낙관주의로부터 비롯된 자연적인 에너지를 갖고 있다. 우리 앞에는 끝없는 가능성만 보인다. 우리는 좋아 보이고, 기분도 좋으며, 세상을 접수할 준비가 되어 있다. 하지만 이러한 자연적인 활기를 저해하는 사고, 업무, 생활 습관이 생기기는 너무나도 쉽다. 몇 년이 지나고 힘들고 부담스러운 커리어를 헤쳐 나가는 과정에서 이러한 에너지 손실은 큰 대가를 치른다.

이러한 측면에서 앤젤라는 매우 고전적인 예이다. "자라나면서 저는 점점 아버지의 새로운 일손으로 인정받게 되었어요." 그녀는 말했다. "무엇이든 먹었지만 젓가락처럼 말랐었죠. 게다가 저는 바깥에서 햇볕과 신선한 공기, 몸을 쓰는 일을 좋아했거든요. 그날이 끝나고 하루의 일과를 돌아보면 하루 동안 무엇을 했는지 성과도 뚜렷하게 볼 수 있었어요. 그러면서 저는 행복하게 성장했어요."

대학에 들어가면서 앤젤라를 둘러싼 환경은 변했다. 이제는 걸어 다니고 움직이는 시간보다 앉아서 보내는 시간이 더 길어졌다. 식습관도 대학에서 흔히 먹는 패스트푸드로 바뀌었다. 몸무게는 늘었고 신체적인 "활력"은 잃었지만, 목표 지향적이고 정신적인 에너지는 그녀를 계속해서 앞으로 나아가게 했다.

직업의 세계로 들어서게 되자 주변 환경에 맞추기 위해 그녀의 생활 습관은 다시금 변했다. 그녀는 하루 대부분을 자신의 책상이나 회의실 탁상에 앉아서 보냈다. 그녀는 커리어에 목표를 둔 바쁜 미혼 여성이었기 때문에 식성도 엄청나게 좋았다. 그리고 피자는 차가운 맥주와 먹을 때 더 맛있다는 사실도 알게 되었다. 식당에서 저녁을 먹을 때 한두 잔의 와인을 곁들이면 더 즐겁다는 사실도 발견했다. 한 해 한 해가 흘러가며 몸무게가 더 붙기 시작하면서, 옷 사이즈가 늘어나는 반면 육체적 에너지는 점점 줄어들고 말았다. 하지만 이때에도 그녀의 목표 지향적이고 정신적인 에너지 수준은 높았다. 승진은 그녀의 원동력이 되었고 새로운 일에 적응하기 위해 머릿속은 매우 적극적으로 움직였다. 하지만 이러한 사실 때문에 그녀는 신체적 에너지가 감소하고 있다는 사실을 알아채지 못했다.

업무 환경이 우리의 "열정"을 꺼뜨리는 방식

한 번이라도 회사가 직원들에게 동기 부여를 하고 의욕을 불어

넣어주기 위해 그토록 많은 시간과 자원을 투입하는 이유를 생각해 본 적이 있는가? 생산성을 제고하기 위해 그토록 많은 노력을 기울이는 이유는 무엇일까? 대부분의 사람들이 원래 책임감을 가지고 생산적으로 행동하도록 만들어져 있음에도 불구하고 외부에서 이렇게 도움과 격려를 받아야만 하는 이유는 뭘까?

인류는 원래 에너지 넘치는 문제 해결사로 이 땅에 태어났다. 선사시대에 발톱도, 뿔도, 두꺼운 털가죽도, 날카로운 이빨도, 독도, 거친 힘도 없으면서 살아남을 수 있었던 비결은 무엇일까? 우리의 몸과 마음은 계속적으로 움직이고, 끊임없이 변화하는 지형을 탐색하며, 위험에 계속적으로 대비하도록 설계되어 있다. 자연 상태에서는 뚱뚱한 (심지어는 통통한 정도의) 사람은 포식자들에게 잡아먹히게 되어 있으므로 도태되어 존재하지 않는다. 자연 상태에서 사람은 누구나 동기 부여되어 있고 열심히 하게 되어 있는데, 그렇지 않으면 역시나 포식자에게 잡아먹히기 때문이다. 이와 마찬가지 맥락으로 굼뜬 사람 또한 있을 수가 없다.

현대의 업무 환경으로 시간을 돌려보자. 몇 시간이고 책상머리에 앉아 있어야 한다. 미팅에서도 몇 시간씩 앉아 있다. 하루 대부분의 시간을 컴퓨터 스크린이나 베이지색 파티션 벽을 응시하며 앉아 있다. 햇빛도 없다. 신선한 공기 또한 없다. 음식을 쫓아다니며 사냥하는 대신, 우리는 엘리베이터를 타고 구내식당으로 이

동한 다음 정제된 밀가루와 설탕과 도축된 고기, 대량 생산된 야채, 합성 보존제와 경화 지방이 뒤섞인 식사를 한다. 신체적 에너지나 "열정"이라는 측면에서 보자면, 우리는 이런 행동을 너무나 오래 지속하고 있기 때문에 이런 행동이 정상이라고 느끼기까지 한다.

신체 활동이 부족해지고 형편없는 음식이 넘쳐난다는 사실 이외에도, 현대 사무직 업무 환경의 속성 그 자체가 열정을 꺼뜨리게 되어 있다. 대부분의 기업에서 개인의 생산성이나 특정 인물의 천재성에 너무 많이 의존하지 않기 위해 통상적인 업무 기준을 설정하려는 것은 이해할 수 있는 일이다. 만일 특정한 개인만이 할 수 있는 고유한 업무에 회사가 지나치게 좌우된다면 성공을 보장할 수 없기 때문이다. 그러나 일반적인 업무 흐름을 설정해 일부 직원이 회사를 나가더라도 다른 사람이 몇 주 안에 쉽게 그 자리를 대체하도록 한다면 사업은 안정적으로 흘러갈 것이다. 이리하여 시스템과 업무 과정이 표준화되고, 이러한 과정은 사업체 입장에서는 매우 논리적이고 이익이 되는 일이다.

하지만 개인의 입장으로 보면 이는 회사가 한 개인의 특별한 능력에 의지하지 않기 위해 합리적으로 구조화시킨 업무를 매일매일 반복적으로 수행해야 한다는 뜻이다. 그래서 우리는 우리만이 할 수 있는 일을 인정받을 수 있는 직업을 찾아 끊임없이 헤매

게 되지만, 동시에 자신이 몇 주 안에 쉽게 대체될 수 있는 인력이라는 사실을 알고 있다. 그 결과 우리의 정신적이며 정서적인 열정이 위기에 놓이게 된다.

내부에 존재하고 있는 자연인 때문에 우리는 스스로를 쉽게 대체할 수 있는 회사의 절대성에 맞서 독보적인 직무를 수행하기를 원한다. 물론 여전히 독창성과 혁신성, 독특한 능력을 요구하는 일부 직업이 있지만 그런 일들은 점점 줄어들고 있다.

회사가 성공하기 위해서는 조직 내에서 잘 짜인 팀이 유기적으로 협동을 해야 하기 때문에, 당신 개인의 독보적인 업무 성과가 가지는 가치는 줄어들 수밖에 없다. 물론 완전히 없어진다는 이야기는 아니다. 성과를 이루기 위해서는 능력 있는 개인이 꼭 필요하다. 그렇지만 당신이 이루어 낸 놀라운 성과는 팀워크라는 미명에 흡수되기 십상이며, 당신의 독보적이며 특출한 업적이 온전히 인정받기란 거의 불가능하다. 그리고 시간이 흐르며 이러한 사실은 당신의 자신감과 일에 대한 열정, 그리고 당신의 정서적인 열정을 잠식한다. 사람은 누구나 고유의 가치를 지닌 개인으로서 알려지고 인정받기를 원하지, 조직 내에서 인정받는 부속품이 되기를 원하지 않기 때문이다.

열정을 꺼뜨리는 또 다른 물보라로는 기업이라는 게임의 때로는 자의적이고도 예측 불가능한 규칙이다. 승진이 온전히 능력에 근거해서만 결정되는 것은 아니다. 모든 결정이 사실 관계를 확실히 이해하고 이루어지는 것도 아니다. 동료를 모두 믿을 수 있는 것도 아니다. 그리고 가끔은 말도 안 되는 이유로 인해 당신이 결코 이해할 수 없는 사건이 일어나기도 한다. 이러한 사실이 회사 직원들의 목표 지향성에 어떤 영향을 미칠 것인가는 생각해볼 만한 문제이다.

이는 마치 사전 예고 없이 규칙이 바뀌는 축구 게임을 하는 것과 같다. 골을 넣으면 1점을 기록할 수도 있지만 페널티를 얻을 수도 있다. 팀원들이 도와줄 수도 있지만, 그렇지 않을 수도 있다. 어떤 팀원은 당신을 도울 수도 있지만, 나중에 당신이 넣은 골을 가로채 인정을 받을 수도 있다. MVP 상이 어떨 때는 우수한 선수에게 주어지기도 하지만 그렇지 않을 때도 있다. 이런 팀의 일원이 되는 기분은 어떨까? 시간이 흐르면 이기고 싶어 하는 당신의 본능에 무슨 일이 일어날까?

이 모든 이야기를 하는 핵심은 현대 업무 환경의 끔찍한 속성을 개탄하자는(뭐, 어쩌면 좀 그럴 수도 있겠지만) 것이 아니라 이런 환경이 당신의 사기를 저하시킬 수 있다는 사실을 인지하자는 것이다. 사실 이런 것들 때문에 대부분의 사람들은 의욕을 잃는다. 그리고 회사에서 의식적으로 이런 일들을 꾀하지는 않지만, 때로는 직원들의 사기가 꺾인다는 사실이 기업에 도움이 되기도 한다. 회사는 직원이 일정한 한도 안에서 동기 부여되고 야심을 가지길 원한다. 당신이 너무 건방지고 공격적이거나 자신의 야망을 채우기 위해 징징거린다면 회사는 당신의 목표 지향성이 불편하다고 느낄 것이다. 그래서 회사에서는 너무 야망을 가지지 않도록 어느 정도 눌러 놓는다.

인사고과나 연봉 체계는 너무 많은 보상을 요구할지도 모르는 직원들의 의지를 꺾는 구조로 짜여 있다. 내부 승진 프로세스나 제약 조건(당신이 현재 직급에 몇 년 동안 있어야 한다든가, 당신의 직속 상관에게서 허가를 받아야 한다든가 등등)은 공격적으로 승진을 하려는 시도를 무산시킬 수 있도록 설계되어 있다. 커리어 목표도 평준화되고, 인내가 요구되며(때로는 그렇고 때로는 아니지만) 모든 사람들이 이송 대기 중인 가축처럼 커리어에서도 줄을 서서 기다려야 한다. 그러므로 당신이 더 많은 일을 하고 더 높은, 훨씬 높은 사람이 되고자 한다면 회사라는 제도는 당신의 의지를 꺾어 놓을 것이다. 업무 환경으로 인해 당신의 에너지가 얼마나 영향을 받는지 잠깐 생각해 보라.

- 당신의 정서적 에너지: 회사 내에서 당신이 독보적인 직원으로 인정되고 가치를 평가 받는가? 당신의 의견을 "안전한" 환경에서 공개적으로 표출할 수 있는가? 당신은 진정한

자기 자신을 내보일 수 있는가, 그렇지 않으면 회사에서 어울리기 위해 "업무용 얼굴"을 써야 하는가?

• 당신의 목표 지향적 에너지: 커리어 목표가 정체되었거나 막혔다고 느끼는가? 당신의 일 욕심이 회사 정책이나 절차로 늘 관리 감독되고 있는가? 커리어 발전이 예측 불가능하거나 비합리적이지는 않은가?

• 당신의 신체적 에너지: 업무로 인해 건강이나 몸매가 나빠지고 있지는 않은가? 몇 시간이고 앉아서 일해야 하는가? 업무 시간 동안 해를 거의 못 보고 실내에만 있는가? 신선한 음식이나 물을 쉽게 접할 수 있는가? 당신은 건강과 에너지를 얻기 위해 음식물을 섭취하는가, 혹은 스트레스를 풀기 위해 먹는가?

• 당신의 정신적 에너지: 당신의 업무는 적절한 자극을 주는가, 혹은 아무 생각 없이 자동적으로도 할 수 있는 일인가? 당신의 업무가 시스템화되어 있고 예측 가능하며, 매일매일이 같고, 정신적 능력을 온전히 활용할 필요가 없는 종류인가?

현재 당신이 일하고 있는 직장에서 당신의 열정이 예전 같지 않다면, 당신은 무언가를 바꾸고 싶겠지만 출발점을 찾지 못할 수도 있다. 어디서 시작해야 할지 막막하다면 신체적 에너지에서 부터 출발하라. 이는 다른 에너지의 원천이 된다. 논점을 명확히 하자면, 체중을 줄이라는 이야기가 아니다. 논의의 핵심은 신체적 에너지이다. 통통한 이들 중에서도 신체적 에너지가 넘치는 사람은 얼마든지 있다. 그러나 직장에서 더 건강한 습관을 들인다면 살이 빠질 가능성이 높다.

앤젤라는 커리어의 저점에서 자신이 전형적으로 번아웃 증후군(일에 몰두하던 사람이 극도의 피로감으로 인해 무기력해지는 증상 – 옮긴이)에 시달리고 있다는 사실을 깨달았다. 9킬로그램 정도의 과체중(그것도 그나마 덜 나갈 때가), 하루 종일 피곤하고 의욕이 없으며 짜증이 나는 증상을 모두 가지고 있었다.

어느 주말 그녀는 가족이 경영하는 농장으로 돌아가 허드렛일을 돕겠다고 마음먹었다. 그녀는 맑은 공기와 스트레스 없는 육체노동을 기대했지만 상황은 그렇게 풀리지 않았다. 그간 고향집에 여러 차례 방문했지만 농장에서 실제로 일을 한 지는 몇 년이나 흘렀던 것이다. 짚단을 겨우 세 번 옮긴 후에 그녀는 좀 쉬어야 했다. 아버지가 다가와 다정하게 어깨를 두드리면서 말해 주었다. "괜찮아, 넌 이제 큰 도시 처녀잖니."

"대체 그게 무슨 뜻이에요?" 그녀는 아버지에게 말대꾸를 했다. "제가 몸집이 그렇게 크지는 않잖아요?"

"잠깐만, 그런 뜻으로 말한 게 아니야. 큰 도시에서 온 처녀라고 한 거야." 아버지가 대답했다. "도시에서 온 큰 처녀가 아니고 말이야. 그러니까 내 말은, 니가 예전보다 몸집이 커지기는 했지만, 그래도……."

앤젤라는 아버지는 차갑게 노려보았다.

"내가 지금 내 무덤을 계속 파고 있구나."

앤젤라는 고개를 끄덕였지만 속으로는 아버지가 그저 사실을 말하고 있음을 알았다. 그때 깨달음의 순간이 그녀를 찾아왔다. 혹은 그냥 스쳐 갔거나.

이후 6개월간 앤젤라는 주말마다 농장에 가서 가축을 돌보기 시작했다. 농장에서는 집중할 만한 새로운 일들이 생겨났고, 심지어 근육통조차 다이너트론에서 일하는 데 도움이 되었다. 직업적인 욕심이 사라진 것은 아니지만 그녀는 농장 소녀로서 에너지와 건강을 되찾는 데 온 정신을 집중했다. 농장에서 그녀가 먹는 음식은 단순하고, 가공되지 않았으며, 기본적인 것이었다. 신선한 채소, 물, 고기 같은 것 말이다. 주중에 휴스턴으로 돌아와도 앤젤라는 단순한 식생활을 유지하기 위해 애썼는데 그러기 위해서 식당에서 하는 식사를 줄이고 배달 음식, 패스트푸드, 탄산음료, 에너지드링크, 맥주나 와인은 아예 끊고 집에서 직접 요리를 해서 먹기 시작했다.

"처음 한 달은 매일매일 상태가 더 나빠지는 것 같은 기분이었어요." 그녀가 떠올렸다. "머리도 아프고, 근육통에, 밤에는 땀을 흘리질 않나, 설탕 금단 증상까지 모두 겪었거든요." 하지만 결국 그녀는 정상 궤도로 돌아왔고 매일매일 조금씩 더 나아지기 시작했다. 이야기를 짧게 줄이자면 결론적으로 앤젤라는 농장 소녀 몸매로 다시 돌아갔고, 더 중요한 사실로는 에너지와 동기 부여, 집중력을 되찾았다. 몸이 정신에 미치는 영향은 정말 놀라울 정도이다.

지금 그녀는 댈러스에 있는 다른 에너지 회사의 행복하고 건강한 마케팅 팀장이며 커리어 계발에 완전히 충실한 상태다.

그렇지만 우리 중 대부분은 앤젤라처럼 매 주말 갈 수 있는 가족 농장이 없다. 그렇다면 당신의 열정이 소실되었다고 느껴질 때, 무엇을 하겠는가? 만약 당신이 대학 졸업 이후 몸무게가 늘었다면, 늘 피곤하고 짜증이 난다면, 당신의 커리어 발전에 필요한 정신적, 정서적, 목표 지향적 에너지를 찾지 못한다면 어떻게 하겠는가? 다시 한 번 말하지만, 신체적인 에너지부터 챙겨라.

신체적 에너지 끌어올리기

나는 헬스장에 등록하고 퍼스널 트레이닝을 무료로 3회 받았다. 나는 사실 퍼스널 트레이너와 잘 지내는 편은 못 되는데 그 이유는 a) 나는 다른 사람에게 지시 받는 것을 좋아하지 않고 b) 체지방 측정 집게에 집히는 느낌도 좋아하지 않는데다 c) 다른 사람들이 쳐다보지 않는 장소에서 끙끙거리고 힘을 쓰고 싶기 때문이다.

하지만 공짜를 마다할 이유는 없기 때문에 3회 무료 강습은 받았는데, 그때 트레이너는 신체적 에너지에 대해 대단히 영리한 말을 했다. "사람의 몸은 매우 똑똑하고 효율적인 방식으로 움직인답니다. 그래서 자기가 필요로 하는 대로 발달하게 되어 있어요. 신체적인 에너지는 그 사람의 몸과 마음이 요구하는 만큼 증가하기도 하고 감소하기도 합니다. 만약에 매일 하루 종일 앉아만 계시면, 회원님의 몸은 앉아 있는 데 필요한 만큼의 에너지만 생산할 거예요. 왜냐하면 그 이상 생산할 필요가 없거든요."

나는 한번 생각해 볼만한 가치가 있는 이야기라고 느꼈지만 그에게 농담을 던졌다. "만약에 내 몸이 필요에 대응해서 발전을 한다면, 커피 잔을 들 때 사용할 세 번째 팔은 도대체 언제 나는 건가요?"

아마 내 농담이 재미없었나 보다.

실제로 이 이야기에 담긴 함의는 상당히 중요하다. 신체적 에너지나 활력을 더 생산하려면 몸에서 실제로 그 에너지를 **필요로 해야 한다**는 것이다. 그리고 몸에서 그런 에너지를 필요로 하게 하려면 움직이고 힘을 쓰고 몸을 늘리고 구부려야 한다. 즉 몸을 사용해야 한다. 젊고 선천적으로 신진대사가 높은 사람이라면 신체적 에너지를 높은 수준으로 유지하는 게 그리 어렵지는 않겠지만, 결국 신진대사는 낮아지게 되어 있고 나쁜 습관은 대가를 치르게 마련이므로 좋은 생활 습관을 몸에 배게 할 필요가 있다.

만약에 체중이 다소 증가한다든가, 에너지드링크를 마시곤 한다든가, 아침에 일어났을 때 피곤하다든가, 오후 업무 시간에 지겹거나 졸린다든가 하는 등 몸의 활력이 둔화되는 조기 신호를 포착한다면, 이를 그냥 넘기지 말고 생활 습관을 즉시 바로잡아야 한다.

만약에 활력이 이미 상당히 감소한 상태라면 당신 앞에 놓인 길이 수월하지는 않을 것이다. 하지만 꾸준히 노력한다면 결국에는 활력이나 신체적인 열정, 동기 부여나 커리어 성공으로 이끌어 줄 에너지를 다시 찾을 수 있다.

사실 당신의 열정에 꾸준히 불을 지펴 줄 업무 환경을 조성하기란 쉽지만은 않다. 왜냐하면 앞에서도 이미 언급했듯이 일반적인 업무 환경은 타오르는 불도 꺼지게 하기 때문이다. 그리고 올바른 정답이나 정도正道가 존재하지도 않으므로, 당신은 자기 자신이나 당신을 둘러싼 상황에 관한 전문가가 되어 스스로를 새로운 방향으로 이끌어 갈 계획을 직접 짜야 한다.

신체적 에너지에 관한 한 절대적인 정답은 없지만 스스로 계획을 짤 때 늘 포함시켜야 할 핵심 요소들은 있다. 이 핵심 요소를 상황이 되면 끼워 넣을 부수적인 요소가 아니라 당신의 생활 방식에 굳건히 자리 잡도록 해야 한다. 이 **자체**가 생활의 일부이지, 부수적으로 해야 할 일이 아니다. 신체적인 에너지에 대한 계획을 짤 때 포함시켜야 할 요소들은 다음과 같다.

- 적어도 일주일에 5일 이상, 회당 45분 이상 유산소 및 근력 트레이닝 하기.
- 매일 밤 적어도 일곱 시간 이상 숙면 취하기.
- 일과 시간 중 휴식 시간마다 간단하지만 규칙적으로 "움직일 것". 쉬는 시간에는 반드시 책상에서 일어날 것. 그리고 다른 장소에 앉지 말고 휴식 시간 동안 계속 몸을 움직일 것.

다음의 음식물들은 신체적 에너지에 도움이 되기보다는 감퇴시키기 때문에 아예 섭취하지 않거나 섭취량을 눈에 띄게 줄이는 편이 좋다: 정제당, 정제된 곡류(밀가루, 옥수수 가루 등), 가공육, 알코올, 인공 감미료.

사실 그렇다. 내가 아주 새로운 이야기를 하고 있는 건 전혀 아니다. 나도 이런 이야기를 질질 끌 생각은 없다. 어차피 당신은 이

글을 실천하든 무시하든 둘 중 하나를 택할 것이다. 결정은 전적으로 당신에게 달려 있다. 하지만 나는 당신이 신체적 에너지에 꾸준히 투자하지 않는다면 결국 커리어에도 영향을 받게 될 것이라는 점만은 분명히 말할 수 있다. 여기에는 의문의 여지가 없다.

그러므로 몸을 정기적으로 단련하지 **않는다**는 결정은 곧 커리어 계발을 늦추겠다는 것과 같다. 하지만 이는 당신이 선택한 결과이다.

쓰고 나서 보니 이야기를 질질 끈 것 같기도 하다. 이해해 주기 바란다.

정신적 에너지─생산성 파라독스

주위에 무지막지하게 바쁘고 야망에 불타는 동료가 있다면, 그의 업무와 프로젝트에 대해 슬쩍 물어보아라. 그러면 그는 최근 자신의 업무 성과와 그 주가 지나기 전에 처리해야 할 다른 중요한 일들을 낱낱이, 그리고 자랑스럽게 늘어놓을 것이다. 어쩌면 그는 금요일 저녁까지 업무를 마무리하지 못해서 주말에도 나와서 일을 하려고 할지도 모른다. 주말에도 일을 해야 한다는 그의 목소리에는 순교자와도 같은 자부심이 섞여 있을 것이다. "그레인저 프로젝트를 끝내려면 토요일에도 일찍 출근해야 할 것 같아." 그는 아마도 "요즘 무슨 일을 하고 있어?"라고 묻기도 전에 혼자서 그렇게 말할 것이다.

그러면 당신은 나도 일을 열심히 하는 척해야 할 것 같다는 느낌을 받게 된다. "하루가 24시간으로도 모자라." 이런 대화를 나눌 때면 서로가 더 오랜 시간 동안 더 열심히 일하고 있다고 여기게 되므로 당신은 더, 더, 더 일해야 한다고 스스로를 압박한다.

하지만 초생산성hyperproductivity에 대한 맹목적인 집착은 정신적인 에너지를 갉아먹기 때문에 종국에는 커리어에 악영향을 끼친다.

미리 계획을 하고서 자기 자신에게 휴식과 재충전의 시간을 주려고 의식적으로 노력하지 않고 채찍질만 하다 보면, 무의식적으로 하루 동안 자신의 에너지를 모두 소진해 버리고 만다. 빠진 기력을 보충하기 위해 커피나 다른 자극제를 들이키겠지만, 피할 수 없는 "파국"을 지연시키는 데 지나지 않는다. 다음과 같은 이유로 인해 실질적인 생산성은 오히려 저해될 수 있다.

- 해야 할 일 리스트를 끝내는 데 치중해 과제의 가치 경중을 따지지도 않음.
- 때로는 해야 할 일을 하고 있다는 만족감을 얻기 위해 더 중요한 일이 완료되지 않았음에도 불구하고 비교적 쉽고 중요도가 낮은 일로 도피함.

- 하루 일과 시간 동안 에너지를 균등하게 배분해 사용하는 데 익숙해져 버려서 정신적 에너지를 가장 필요로 하는 시간에 에너지를 집중하지 못함.
- 생산성을 판단할 때 정량적인 기준을 너무 우선시하는 나머지 창의력, 혁신성, 더 깊은 사고를 요구하는 일을 경시함.

이러한 일들이 반복되면 당신은 자신이 가진 기량을 모두 발휘하지 못할 뿐 아니라 스스로를 재충전하는 데 필요한 휴식도 제대로 취하지 못하게 된다. 상식으로 보나 연구 결과로 보나 가장 생산적인 사람들은 일과 중에 휴식하고 정신적으로 회복할 시간을 규칙적으로 가진다. 생산적인 사람들은 곧 쉬면서 회복할 수 있는 시간이 온다는 사실을 알고 있기 때문에, 가장 필요한 순간에 자신의 에너지를 최고조로 끌어올려 일할 수 있다.

갑자기 중요한 문제를 해결하거나 예상하지 못한 사건에 대처하는 등 예견치 못했던 상황이 닥쳤을 때, 최고 수준의 에너지를 낼 수 있도록 늘 에너지를 여유 있게 비축해 놓는 것은 중요한 일이다.

당신이 가진 원래의 정신적 에너지 사이클에 업무 리듬을 맞춰라

당신에게는 일상적인 업무 일과에 자연스럽게 맞춰진 정신적 에너지 수준이 있을 것이다. 매 순간에 주의를 집중해 본다면 당신은 언제 스스로가 생산적인지, 깨어 있는지, 집중하고 있는지, 아니면 피곤한지, 멍하거나 집중하지 못하는지 알아챌 수 있을 것이다. 하지만 대부분의 사람들은 자기 자신의 자연스러운 사이클을 알아채지 못하거나, 무시하거나, 또는 커피나 다른 자극을 이용해 이 사이클을 극복하려고 한다.

대부분 사람들의 정신적 에너지 사이클은 일반적으로 90분에서 120분 정도 지속된다. 90분이나 두 시간마다 에너지 파동은 정점이나 저점을 향한다. 그리고 대다수는 매일 오후 4시 30분과 오후 11시 30분 정도에 심한 졸음을 느낀다. 창조적으로 생각하는 사람들 중 다수는 깊은 사고를 위한 에너지가 아침과 오후에 많은 편이라고 이야기한다. 그리고 자신의 업무 스케줄을 자연적인 에너지 리듬에 맞추는 사람들의 업무 성과가 더 나은 경향을 보인다. 이러한 사실은 직관적으로 이해가 되겠지만, 다음의 두 가지 사례 연구를 증거로 이를 입증할 수 있다.

한 보석 제조업체에서는 직원들이 여러 가지 물건에 작은 준보석準寶石을 붙이도록 되어 있는 생산 라인을 조정했다. 90분마다 생산 라인을 멈추고 15분간 의무적으로 휴식 시간을 가지도록 한 것이다. 이틀도 채 지나지 않아 불량품 생산율이 50% 이상 감소했고 직원 생산성이 전반적으로 22%나 증가했다.

팀 혁신에 관한 한 연구 결과에 따르면 두 시간마다 휴식 시간을 가졌을 때 브레인스토밍 시의 생산성이 놀랍도록 향상된다고 한다. 연구 기간 동안 측정된 아이디어나 혁신의 양이나 질적인 측면 모두에서 규칙적인 (하지만 20분을 넘기지 않는 짧은) 휴식을 취하는 경우가 훨씬 생산적이라는 결과가 도출되었다.

정신적 에너지를 진정으로 충만하게 하기 위해서 당신은 자신의 몸이 가진 자연적인 에너지 리듬을 파악하고, 지속적으로 생산성을 향상시킬 수 있는 방향으로 집중과 휴식 사이클을 그 리듬에 맞추어야 한다. 때로는 자연적인 에너지 사이클과 맞지 않을 때 일을 하거나 쉬어야 될 때도 있겠지만 늘 그렇게 해서는 안 된다. 만약 당신이 지속적으로 에너지가 낮은 사이클일 때 업무에 집중하려고 애쓴다면 만성적인 피로를 느끼거나 최적화되지 않은 성과를 낼 위험이 크다. 이러한 사례를 바탕으로 다음의 세 가지 사항을 유념할 필요가 있다.

1. 시간을 90분에서 120분 단위로 잘라 업무에 임하라.

하루의 업무를 계획할 때 시간 단위를 염두에 두고 스케줄을 짠다거나, 이 시간 단위가 끝날 때 알람이 울리도록 하면 이 원칙을 따르기가 좀 더 쉬울 것이다.

2. 일의 한 세션이 끝날 때마다 15분간 휴식을 취하라.

쉬는 시간이 적절히 짧으면 업무에 복귀하기가 수월하다. 하지만 쉬는 시간이 20분 이상으로 길어질 경우, 이전에 하고 있던 일로 마음을 돌리는 일이 쉽지만은 않다.

3. 오후에 잠깐 낮잠을 자라.

오후 3시와 4시 중간 즈음에 20분간 낮잠을 자도록 하라. 낮잠이 20분을 넘기지 않도록 알람을 활용하라. 연구 결과에 따르면 하루 중 이 시간에 짧은 낮잠을 자면 충전되는 기분을 느낄 수 있지만, 낮잠 시간이 길어지면 나머지 일과도 늘어지게 된다.

중간중간 휴식을 취하면서 정신적으로 회복하는 일은 매우 중요하므로 컴퓨터 일정 관리 시스템이나 스마트폰 알람에 휴식 시간을 정기적으로 입력해 놓도록 해야 한다. 이때 휴식 시간보다 휴식의 질이 더 중요하다. 짧게나마 모든 것을 내려놓는다면 육체적 에너지 회복에도 큰 보탬이 된다. 다만 몇 분이라도 짧은 산책을 하거나, 동료와 업무 외적인 잡담을 나누거나, 음악을 듣거나, 자신이 편안하게 느끼는 일을 하면서 생각의 채널을 바꿔라.

이때 휴식 시간은 보통 20분을 넘기지 않는 것이 좋은데, 업무에서 떨어지는 시간이 20분을 넘기면 다시 업무로 돌아가기 어려워진다.

(깊은) 사고를 위해 지루해진 뇌에 자극을 공급할 것

업무와 자연적인 정신 에너지 사이클을 맞출 때 유의해야 할 점 중 하나는 일상적이고, 반복적이거나 또는 지루한 업무는 만족감을 주지 못한다는 것이다. 오히려 그 반대로 이러한 일들은 정신 에너지에 분명히 부정적인 영향을 준다.

고도로 생산적인 작업을 하거나 다른 사람들보다 더 많은 일을 하기 위해 바쁘게 업무에 시달리는 사람들은 반복적이거나 일상적인 업무를 반기는 경향이 있다. 지루한 일은 스트레스 해소 수단이 되기도 하고, 쉬운 일 몇 개를 완료해 업무 리스트에서 지워버리는 성취감을 느낄 수 있기 때문이다. 하지만 자신의 정신적 에너지를 최적화하는 법을 익힌 사람들은 업무에 압도되지 않기 때문에 스트레스 해소 수단이 필요하지도 않고, 규칙적인 휴식을 통해 뇌를 정상 상태로 돌릴 수 있다. 따라서 더 이상 이런 것들이 필요하지 않고 더 흥미롭고 어려운 과제를 수행하고 싶어진다.

그렇다면 실상 당신이 하는 업무의 대부분이 단순하고, 반복적이며, 지루한 일이라면 어떻게 하겠는가? 제일 처음 할 일은 문제를 명확히 인지하고, 그다음으로 일상적인 업무를 자동화시킬 수 있는 스마트한 방법을 찾아내는 것이다. 당신의 성능 좋고 창의적인 뇌를 회사에 더 큰 가치를 가져다줄 수 있는 새롭고, 더 도전적인 일에 사용하는 것이다. 자신의 뇌를 온전히 사용하는 방법을 찾아내는 일은 결코 쉬운 과정이 아니다.

또 커리어에 긍정적인 영향을 미칠 만한 다른 흥미로운 일도 찾아낼 수 있다. 1장과 2장에서 다룬 전략과 전술을 사용한다면, 당신은 도전 의식을 불태우고 사고를 요하는 과제를 스스로에게 줄 수 있다. 사실 다른 사람의 마음을 읽고 직장 문화를 이해하는 과정이 가진 좋은 점은, 이들이 절대 끝나지 않는 일이란 것이다. 사람들은 복잡한 존재인데다 회사에서는 늘 새로운 사람들을 접할 기회가 있다. 그러므로 당신이 다른 사람들의 마음을 더 잘 읽기로 결심했다면, 당신의 뇌는 늘 바쁘고 회사에서 보내는 하루가 지루할 틈이 없을 것이다.

정신적 에너지를 향상시키기 위한 간단한 팁

당신의 자연적 에너지의 상승기에 가장 중요하고 어려운 프로젝트를 수행하라. 대부분의 사람들은 이 리듬이 아침에 찾아오지만, 당신만의 에너지 사이클에 맞추어서 에너지가 절정일 때 간단하거나 반복되는 업무를 처리하는 낭비를 하지 않도록 하자.

집중을 요하는 과제가 있다면 다른 사람들에게 방해를 받을 수 있는 사무실을 벗어나 혼자만의 공간을 찾아 과제를 끝내도록 하자.

중요한 업무를 하거나 중요한 대화를 하는 동안에는 전화기를 수신 거부 상태로 설정해 놓고 중요한 일에 온전히 집중하라.

메일 수신시 알림음을 설정하지 말고 미리 계획해 둔 시간에 맞춰 하루에 두 번 정도만 메일을 확인하라. 이메일을 확인하는 시간을 미리 정해 두고, 확인할 때는 메일에 집중한 다음 수신 메일함을 비우자. 그리고 다음 정해진 확인 시간 전에는 이메일을 열어 보지 말고 잊어버려라. 동료들에게도 이메일 확인 및 응답 패턴이 바뀌었음을 안내하고, 즉시 응답이 필요할 때는 전화를 하도록 알려라.

더 깊은 사고를 요하는 어려운 업무를 할 때는 혼자만의 회의 시간을 미리 잡아 두는 등 시간을 계획적으로 관리해라.

하루를 이메일을 읽으며 시작하는 대신, 처음 한 시간을 회사에 가장 중요한 이슈나 프로젝트에 투자해라(물론 이메일 응답이 가장 중요한 일은 아닐 것이다).

정서적 에너지 - 인정받고 대우 받으며 "안전"하다는 느낌을 받는 것

긍정적이고 낙천적인 기분을 느낄 때 최고의 성과를 낼 수 있다는 사실은 당신도 아마 명확히 인지하고 있을 것이다. 그러나 긍정적인 정서적 에너지가 부족할 때 업무 수행 능력에 어느 정도 부정적인 영향을 끼치는지는 명확하지 않을 수도 있다. 당신은 아마 주위 사람들이 당신 마음속의 고충을 모를 것이라 생각하며 행동하겠지만, 사실 주위 사람들은 모두 알게 되어 있으며 업무에도 분명히 지장이 있다.

직장 내에서 강한 정서적 에너지를 가진 사람들은 다음의 사항을 확신한다.

- 회사에서는 나를 인정한다.
- 회사에서는 나를 대우해 준다.
- 나는 안전하게 스스로를 진정으로 드러낼 수 있다.

누구나 직장에서 어느 정도건 가면을 쓰고 있지만, 우리가 동료에게 진심으로 다가설수록 회사에서 받는 정서적인 유대감과 에너지는 커진다. 우리는 본능적으로 다른 사람들이 우리를 집단의 부속품이 아니라 개성을 가진 한 사람으로 인정해 주기를 간절히 바란다. 그리고 또 대우를 받고 싶어 한다. 우리가 수행하는 업무나 이룩한 성과 말고 인격적으로 대우를 받고 싶어 한다. 한 사람으로서 그에 합당한 가치를 인정받고 싶은 것이다.

회사가 직원들의 생각과 의사를 표현할 수 있는 환경을 조성하지 않고 끊임없이 자기 검열을 요구하거나, 개인 성과를 인정하지 않거나, 직원을 업무를 수행하는 부속이 아니라 한 인격으로 대우해 주지 않는다면 절대로 직원의 생산성을 최고조로 끌어올릴 수 없다.

사람들은 자신이 중요하게 생각하거나 스스로 의미 있고 합목적적이라고 느끼는 가치와 매일의 업무 및 사생활이 합치될 때 고유의 정신이 가진 에너지를 제대로 발휘한다. 현재 하고 있는 일이 자기 자신에게 의미를 가질 때, 사람들은 더 많은 에너지를 갖고 더 집중해서 일에 헌신한다.

그러나 당신이 현재 처한 직장 내 환경이 어떠하든, 심지어 통제가 심하고 직원에게 친화적이거나 열정을 주지 않는 상황이라고 해도 당신의 정서적 에너지를 향상시킬 수 있는 방법이 있다.

- 사규를 어기지 않고 스스로의 개성을 찾을 수 있는 간접적인 방법을 찾아라.
- 직장 동료들이 개인적으로 어떤 사람인지 관심을 가지고 그들의 개성을 존중하는 방법을 알아내라. 시간이 흐르면 그들도 당신에게 똑같이 되돌려 줄 것이다.
- 다른 사람에 대한 감사의 마음을 표현해라. 이는 다른 사람뿐 아니라 당신 스스로를 위하는 길이기도 하다. 말로 하는 감사의 표현은 말하는 사람이나 듣는 사람의 감정에 가장 큰 영향을 미치지만, 손으로 쓴 편지도 마찬가지의 효과

가 있다. 예의 바른 이메일만으로도 한 사람의 기분이 좋아질 수 있는데, 당신이 메일을 받는 사람에게 얼마나 큰 감사의 마음을 가지고 있는지 널리 알릴 수 있도록 다른 사람도 참조 수신인에 포함시킨다면 그 효과는 극대화된다.

삶과 마음을 끊임없이 움직이게 하는 목표 지향적 에너지

사람의 몸과 마음은 모두 장시간 꼼짝없이 앉아 있는 데 적합하지 않다. 깊은 잠을 잘 때조차 당신의 몸은 손상된 근육 조직을 복구시키고 두뇌는 그날 있었던 일들을 처리하는 등 계속 활동을 하고 있다.

이것이 바로 대부분의 사람에게 커리어 정체가 그토록 고통스러운 이유이다. 돈을 더 벌고 싶다거나 더 많은 명성을 얻고 싶다는 이유 외에도 사람은 본능적으로 계속 움직이고, 앞으로 나아가며, 성장하고 싶어 한다.

- 당신이 그리고 있는 향후 5년과 20년 후의 커리어는 무엇인가?
- 당신이 다른 사람의 삶에 미치고 싶은 영향력은 어떤 것인가?
- 당신은 어떤 평판을 받고 싶은가?

• 당신은 어떤 사람으로 기억되고 싶은가?

이러한 질문들은 읽는 독자마다 다른 의미를 지니겠지만, 저 질문의 주요 의미를 이해한다면 당신이 어떻게 받아들여야 할지 결정할 수 있을 것이다. 때로는 커리어에서 목표 지향적인 에너지를 계속 유지해 온 다른 사람의 이야기를 경청하는 것도 도움이 된다.

윌리엄 체노위드는 꼼짝달싹 못하는 덫에 걸린 기분이었다. 53세가 되었을 때 그는 격심한 두통과 가슴 통증을 느꼈다. 윌리엄은 18킬로그램 가량 과체중이고 운동을 해 본 지가 언제인지 기억이 나지 않았지만, 다행히 심장 발작은 아니라는 의사 진단을 받을 수 있었다. 그의 증상은 스트레스성으로 판단되었다. 그는 업무적으로는 출장을 많이 다니고, 사적으로는 대학에 진학한 두 아이와 자기 자신을 발견하기 위해 늦깎이로 학교에 입학한 아내의 학비를 대는 재정적인 부담에 시달리는 등 스트레스를 많이 받고 있었다. 그는 "자기 자신을 발견"한다는 게 정확히 무슨 뜻인지 이해할 수 없었지만 거기에 얼마만큼의 돈이 드는지는 정확히 알았다.

2년이 지난 후에 그는 약을 복용해 통증을 다스리는 법을 알아냈지만, 그 외 다른 상황은 모두 그대로였다. 일은 여전히 싫었고,

아이들은 속을 썩였으며, 아내는 이해할 수 없었고, 이 모든 일에 대처해 그가 할 수 있는 일은 아무것도 없었다. 이 나이에 인생을 다시 생각해 볼 시점은 아니라고 그는 스스로에게 말했다. 상업 금융이라는 자신의 업무를 좋아하지는 않았지만 돈은 벌어야 했다. 남은 몇 년만 잘 버티면 퇴직할 수 있을 것이고, 그러면 상대적으로 편안해지지 않을까 그는 기대했다. 퇴직 후에 무엇을 할지, 누구와 함께할지에 대해서도 생각한 바는 없었지만 적어도 회사의 부속품보다는 나아 보였다.

1년이 더 지나고 난 후에도 변한 것은 없었다. 그는 여전히 덫에 걸린 채 근근이 버티고 있었다. 인사 부장이 어느 날 아침 사무실 앞에서 엄숙한 얼굴로 그를 불러 세우기 전에는 말이다. "아시다시피 저희 회사는 사업 구조조정을 하고 있습니다. 그래서 위로금 지급에 대해 의논을 좀 하고 싶습니다." 그녀가 말했다.

한 달 후 그는 몇 달여를 버틸 수 있는 수준의 위로금만을 손에 쥔 채 직업을 잃었고, 56세에 생계를 꾸릴 수단이 없었다. 구직 시장 상황은 좋지 않았고, 직업을 얻게 된다고 하더라도 임금 수준이 적어도 30%는 낮아지게 되어 두 아이와 아내의 대학 학비를 댈 수 없었다.

"당시에 저는 육체적으로나 정신적으로나 모든 면에 있어서 완전히 갇히고 무너진 상황이었죠." 최근에 빌은 내게 이렇게 말했다. "인정하기는 싫지만 사실 이대로 모든 걸 끝내버릴까 하는 생각까지 심각하게 했습니다. 가족이 생활하기에 충분한 보험금을 탈 수 있었거든요."

정확하게 그런 얘길 하지는 않았지만, 빌이 업무적으로나 사생활 측면에서 정서적, 육체적, 목표 지향적 에너지를 모두 잃어버린 것이 분명해 보였다. 가족들과 정서적인 교감도 없었고, 미래에 대해 희망적인 앞날을 그리기도 어려웠다. 건강도 급속히 악화되고 있었다. 그리고 정신적인 에너지에 대해 말하자면, 그는 모든 것이 소진된 듯한 느낌을 받았다.

빌은 그 모든 것을 다른 사람에게 표현하지 않고 스스로 감당하고 있다고 생각했지만 그의 가족들은 빌을 둘러싼 상황이 얼마나 힘든지 알아챘다. 그는 가족들이 보여 준 반응에 놀랐다. 충격을 받았다는 쪽이 좀 더 정확하겠다. 아이 두 명은 학비를 일부 부담하기 위해 아르바이트를 시작했다. 아내는 휴학을 하고 부가 수입을 창출할 수 있는 직업을 찾았다. 그리고 힘을 모아 지출을 아낄 수 있는 방법을 찾아내 빌이 느끼고 있는 단기적인 재정 부담을 크게 줄여 주었다.

물론 모든 부담이 일거에 사라진 것은 아니지만, 함께 극복을 하겠다는 가족들의 의지와 적극적인 도움은 빌이 기대하지 못했던 것이어서 그는 이에 깊이 감사했다. 가족들은 마지못해서가 아니라 빌이 지난 시간 동안 자신들에게 베풀어 주었던 도움에 감사하며 기꺼이 상황을 바꾸려 했고, 이러한 마음에서 그는 힘을 얻었다.

빌의 이야기를 영화로 만든다면 이 장면에서 오케스트라 배경 음향을 고조시키면서 석양이 지는 해변에서 빌과 가족이 함께 거니는 장면을 삽입하면 좋을 것 같다. 하지만 이건 영화가 아니라 책이기 때문에 빌에게 일어난 일 중 중요한 사건만 요약해서 쓰려고 한다.

- 단기적인 재정 부담이 줄자, 빌은 커리어의 마지막 10년에 대한 자신의 계획을 수정했다. 미래를 다시 계획할 수 있는 자유는 그의 개인적 동기나 목표 지향적 에너지 수준에 지대한 영향을 미쳤다.
- 빌과 아내는 함께 다이어트와 운동을 병행해 빌은 18킬로그램, 아내는 9킬로그램을 감량했으며 지난 세월 동안 함께 겪은 것보다 더 많은 근육통과 즐거움을 얻었다.
- 빌은 자신이 사실은 상업 금융 일을 싫어하지 않으며, 오히려 소기업 오너들과 만나 그들의 재무 구조를 최적화해 주는 일을 좋아한다는 것을 깨달았다. 실상 그가 싫어했던 것은 자신이 갇혀 있던 회사라는 틀이었다. 이런 깨달음을 바

탕으로 그는 소기업 오너들만을 대상으로 하는 상업 금융 회사를 차리기로 했다.

- 빌의 회사는 그럭저럭 성공한 정도지만, 빌 자신은 이 결과에 엄청나게 만족했다. 그리고 아내와 보낼 수 있는 시간도 훨씬 많아졌다.

- 빌의 딸은 현재 빌이 창업한 회사에서 일하고 있다. "예전의 아빠였다면 절대로 같이 일하지 않았을 거예요. 하지만 새로 바뀐 아빠는 정말 좋은 상사예요."

빌의 이야기는 흥미로우면서도 동시에 두려운 감정을 자극한다. 회사의 세계가 그를 완전히 무너뜨렸기 때문에 빌은 한때 자살을 시도하겠다는 생각까지 했다. 당신이 처한 회사는 이렇게 극적이지는 않겠지만, 당신도 스스로에게 물어볼 필요가 있다. 사적으로나 직업적으로나 인생에서 원하는 것을 성취하기 위한 에너지를 지키고 획득하기 위해 당신은 무엇을 하고 있는가?

최고의 변화는 대개는 어려운 것

리즈 라일리는 38세의 법인 차량 운영 책임자로, 결혼해서 두 명의 어린아이를 두었다. 그녀와 남편은 모두 통상적으로 야근을 했기 때문에는 주중에 운동을 할 시간을 내기 어려웠지만, 주말에는 함께 철인 삼종경기에 열중했다. 둘 모두 대학 시절에 운동 선수였고 전반적인 육체적, 정신적 건강에 운동이 얼마나 중요한지 잘 알고 있었다. 하지만 리즈는 운동을 하기가 점점 더 힘들어지고 있었다.

"둘째를 낳고 나서 저는 늘 지쳐 있는 기분이었어요." 예전에는 일하는 것이 즐거웠지만 당시에는 지겨우면서도 동시에 벅차게 느껴졌다고 그녀는 말했다. 저녁 시간을 온전히 가족과 함께 보내지 못한다는 사실을 스스로 알고 있었으므로 죄책감과 불만족감에 시달렸다. 점차 밤에 숙면을 취할 수 없게 되었고, 주말에 운동을 하지 않을 핑계를 찾기 시작했으며, 건강한 식사 대신 이동 중이나 업무 중에 간단히 먹을 수 있는 인스턴트 음식을 먹었다. 남편은 그녀와 달리 잘 지내는 듯이 보인다는 사실이 상황을 더 악화시켰다. 출산 후 불어난 몸무게를 줄이지 못한 리즈와 달리, 남편은 대학 시절과 다름없이 날씬하고 균형 잡힌 몸매를 유지했다. 그는 자신의 일을 즐기고 기꺼이 출근했지만, 집에 돌아와서는 아이를 돌보고 본래 분담한 몫보다 더 많은 가사일을 하는 등 적극적으로 가정을 돌봤다. 그래서 그녀는 죄책감을 느끼는 한편 짜증도 났다.

한계는 직장에서 먼저 왔다. 이전에는 연간 인사 고과에서 늘 좋은 평가를 받아 왔기 때문에, 신뢰성이나 업무 몰입도 등 예닐곱 개의 영역에서 개선이 필요하다는 평가를 상사에게 받자 그녀는 충격을 받았다.

퇴근 후 저녁에 리즈가 불공정할 정도로 가혹한 인사 평가를 받았다고 말하려던 참에, 남편은 자기 회사가 사내 운동 시설을 리노베이션한 덕분에 이제 주중 점심시간 동안 45분씩 운동할 수 있게 되었다고 말했다. 그 말이 그녀를 한계까지 내몰았다. 자신의 인생은 아래로 고꾸라지고 있는데, 남편의 인생은 매일 더 나아지는 것처럼 보였다.

이후 리즈 부부는 불가능해 보이는 문제를 해결하려고 노력하면서 힘든 6개월을 보냈다. 리즈는 일을 그만두고 싶었지만, 그러면 생활비를 감당할 수가 없었다. 결혼 생활은 위기에 처했고 이러한 여파는 아이들에게까지 미쳤다. "어느 순간이 되자 제가 그토록 힘든 이유가 거대한 문제를 한꺼번에 해결하려고 애쓰고 있기 때문이라는 사실을 깨달았어요." 그녀가 회상했다. "저와 우리 가족을 구원한 방법은 문제 한 가지를 골라서 한 가지를 바꾸고 시간을 들여 그 토대를 세우는 일이었어요."

리즈와 남편이 이룩한 변화가 당신과는 관계없을 수도 있지만, 당신이 처해 있는 복잡한 인생 문제 대부분에 이 차례차례 접근법은 유용한 방법이다. 그들은 취침 시간을 당기는 것부터 시작했는데, 9시에 텔레비전을 *끄고* 그 시간 이후에는 일이나 문제 또는 어떤 골치 아픈 것들에 대해 이야기하지 않기로 합의했다. 처음에는 이 계획을 실천하기가 무척이나 어려웠지만, 리즈와 남편은 즐겨 시청하던 텔레비전 프로그램을 녹화해서 주말에 보기 시작하면서 훨씬 여유로운 저녁 시간을 보낼 수 있게 되었다. 그리고 아침에는 훨씬 상쾌하고 기운차게 하루를 시작할 수 있었다. 이러한 변화는 천천히 찾아왔지만, 어느 시점이 되자 리즈는 자신이 아침에는 기분 좋게 일어나서 아이들을 학교에 데려다준 후 출근하기를 기다리게 되었다는 사실을 깨달았다. 이는 큰 깨달음으로, 이토록 상황이 호전되기까지 그녀는 여러 가지 노력을 했다.

리즈는 자신이 작은 운동이라고 이름 붙인 운동을 시작했다. 예를 들어 매일 아침 회사에서 1.5킬로미터 정도 떨어진 곳에 차를 주차해놓고 회사까지 빠른 걸음으로 걸어갔다. 좀 이상한 운동 방식처럼 보일지는 모르지만 실제로 효과가 있었다. "그 운동의 단점이라고는 어느 날 아침 제가 차에 중요한 파일을 두고 내렸을 때뿐이었어요." 그녀가 말했다. "그래서 그날은 왔던 길을 되돌아갔다가 다시 사무실로 와야 해서 평소보다 3킬로미터나 더 걸었답니다." 앞으로 나아가기 위한 모든 노력들은 변화를 이끌어 내기 위한 다음 단계의 밑거름이 되었다.

아침의 걷기 운동은 스트레스 해소에 도움이 되었으므로, 스트레스성 폭식도 크게 줄었다. 리즈는 식이조절을 하면서 영양 섭취에 주의해야 한다는 사실을 늘 알고는 있었으나 그간 실천을 못하고 있었다. 운동과 식이 습관이 옳은 방향으로 개선되자, 몇 달에 걸쳐 그녀는 다른 변화를 이루어 나갔다.

- 그녀는 구부정하게 앉아 일하는 시간을 줄이기 위해 회사에 서서 일하기 위한 책상을 지급해 달라고 요구했다.
- 다이어트 탄산음료나 에너지드링크를 모두 치우고 대신에 마법의 만병통치 음료, 즉 물을 마시기 시작했다.
- 하루에 두 끼를 거하게 먹던 식습관을 고치고 식사량을 줄이는 대신 세 시간마다 가벼운 간식을 먹었다.
- 사무실에서 도보로 15분 내에 있는 요가 스튜디오를 찾아 등록했다. 그리고 매일 30분씩 요가 수업을 규칙적으로 받기 시작했다.

리즈는 여전히 장시간 근무를 하고 있지만 석 달도 안 되어 7킬로그램을 감량했고, 그다음 넉 달 동안에는 아기를 낳기 전보다 더 날씬해졌다. 그녀와 남편은 이 과정을 함께 계속해 나가기 위해 그들만의 의식을 개발했다. 그들은 자녀와의 유대 관계를 유지하게 위해 저녁 식사 시간에는 가족이 의무적으로 참석하도록 규칙을 정했다. 가족 그리고 공통의 친구와도 함께 많은 시간을 보낸 결과 가족 간의 유대도 좋아졌고 삶의 전반적인 만족도도 개선되었다.

과거를 돌이켜 보면서 리즈는 밤 9시 이후에는 텔레비전 시청도, 업무도, 골치 아픈 문제 생각도 금지라는 첫 걸음을 떼기가 가장 어려웠다고 회상한다. 다시 한 번 강조하지만 리즈의 상황이 당신이나 당신의 생활이 처한 상황과 꼭 맞지 않을 수도 있지만, 리즈의 가족이 문제를 풀어 간 과정에는 누구나 배울 만한 교훈이 있다.

리즈가 그랬던 것처럼 우리는 모두 어떻게 해야 하는지 실상을 잘 알고 있다. 집중을 할 수 있는 능력과 기본적인 에너지 수준을 유지하고 감정을 조절하기 위해서는 잘 먹고 잘 자고 적당한 운동을 해야 한다는 점을 누구나 인지한다. 하지만 대부분의 사람들은 직장 생활을 하면서 하나둘 이를 놓치고 만다. 그렇기 때문에 제대로 된 생활 습관을 지키기 위해 자신만의 규칙을 만드는 것이 중요하다.

무엇부터 시작해야 할까?

이제까지 다루어 왔던 네 가지 에너지(신체적, 정서적, 정신적, 목표 지향적 에너지) 중에서 목표 지향적 에너지가 가장 근원적이면서도 중요한 경우도 얼마든지 있을 것이다. 하지만 내가 목표 지향적 에너지를 제일 마지막에 다룬 데에는 나름의 이유가 있다. 대부분의 사람들에게, 앞서 세 가지의 에너지를 잘 보전할 수 있는 습관을 몸에 배게 하는 것이 목표 지향적 에너지로 넘어가기 위한 전제 조건이기 때문이다.

물론 당신은 바로 목표 지향적 에너지에 대해 생각할 수 있을지도 모르지만, 너무 깊이 생각하기 전에 다른 에너지 습관을 올바로 들이도록 하자. 좋은 습관이 다른 에너지에 긍정적인 영향을 준다는 사실을 일단 경험하고 나면, 당신의 목표 지향성이 필요로 하는 것을 충족시켜 주면 업무에서 생산성과 만족감에 얼마나 큰 영향을 끼치는지를 보다 명확하게 알 수 있다.

저자의 한마디 : 회사 내 포커라는 용어는 이 책에서 다분히 비유적으로 사용되고 있지만, 내가 최근에 세계 최고의 포커 선수와 이야기하면서 에너지 개념에 대해 언급하자 그도 자신의 성공 비결 중 하나가 에너지를 잘 유지하는 것이라며 적극적으로 동의해 왔다. "포커 게임도 몇 시간, 때로는 며칠 동안 계속되기 때문에 대회 전에는 신체 컨디션을 늘 최고조로 끌어올린답니다." 또 그는 휴식 시간이 주어질 때마다 호텔방으로 빠른 걸음으로 걸어가서 차가운 물로 짧게 샤워를 하고 게임이 재개되기 전까지 계속 걷고 움직인다고 덧붙였다. "게임을 하기 바로 직전까지 계속 움직이는 게 제 원칙이죠." 그는 가장 힘들고, 길며, 많은 상금이

걸린 대회에서 이기기 위해서는 포커 기술만큼이나 에너지 관리 능력이
중요하다고 생각했다.

생각해 보자

이제까지 논의한 네 가지 에너지에 대해 당신은 스스로의 수준
이 어느 정도라고 평가하는가?

적음										많음
신체적 에너지	1	2	3	4	5	6	7	8	9	10
정신적 에너지	1	2	3	4	5	6	7	8	9	10
정서적 에너지	1	2	3	4	5	6	7	8	9	10
목표 지향적 에너지	1	2	3	4	5	6	7	8	9	10

에너지를 더 얻기 위해 지금 즉시 실천해야 할 습관이나 당신
이 현재 가지고 있는 습관 중 당장 개선해야 할 것이 있는가? 만
약 있다면 지금 당장 행동에 옮기지 않더라도 우선 아래의 빈자
리에 적어 보자.

당신 스스로에게 온전히 솔직해져 보자. 어떠한 이유로 이러한 습관을 시작하거나 그만두지 못하고 있는가? 아까와 마찬가지로, 당장 실천에 옮길 필요는 없지만 아래의 빈 칸에 먼저 적어보자.

실천해 보자

www.workplacepoker.com/energy/ 를 방문해 당신의 에너지를 평가해 보자. 홈페이지에서는 당신의 현재 에너지 수준에 대한 객관적인 평가와 함께 평가 결과에 따른 맞춤 솔루션을 제공하고 있다.

자기 자신을 돌아볼 시간과 여유가 될 때 스스로에게 다음의 질문을 던져 보자(질문에 대한 답을 글로 써 보면 더욱 좋다).

• 죽고 나면 어떤 사람으로 기억되고 싶은가?
• 시간을 되돌려 과거의 나를 만난다면 어떤 충고를 해 주고 싶은가?
• 현재 나는 어떤 사람이고, 미래에는 어떤 모습이 되고 싶으며, 그 차이는 얼마나 큰가?
• 지금 하는 일의 어떤 점이 좋은가? 현재 나는 회사에 어떤 종류의 기여를 하고 있는가? 내가 잘하는 일은 무엇인가?

- 내가 하고 있는 일은 나에게 잘 맞는가? 왜 그러한가?
- 내 삶을 돌아보았을 때 나의 시간과 에너지는 진정으로 내게 중요한 곳에 쓰이고 있는가?

마지막 두 질문을 던지기에 앞서, 나는 당신이 이 질문들에 쉽게 대답할 수 있거나 해답을 분명히 알고 있다면, 아마도 당신은 이미 그 해답을 실천하고 있을 것이라고 말하고 싶다. 그러므로 다음 두 질문에 대한 답은 쉽거나 명확하지 않을 가능성이 높지만, 하고자 한다면 얼마든지 창의성을 발휘해 해답을 찾아낼 수 있으리라 생각한다.

- 내 삶이 내가 진정으로 소중히 여기는 가치나 우선순위와 합치하지 '않는' 부분은 어디인가?
- 일치하지 않는 부분을 어떻게 개선할 것인가?

【장기 사고(思考) 및 행동 포인트】

회사에 입사하고 시간이 지나면 업무 환경으로 인해 개인의 에너지와 활기, 동기 부여는 서서히 꺾이기 마련이다.

♠ 현재 자신의 신체 에너지를 객관적으로 평가하고 당신의 열정이 과거에 비해 감퇴되었다면 빠르게 대처해야 한다.

♠ 여러 개의 조그마한 변화도 눈에 띄는 하나의 큰 변화 못지않게 긍정적인 영향을 미칠 수 있다.

♠ 신체적인 에너지에 대한 습관은 스트레스로 가득한 업무 환경이나 스케줄에 맞닥뜨렸을 때에도 건강을 유지시켜 준다.

♠ 정서적인 에너지에 대한 습관은 커리어에서 어려움에 처할 때에 감정적으로 긍정적이고 낙관적인 태도를 유지할 수 있도록 해 준다.

♠ 정신적인 에너지에 대한 습관은 더 명확하고 창조적으로 사고할 수 있도록 당신의 에너지 사이클을 최고로 이용하게 한다.

♠ 목표 지향적 에너지에 대한 습관은 길고 험난한 커리어 등반 기간 동안 언제나 목표에 집중하고, 동기 부여 되어 있으며, 에너지로 넘치게 해 준다. 당신의 장기 목표가 스스로 가장 중요시하는 가치와 합치되도록 해 주기 때문이다.

5장

테플론 코뿔소와
벨크로 나비

알지 못하는 사이에 우리의 삶을 지배하는
사소한 감정들에 휘둘리고 있다는 사실을 잊지 말자.

– 빈센트 반 고흐

"넌 멍청하고 아무도 널 좋아하지 않아."

열네 살의 벤 디어돈은 어느 날 이런 페이스북 메시지를 받았다. 이 메시지를 보낸 아이디는 "블래스트캡29"였는데, 실제 사용자에 대한 아무런 정보도 없어 벤은 혼란하고 심란해졌다. 메시지를 부모님께 보여 드리자 부모님은 그의 동급생이 메시지를 보냈다고 확신하고 바로 학교에 신고했다. 케네디 고등학교의 교직원들은 이 메시지의 출처를 색출하고자 했지만 그 절차는 쉽지도, 빠르지도 않았다. 몇 주 동안 벤의 신경은 올올이 곤두섰고, 처음부터 그리 높지 않았던 자존감에도 타격을 받아서 결국 심리치료사에게 상담을 받아야 했다.

"넌 멍청하고 아무도 널 좋아하지 않아."

벤과 같은 학교에 다니는 제시카 허쉬바움도 거의 같은 시기에 똑같은 페이스북 메시지를 받았다. 하지만 그녀는 대꾸할 가치가 없다고 생각해서 메시지를 그냥 삭제해 버렸다. 카일 빈슨도 같은 메시지를 받았다. 그는 한바탕 웃고는 "니 몸에서는 돼지 방구 같은 냄새가 나"라고 답장했다.

케네디 고등학교에 다니는 학생들 중 페이스북 계정을 가진 아이들은 모두 같은 메시지를 받았다는 사실이 후에 밝혀졌다. 이러한 사실을 알아내기까지 시간이 상당히 소요되었고 결국 메시지를 보낸 출처는 밝힐 수 없었다. 페이스북에서 '블래스트캡29'라는 계정이 삭제된 것이다.

이 메시지는 특정 개인을 공격하려는 의도보다는 학교 전체를 겨냥한 악질적인 장난이었던 것으로 보인다. 하지만 메시지를 받은 학생 중 일부는 진지하게 받아들인 나머지 불안에 떨어야 했다. 어떤 학생들은 그냥 무시해 버렸고, 재미있다고 생각하는 학생도 있었다.

우리 어른들도 이 이야기에서 교훈을 얻을 수 있을 것 같다.

성인들도 살다 보면 완곡한 반대에서 노골적인 무시에 이르기까지 여러 스펙트럼의 거절을 맞닥뜨리곤 한다. 가끔 거절이 매우 아프게 다가올 때가 있다. 우리를 좋아하지 않거나, 우리 생각을 무시하는 사람들이 실제로 존재하기 때문이다. 때로는 케네디 고등학교에서 일어난 사건처럼 거절당했다는 느낌이 착각에 지나지 않을 때도 있다. 대부분의 거절은 이 중간 어디쯤에 속해 있다.

어떤 사람들은 다른 사람에게서 아주 사소한 부정적 의견이나 비판을 듣는 것도 힘들어한다. 이런 사람들은 벨크로(천 같은 것을 한쪽은 꺼끌꺼끌하게 만들고 다른 한쪽은 부드럽게 만들어 이 두 부분을 딱 붙여 떨어지지 않게 하는 옷 등의 여밈 장치 — 옮긴이) 나비라고 불리는데, 감정에 돌풍이 몰아치면 쉽게 휩쓸리고 한번 거절을 당하면 그 거절에 붙어 있기 때문이다. 눈치 없거나 기분 나쁜 이야기는 모두 벨크로 나비들의 영혼에 영원히 각인된다. 실제든 착각이든 남들에게서 받은 혹독한 평가가 영구 접착제로 붙여 놓은 듯이 들러붙어 있는 것이다. 시간이 지나면 이러한 사람들의 감정 벨크로는 그들이 받았다고 생각하는 거절과 평가가 겹겹이 포개져 시도 때도 없이 마음속에 이 감정들이 다시 떠오르곤 한다.

그런가 하면 의도적으로 상처를 주기 위한 강한 거절조차도 마음에 전혀 담아 두지 않는 사람도 있다. 때로 이들은 남들 눈에 확실히 보이는 거절조차 알아차리지 못한다. 이런 종류의 사람들은 테플론(불소와 탄소의 결합물로 내열성, 비점착성, 절연성, 낮은 마찰성 등의 특성을 지닌다 — 옮긴이) 코뿔소라고 불리는데, 그들에게는 아무것도 남아 있지 않고 그 어떤 것도 그들의 두꺼운 피부를 뚫고 들어갈 수 없기 때문이다.

우리는 누구나 극단적인 나비와 코뿔소 그 중간 어디쯤에 속한 존재로, 당신이 스스로 거절이나 다른 사람의 비판(상상이든 실제든)에 어떻게 대처하는지 알아 둘 필요가 있다. 왜냐하면 실제로 거절을 당하든 그저 당신이 그렇게 생각한 것일 뿐이든 반반이든, 그에 대한 당신의 반응은 커리어에 엄청난 영향을 미친다. 결론적으로 말하자면 코뿔소 혹은 나비형 성격 또는 반응은 당신의 다음과 같은 행동에 영향을 미친다.

- 다른 사람들에게 인정받지 못할 수도 있는 생각 표현하기.
- 도전적인 직업이나 프로젝트에 지원하기.
- 상식을 벗어난 솔루션 제시하기.
- 직접 부딪치고 깨지면서 배우기.
- 똑똑하지만 성격이 모난 사람들과 일하기.

간단히 말해서 거절을 잘 받아들일 수 없는 사람은 제한된 영역에서 벗어나지 않으려 할 것이며, 커리어를 쌓아나가는 데 꼭 필요한 습관을 기르지도 못한다.

잠시 열 명이 넘는 동료 직원과 그룹을 맡고 있는 임원과 함께 주간 회의에 참석하고 있다고 상상해 보자. 이 회의는 매주 열리기 때문에 당신은 참석자들을 모두 잘 알고 있다. 동료 중 한 사람이 자신의 의견을 피력하고 임원이 "아주 좋아. 앞으로 그 의견을 밀고 나가도록 해"라고 대답을 하고 회의는 계속된다. 10분에서 15분쯤 지난 후에 당신이 어떤 아이디어를 발표한다. 당신의 보고를 들으면서 임원은 표정을 살짝 찌푸린다. 보고가 끝나자 임원은 당신을 쳐다보지 않고 약간 짜증이 난 말투로 "일이 궤도에서 벗어나지 않도록 업무 기한에 신경을 쓰도록 해"라며 당신의 발언은 언급조차 되지 않고 회의 주제가 넘어간다.

이런 상황에서 당신의 마음속에는 어떤 생각이 떠오르는가? 회의 주제에 완전히 몰입하는가, 그렇지 않으면 임원이 당신의 발표에 대해 형식적으로조차 치하하지 않고 넘어간 사실에 계속 신경을 쓰는가? 그 회의에서 당신은 다른 생각을 공유하려고 하는가? 다음 회의에서는 어떻게 할 것인가? 그리고 실제로 이 회의에서 어떤 일이 있었는가?

당신이 나비라면 아마도 최악("나나 내 아이디어가 마음에 들지 않은 거야!")을 상상할 것이고, 코뿔소라면 거절당했다는 사실을 알아차리지도 못하거나 알았다고 하더라도 신경을 쓰지 않을 것이다. 둘 중의 어느 것이 맞거나 틀렸다고 말할 수는 없지만 커리어에는 어떤 쪽이 더 나을까? 양 극단 모두 정답은 아니다. 적어도 임원이 당신이 발표했을 때에 달리 반응했다는 사실은 알아차려야 하겠지만, 본인이 중요하다고 생각하면 꺾이지 말고 얘기를 할 수 있어야 한다. 그러니까 극단적이지 않다면 코뿔소 쪽이 좀 더 유리하다.

사실 이 예는 내 경험에서 비롯된 것이다. 나 또한 임원이 내 아이디어에 왜 그렇게 반응했는지 한 주 내내 고민했다. 생각하면 생각할수록 좌절의 강도가 커졌다. 그 아이디어는 정말 **좋았는데** — 누구나 자기 아이디어가 좋다고 생각하지 않는가? — 그 임원은 아예 없던 일처럼 치부해 버렸다. 나는 분노와 편집증, 분한 감정을 다스리느라 힘든 시간을 보냈다.

다음 주 회의 석상에서 그 임원은 쑥스러운 듯 웃으면서 말했다. "지난번에 두 번째로 발표했던 아이디어 다시 한 번 들어보고 싶은데? 그때 갑자기 배가 너무 아팠는데 알고 보니 장염이더라고. 그때는 얼른 회의를 마치고 화장실에 가야겠다는 생각뿐이라서 제대로 못 들었어." 우리는 어찌할 줄 모르는 표정을 지었다. "아, 미안. 불필요한 것까지 얘기했나 보군. 하지만 그때 얘기한 게 하나도 기억이 안 나는데 다시 한 번 해 주겠나?"

이 이야기에서 유감스러운 점이라면 그 임원이 사실대로 말하지 않았더라면 나는 계속 그 생각에서 벗어날 수 없었을 것이라는 사실이다. 그렇게 고민이 되었으면 직접 그 임원에게 가서 문제를 말했으면 좋았겠지만, 그러기에 당시 나는 너무 나비형 인간이었다. 그래서 나는 벨크로 날개에 스스로 상상해 낸 거절을 붙여 놓았던 것이다.

만약에 실제로 임원이 내 생각을 마음에 안 들어 했다고 해도 회사에서 당하는 거절치고는 사소한 수준이었을 것이다. 대부분의 사람들이 회사에서 엄청난 거절을 겪지 않는 것은 사실이다.

그 대신 우리 모두는 일상적으로 사소한 거절을 경험한다. 이 거절 하나하나가 결정적인 영향을 미치지는 않지만 여러 차례 무시당하거나 부정적인 코멘트를 받거나 비언어적으로 거부를 당하는 등의 경험을 겪으면 어떤 사람들에게는 이것이 누적되어 부정적인 영향에 휩싸이고 만다.

"나는 나를 좋아하거나 지지해 주지 않는 사람이나 상황을 피하는 법을 배웠어요." 위스콘신에 위치한 홀그래픽스에서 상품 매니저로 일하는 에밀리 하딩은 말했다. "나를 좋아하는 사람만 상대하기에도 인생은 짧거든요."

에밀리의 의견에도 일리가 있기는 하지만 커리어에 방해가 될 가능성도 있다. 거절을 회피하거나 거절당할지도 모르는 상황에서 도망치려는 사람들은 기회도 함께 놓칠 수밖에 없기 때문이다. 이런 사람들은 굳이 승진을 하려 들지 않거나 어려운 직무를 맡지 않으려고 들지도 모른다. 또 위험을 무릅쓰거나 까다롭지만 배울 점이 많은 사람과 일하려고 들지 않을지도 모른다. 반대로 성공 가도를 달리는 사람들은 안전선을 넘어서서 항상 새로운 시도를 하기 때문에 늘 거절에 부딪친다.

> **"** 안전한 게임만 한다면
> 직장 내 포커에서 이길 수 없다 **"**

하지만 많은 사람들이 거절을 잘 받아들이지 못한다는 사실을 인정하지 않기 때문에, 거절에 대처하는 방법은 다소 민감한 주제이기는 하다. 우리는 강하고, 터프하며, 두려움 없이 일하는 기계로서 코뿔소 마냥 두꺼운 피부를 갖고 있어야 한다는 강박 관념을 갖고 있다. 다들 코뿔소는 우상화하고 나비는 하찮게 여기는데, 스스로 나비와 같은 성향을 가졌다고 인정하고 싶겠는가?

직장 사람 중 그 누구도 새미아 알팔라가 나비라고 생각하지 못할 것이다. 그녀는 쿠웨이트 국영 석유 기업의 프로젝트 관리 기술자이다. 새미아는 쿠웨이트에서 어린 시절을 보내고 캐나다의 워털루 대학을 졸업한 이후 다시 고국으로 돌아와 국영 석유 기업에서 20년 이상을 일했다. 그녀는 회사에서 탄탄한 평판을 쌓기 위해 매우 열심히 일했고, 대부분 남성인 동료들은 그녀가 가진 지식의 깊이와 엔지니어링 전문 지식을 진정으로 존경했다.

동료들은 그녀가 때로는 요구 사항이 많고, 의지가 굳으며, 모나게 굴 수 있는 사람이라고 생각한다. "새미아의 의견에 약간 동의하지 않는다는 건 있을 수 없는 일이에요." 동료 한 명은 이렇게 말했다. "완전히 동의를 하거나 전면전을 벌이거나 둘 중 하나죠. 중간은 없어요." 그들은 대체로 기술상의 과정이나 절차, 회사 윤리 규범 등에서 의견 충돌이 있을 때면 대체로 새미아의 의견이 옳았다고 마지못해 인정했다.

동료 중 많은 이들은 여전히 몇 년 전의 사건을 기억했다. 당시 한 무리의 기술자들이 통상적인 유지 보수를 위해 중단했던 석유 플랫폼을 단기간 안에 재가동시키려고 했지만, 새미아는 정해진 절차를 준수해야 한다고 맞섰다. "그녀가 요만큼도 양보를 하지 않았기 때문에 우린 정말 화가 났었죠." 동료 중 한 명이 말했다. "새미아의 말을 따르자니 정해진 월 할당량을 채우지 못해서 월간 성과급을 받지 못할 판이었거든요." 하지만 동료들을 진짜로 화나게 한 것은 규칙을 굳이 지키겠다는 거절 그 자체가 아니라 거슬리고, 기분 나쁘며, 비꼬는 투로 말하는 새미아의 태도였다. 몇 년이 지난 지금도 그들 중 몇 명은 꼭 필요할 때가 아니면 그녀와 말을 섞지 않았다.

　　바깥에 드러난 점만 보면 새미아는 거칠고, 낯도 두꺼우며, 언제든 싸울 준비가 되어 있어 다른 사람들이 자신을 부정적으로 바라보든 말든 신경을 쓰지 않을 사람 같아 보인다. 마치 동료의 거절을 다루는 (또는 무시하는) 기술이라도 완벽히 익힌 사람 같다. 전형적인 테플론 코뿔소 같지 않은가? 흠, 그렇게 단정하기는 이르다.

　　새미아의 남편이라면 회사에서 누군가와 힘든 언쟁을 벌인 날 밤마다 눈물을 흘리는 새미아를 품에 안고 달래 준 자신의 경험을 털어놓을 것이다. 다른 사람들이 자신을 존경하거나 좋아하지 않는다는 생각이 들면 그녀는 늘 힘들어했다. "제일 싫었던 점이 뭐냐면요, 다른 사람을 무시하고 싶었지만 사실 그 사람들이 저에 대해 어떻게 생각하는지 신경이 쓰였다는 점이에요." 그녀는 말했다.

정확하게 말하자면 새미아가 남들에게 혹독한 평가를 했던 것은 그녀 자신이 다른 사람에게 거절당했다거나 무시당했다고 느끼기 싫어한다는 사실을 숨기고 싶었기 때문이었다. 나는 그녀의 지식이나 능력에 대해 물어본다면 동료들이 뭐라고 대답할 것 같으냐고 새미아에게 물어보았다.

"동료들에게 저에 대한 존경이라고는 없죠." 그녀는 새된 목소리로 말했다. "저를 기술자라고 생각조차 하지 않으니까요. 제 의견은 존중하지 않아요. 그냥 방해물이라고 여길 뿐이죠."

하지만 내가 남성 동료 예닐곱 명에게 물어보았을 때, 그들은 모두 그녀가 매우 뛰어나고 그녀의 의견과 사고 과정을 신뢰하며, 회사 시스템에서 자신만의 방식으로 일을 해 왔기 때문에 일을 어떻게 처리하는지 잘 알고 있다는 점을 존중한다고 대답했다. 여러 번 반복해서 물어보았지만 유일한 단점이라고는 의견 충돌이 있을 때 새미아가 보이는 거칠고 모난 태도뿐이었다. 따라서 대부분의 동료들은 그녀와 의견이 다를 때는 가능한 한 그 상황을 피하는 법을 익혔다.

그러니까 새미아가 거칠고 모나게 행동한 것은 동료들이 자신을 존중하지 않는다고 느꼈기 때문이었다. 그렇지만 애초에 동료들이 그녀를 존중하지 않은 것은 그녀가 거칠고 모나게 굴기 때문이었다. 말도 안 되지 않는가?

내가 쿠웨이트에서 새미아를 처음 만났을 때, 그녀는 승진 기회를 놓쳐 한창 흥분해 있었다. 그리고 똑같은 일이 되풀이되고 있었다. 그녀는 그 사람들이 자신을 존중하지 않기 때문에 승진을 못한 것이라고 확신했다. 하지만 그 사람들은 그녀가 모난 행동을 보이기 때문에 더 큰 팀을 맡을 수 없다고 생각했다. 내가 개최한 리더십 워크숍에 그녀가 참석했을 때, 우리는 거절과 비판에 대처하는 자세에 대해 개인 면담을 했다. 면담 내용은 매우 간단했다.

"저는 거절을 받아들이는 데 문제를 겪지 않아요. 바보들과 일하는 게 진짜 문제죠." 다른 벨크로 나비들처럼 새미아는 자신이 생각한 거절이나 무시, 모욕을 훌훌 털어버리지 못했다. 시간이 흐르면서 이러한 감정들이 쌓여 심리적으로 큰 압박을 받고 있다가 감정적으로 폭발하고 만 것이다. 이것이 벨크로 나비형 사람들이 갑자기 격하게 반응하는 이유이다. 나는 이런 사람들을 송곳니를 가진 벨크로 나비라고 부른다.

자기 자신을 돌아보려 하지 않고 승진을 놓치게 된 데에는 일정 부분 스스로 원인을 제공한 점이 있다는 사실을 간과하였기 때문에 새미아의 커리어는 더 이상 향상될 수가 없었다. 그녀는 자신이 부당하게 대우받고 있다고 확신하면서 자기를 정당화하려 들 것이고, 그럴수록 더더욱 좌절하고 비협조적인 태도를 취하게 될 것이다.

이와 대조적으로, 찰리 맬로즈는 힘들지만 기꺼이 자기 내면을 깊이 들여다보고 커리어를 다시 정상 궤도에 올려놓기 위해 필요한 변화를 수용한 예이다. 찰리는 미네소타 지역 상업 은행의 중간 관리자였다. 그는 믿을 수 있고 열심히 일하며 성실했기 때문에 흠 잡을 데가 없는 사람이었다. 전형적인 "좋은 사람"이면서 보이스카우트 타입으로서 친절하고, 상냥하며, 리스크를 지지 않으면서 윤리적인 선을 넘지 않는 완벽한 은행원의 표본이었다.

하지만 조심성이 많은 성격으로 인해 그는 도전적인 프로젝트나 결과가 불확실한 업무를 회피했다. 한번은 그에게 쇼핑몰에 입점된 키오스크(kiosk, 공공장소에 설치된 터치스크린 방식의 무인 단말기 — 옮긴이)에 개인을 대상으로 하는 소액 뱅킹 기능을 도입하는 방안을 강구하는 기회가 주어졌다. 찰리는 키오스크보다 ATM기가 비용 측면에서 훨씬 효율적이라고 판단했기 때문에, 그 프로젝트가 실패할 위험이 크다고 생각했다. 그래서 그는 프로젝트 팀을 맡지 않겠다고 사양했고 결과적으로 그가 옳았다. 키오스크 프로젝트는 설치 및 운영 비용을 감당할 수 있을 만큼 수익성이 좋은 신규 사업을 창출해 내지 못했고, 나중에 ATM기로 대체되었다. "저는 미리 총알을 피해 그 프로젝트에 에너지를 낭비하지 않을 수 있었어서 기분이 좋았어요." 그는 말했다.

키오스크 프로젝트 팀장이 은행의 임부서장들에게 실패 보고서를 작성하여 제출할 때, 찰리는 자신이 그 일을 하지 않아도 된다는 점에 감사하면서 그 자리에 앉아 있었다. 대체 누가 모두의 앞에서 자신의 프로젝트가 어떻게, 그리고 왜 실패했는지 낱낱이 보고하고 싶단 말인가? 적어도 찰리는 그러고 싶지 않았다.

그는 입사 후 7년 동안 때를 놓치지 않고 승진을 했다. 하지만 그 기간이 지나자 승진은 더뎌졌고, 결국 멈추고 말았다. 그의 성과는 이를 데 없이 좋았지만 승진 기회를 몇 번이나 놓쳐 버렸다. 하지만 찰리는 불평을 늘어놓거나 자신의 주장을 펼치지 않았다. 그는 그런 스타일이 아니었다.

하지만 그 후 한 번의 승진 기회를 더 놓쳤고, 그 대신에 실패한 키오스크 프로젝트의 팀장이 그 자리를 꿰찼다. 심지어 그 사람은 맡았던 다른 프로젝트 여럿도 제대로 성공시키지 못했었다. 찰리는 혼란스러워졌고, 너무 좌절한 나머지 왜 자신이 승진을 못하는지 질문하고 말았다. 그리고 그 대답은 놀라운 것이었다.

"나는 자네가 불확실성에서 오는 스트레스를 감당할 수 있을지 확신이 안 서네." 그의 지역 본부장이 대답했다. "어느 정도 직급에 오르면, 지금의 일상적인 업무보다 더 많은 불확실성을 겪게 되잖나." 지역 본부장은 찰리가 믿을 수 있고 신중한 실무자라는 평가를 받고 있기는 하지만, 강한 리더십을 보여 주지 못하고 있다고 설명했다.

찰리는 은행 내의 다른 임원을 찾아가 자문을 구했고 비슷한 대답을 들었다. "우리는 리스크를 모두 없애는 것이 아니라 적절한 리스크를 감내할 수 있는 리더가 필요하다네." 상사 중 한 명이 그에게 말해 주었다. "앞으로 더 성장하기 위해서 우리에게는 혁신적인 아이디어와 틀에서 벗어난 데에서 발생하는 리스크를 감당할 수 있는 리더가 필요한 거야"라고 말한 상사도 있었다.

이런 이야기를 듣는 게 찰리에게 쉬운 일은 아니었지만, 그는 스스로를 잘 알고 있었기 때문에 이들의 평가가 대체로 정확하다는 사실을 인정했다. 그는 리스크를 지는 사람이 아니었고, 다른 사람들이 반기지 않을지도 모르는 아이디어를 입 밖으로 내지 않았으며, 갈등을 회피하는 성향을 가지고 있었다. 그가 두려워했던 것은 실패에 대한 가능성이 아니라 다른 사람들이 자기를 실패자라고 보는 시선이었다. 우리가 찰리의 심리를 분석하려는 것은 아니지만, 그는 집에서는 학대받고 학교에서는 따돌림을 당했으며 열다섯 살까지 심하게 말을 더듬는 등 힘든 어린 시절을 보냈다.

찰리에게는 야망이 있었고, 조심스러운 성격 중 일부는 자신에게 장해가 되지 않는다는 사실을 깨달았다. 그리고 다행스럽게도 그는 어려운 일이라도 시도하기를 주저하지 않는 사람이었다. 그는 그 자신과 자신의 성격, 그토록 조심성이 많은 이유와 현실적으로 자신이 어느 정도나 바뀔 수 있을 것인가 생각하는 데 많은 시간을 보냈다. 자기 자신이 무대포 코뿔소가 되기는 거의 불가능하다고 생각했지만, 찰리는 적어도 그쪽 방향으로 변화하겠다고 결심했다.

궁극적으로 그는 실패해 망신을 당하고, 남들에게 비판을 받을지도 모른다는 데 대한 두려움이 자신의 앞길을 가로막고 있다는 사실을 깨달았다. 그래서 그에게 다음 기회가 주어졌을 때, 성공할지 확신할 수 없는 사업 프로젝트를 맡기로 했다. 바로 은행의 사업 영역을 막강한 경쟁자 중 하나가 이미 지배하고 있는 중서부 지역으로 확장하는 프로젝트였다. 찰리의 주도로 그의 회사는 늘 사업을 해 온 시장 영역 밖에 다섯 개의 신규 점포를 출점했다. "가장 좋았던 점은 무슨 일이 있더라도 프로젝트를 성공시키겠다며 저와 팀원들이 그렇게 열심히 일했는데도 실패했다는 사실이었어요. 제가 겪었던 혼란과 걱정이 어느 정도 가라앉자, 저나 다른 사람들 모두 실패를 극복하고 앞으로 나아갔거든요." 심지어 찰리는 이후 실패 보고서를 임원들 앞에서 발표해야 했다. 이는 당황스럽고 불편한 일이었지만, 죽을 만큼은 아니었다.

찰리는 웅변 워크숍에 참석하고 지역 내 토스트마스터스 그룹

(Toastmasters group, 커뮤니케이션 능력 향상과 리더십 개발을 위해 전 세계적으로 형성된 비영리 그룹 — 옮긴이)에 등록했다. 그는 다른 사람들의 평가에 덜 예민해지기를 목표로 삼았다. 여러 사람들 앞에서 말을 하는 것은 그의 안전 영역이 아니었기 때문에 스스로에게 도전할 좋은 기회였다. 1년이 지난 후에 그는 한층 더 도전의 범위를 넓혔다. 지역 내 킥복싱 클래스를 수강하기로 한 것이다. "정말 제가 할 만한 일이 아니었기 때문에, 제 친구나 가족들 모두 충격을 받았죠." 그는 웃었다. "하지만 저 스스로는 그게 필요하다고 생각했어요. 인정사정없이 격렬한 운동을 함으로써 다른 사람들이 어떻게 생각하는지 덜 걱정하고 덜 신경 쓰게 되었어요. 그리고 마음만 먹으면 사무실 안에서 대부분의 사람들을 이길 수 있다고 생각하니 더욱 도움이 되었어요."

찰리의 성격이 변한 것이 아니다. 그는 여전히 조심성이 많고, 리스크를 지기 싫어하며 믿을 수 있는 사람이다. 그의 장점을 누르고 있던 자기 의심이 걷히자 커리어가 다시 상승세를 타기 시작했다는 것은 놀랄 일은 아니다. 지금 찰리는 위스콘신에 있는 상업 은행의 지역 본부장이 되었다. "그래요, 저는 아직 좋은 사람이에요." 최근의 전화 통화에서 그는 내게 말했다. "하지만 예전에는 다른 사람이 내게 친절하게 대하기 원했기 때문에 내가 친절하게 굴었지만, 이제는 다른 사람이 어떻게 생각하든 상관하지 않고 다른 사람에게 착하게 대하기 때문에 많이 달라요."

자, 당신도 킥복싱을 배워야 할까? 꼭 그러라는 뜻은 아니다. 내가 당신에게 찰리의 이야기를 한 것은 그가 a)스스로를 깊이, 그리고 객관적으로 돌아보고, b)변화를 이루어 내기 위해 기꺼이 행동에 옮겼던 점을 말하고 싶기 때문이다.

거절당하거나 다른 사람에게서 부정적인 평가를 듣는 것은 성공적인 커리어를 이루어 나가는 과정에서 피할 수 없다. 사실 당신이 성공하려고 하면 할수록 더 어려운 상황과 마주하게 된다. 뛰어난 성공을 이룩한 대부분의 사람들은 늘 두려움과 망설임에 직면한다. 자신의 안전선을 벗어난 곳까지 늘 도전하기 때문이다.

성공의 비밀은 코뿔소처럼 낯이 두꺼워야 한다는 걸까? 흠, 그러면 얻을 수 있는 것은 많다. 일단 거절 때문에 의기소침해지는 일이 없어진다. 영향력 있고 힘 있는 사람들과 겁먹지 않고 대화를 나누기도 수월해질 것이다. 다른 사람의 시기 질투를 무시하기도 쉬워진다. 당신은 장애물에 굴하지 않고 계속 나아갈 수 있을 것이다. 핑계를 용납하지 않고 스스로에게 엄격하며 다른 사람에게는 더욱 혹독해질 것이다. 당신은 커리어에서 목표를 달성할 것이다. 결국 가장 중요한 건 그것이다. 그렇지 않은가?

속단하지는 말자. 낯이 두껍다는 것은 양날을 지닌 칼과 같아서 중대한 약점을 가지고 있다. 감정적인 벽이나 보호막은 이중의 효과가 있다. 부정적인 감정이 당신에게 와서 닿는 것도 막지만, 다른 사람과 진심으로 유대 관계를 맺음으로써 발생하는 긍정적인 감정 또한 느낄 수 없게 된다.

아마 당신은 살아오면서 절대 다른 사람과 진심으로 감정적인 교류를 나누지 않는 전형적인 테플론 코뿔소를 몇 명은 보았을 것이다. 그들은 너무나 목표 지향적이고 앞으로 나아가려 들기 때문에 다른 사람들은 그들의 성취 지향성에 깔리는 느낌을 받는다. 이 극단적인 코뿔소들은 다른 사람들을 불편하거나 겁먹게 하기 때문에 때로 자신도 모르는 사이 스스로의 성공을 가로막기도 한다. 그래서 원하는 자리를 얻지 못하고, 사람들이 그들과 일하고 싶어 하지 않으며, 그들을 돕거나 그들이 진행하는 프로젝트에 도움을 주고 싶어 하지 않는다. 코뿔소들은 일을 해내기가 왜 그렇게 힘든지 알지 못할 것이므로 더 심하게 몰아치는 악순환에 빠진다.

> 66 테플론 코뿔소들은 때로 커리어 성공을 가로막는
> 장애물을 스스로 만들어 낸다. 99

그러므로 두꺼운 가죽을 가지고 있거나, 또는 그렇게 되는 것이 커리어 성공을 위한 궁극적인 해결책은 아니다. 특히 정말 성

공한 커리어를 가진 사람들 대부분은 자신의 동료나 고객과 정서적으로 끈끈하게 맺어져 있다는 점을 감안하면 더욱 그렇다. 이런 사람들은 보편적으로 대인 관계 기술이 매우 뛰어나다. 이들은 대체적으로 사교적이고, 다른 사람과 교감을 잘하고, 외향적이고, 재미있으며, 직관적이고, 대인 관계 지향적이며, 자신과 함께 일하는 사람들을 진정으로 좋아하고 마음을 쓴다. 이는 극단적인 코뿔소 타입에서 볼 수 있는 성격은 아니다.

한번 생각해 보자. 당신이 나비라고 한다면, 다른 사람의 거절이나 부정적인 의견에 지나치게 연연하고 걱정한다는 이야기이고, 반대로 코뿔소라고 한다면 다른 사람들이 당신과 적극적으로 일하려 들지 않는다는 뜻이다. 이 양 극단에서 어떻게 균형을 잡아야 할까?

극단적인 나비와 극단적인 코뿔소 사이의 연속선을 놓고 보면, 가장 성공하는 사람들은 극단으로 치닫지 않고 코뿔소 쪽에 가까운 경우가 대부분이다. 아래의 타원 영역의 위치라고 보면 될 것 같다.

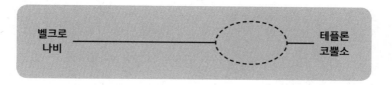

성공적인 사람들은 어떻게 두려움과 거절에 대처하는가? 첫째로, 그들은 괜찮은 척하지 않는다. 대신 그들은 실패하거나 거절당했을 때, 중요한 승진 기회를 놓쳤을 때, 자신이 이끌고 있는 중요한 프로젝트가 계획대로 되지 않았을 때 느끼는 자신의 부정적인 감정을 인정한다. 매출이 뒤처지거나 동료들의 지지를 잃었을 때도 마찬가지이다. 그들은 남들에게 비판받거나 거절당할 거란 두려움이 때로는 발목을 잡기도 한다는 사실을 스스로 솔직하게 인정한다.

당신은 어떠한가? 실패에 대한 두려움이나 다른 사람에게 비난을 받을지도 모른다는 가능성, 주위에 거절을 당하여 당신이 느끼게 될 부정적인 감정들에 대한 자기 인식 수준은 어느 정도인가? 거절당할지도 모른다는 두려움이 앞길을 막는다면 당신은 어떻게 이를 알아챌 수 있을 것인가?

당신은 높은 도덕성이나 대인 관계 기술, 지식이나 능력으로 인해 매우 성공적인 커리어를 쌓아 가고 있으면서도 매일 일하러 가기 두려울지도 모른다. 당신은 목표와 재정적인 목적을 달성할 수도 있겠지만 스스로의 가능성을 완전히 다 펼칠 수는 없다. 당신은 그럭저럭 잘해 나가고 있지만 어쩌면 다른 사람에게 평가받거나 거절당하는 것이 두려워 막대한 보상을 가져다줄 수 있는 방향을 회피하고 있을지도 모른다. 만약 그렇다면, 아무리 많은 돈을 벌더라도 이를 진정한 성공이라고 말할 수는 없다.

그리고 당신이 이러한 점에 대해 스스로를 돌아보지 못한다면, 감정적으로 당신이 얼마나 강한지 시험에 들만큼 커다란 도전에 직면하기 전까지는 열정과 재능으로 계속해서 성공해 나갈 수는 있을 것이다. 그리고 커리어에서 앞으로 나아갈 수 있을 것이다. 위기가 닥치기 전까지는 말이다.

에릭 어시아가는 샌디에이고에 위치한 영양제 회사에서 제품 매니저로 이직하면서, 자신이 원래 많은 관심을 가지고 있었던 영양제 시장에서 영향력 있는 사람이 되고 싶어 했다. 에릭은 일에서나 일을 뺀 나머지 생활에서나 건강한 마음과 육체, 정신을 유지하는 것을 매우 중요하게 생각했다. 전 직장은 소규모의 영양제 및 피트니스 회사였는데 회사 분위기가 활기차면서도 긍정적인 곳이었다. 전 직장 동료들은 에릭의 근무 태도와 에너지 덕분에 자신들이 매일 출근할 맛이 난다고 말해 주었다. 에릭은 전 직장에서는 주목 받는 직원이었고, 그 자신도 전 직장에서 즐겁게 일했지만 훨씬 큰 회사에서 더 큰 역할을 맡을 기회를 놓치기는 너무 아까웠다. 다니던 직장에서도 전성기는 오겠지만, 기왕이면 더 큰물로 나아가고 싶었다.

그래서 새 회사에 출근한 지 2주 만에, 새 직장 동료가 그가 없는 자리에서 험담을 한다는 사실을 알게 되자 에릭은 충격을 받지 않을 수 없었다.

"그 사람은 우리 제품을 개선하는 데 필요한 교육이나 연구 자격이 없는걸." 커뮤니케이션 매니저인 멀린이 비웃었다. 에릭이 신제품을 도입하거나 기존 제품 프로모션에 대한 아이디어를 내놓을 때마다 멀린은 사사건건 시비를 걸었다. 그리고 에릭이 무역 박람회 부스 행사 예산을 초과하자 멀린은 오로지 에릭의 상사에게 이 사실을 알리기 위한 목적으로, 여러 차례의 회의에서 예산 문제를 거론했다.

에릭은 처음에는 정공법을 택했다. 비난을 듣는 것은 기분 나빴지만 직접 가서 말하기는 불편했기 때문이다. 긍정적이고 낙천적인 나비로서, 그는 몸을 낮추고 좋은 성과를 내는 데 집중했다. 하지만 멀린은 회사에 오래 근무했기 때문에 거의 모든 부서에 친구와 지인이 있었다. 시간이 지나자 그녀의 음해 작전이 효과를 나타내기 시작했다. 에릭의 눈에도 일부 사람들이 그에 대한 신뢰를 잃었다는 사실이 보였기 때문에 그는 멀린에게 이 문제에 대해 직접 얘기하기로 했다. 전형적인 나비들이 그러는 것처럼, 그는 지나치게 친절하고 착한 태도로 이야기를 꺼냈다.

"우리가 시작 단추를 잘못 채운 것 같은데, 새로 시작할 수 있을까요?" 그는 개인적으로 이야기를 좀 하자며 멀린에게 말했다.

멀린은 충격받은 것처럼 보였다. "무슨 얘기를 하시는지 모르겠군요." 에릭은 몇 가지 사례를 들었지만 그녀는 그의 말을 잘랐다. "지금 저한테 솔직하게 터놓고 대화를 하자는 거죠? 제가 당신에 대해 우려하는 점이 뭔지는 잘 알고 계실 거예요. 제가 그동안 그 점에 대해 분명하게 얘기를 했으니까요. 그리고 저는 제 의견을 다른 사람과 공유하는 게 적절하다고 판단될 때, 그렇게 한 것뿐이에요. 우리 회사는 누구나 의견이 있으면 자유롭게 주고받을 수 있는 문화를 가졌으니까요."

에릭은 어떻게 대꾸해야 할지 몰라 회의를 거기에서 끝내자고 말하면서, 그래도 다음에 멀린이 그의 뒤에서 험담을 하기 전에 다시 한 번 생각해 보기는 하겠지 하고 생각했다. 하지만 그의 예상과는 달리, 멀린은 바로 인사부로 찾아가 그를 고발했다. 그녀는 그의 의도를 고의적으로 왜곡해서 이야기한 뒤에 에릭이 그녀에게 분노를 표출해서 위협받는 기분을 느꼈다고 인사부에 전했다.

인사 담당 임원이 사무실로 에릭을 불러 해명할 기회를 주었을 때, 그는 충격을 받고 당황했으며(불행히도) 화가 났다. 분명 멀린은 거짓말을 하고 있었으며, 그는 그 사실에 너무 놀라 제대로 반박하지도 못했다. 그리고 몇 달간 비난과 거절을 당하면서 속에 쌓아 두었던 감정이 일시에 분노로 변해 폭발했다. "제 말 좀 들어 보세요! 그 여자는 남을 음해하고 거짓말을 하고 있어요! 그녀의 말은 사실이 아니에요! 대체 왜 그러는지는 모르겠지만, 그 여자는 제가 출근한 첫날부터 그러고 있어요!"

그의 과잉 반응이 좋게 보일 리가 없었다. 인사 담당 임원은 에릭이 멀린을 위협했다는 게 아마도 사실일 거라는 인상을 받고 말았다.

이 이야기가 해피 엔딩으로 끝났으면 좋았을 것이다. 에릭과 멀린이 생산적인 협력 관계를 맺을 수 있었다면 말이다. 하지만 에릭은 나비형 인간이었으므로 힘든 상황이나 사람을 피해 버렸다. 그는 일에 모든 정신을 집중하려고 했지만 매일 저조하고 화난 기분으로 출근할 수밖에 없었기 때문에 그마저 쉽지 않았다.

이후 6개월 동안 영양제 회사 내에서 에릭의 커리어는 서서히 하향세를 타게 되었다. 그가 예산을 집행할 때면 더 관리가 심해졌고, 그의 상사는 에릭이 낸 아이디어에 점점 의구심을 가진 나머지 "현재 하고 있는 일이나 잘하게. 지금은 새로운 아이디어를 굳이 낼 필요 없다네"라고 말했다. 업무 환경이 점점 더 어려워질수록 에릭의 감정도 곤두박질쳤다.

에릭은 이런 문제들에 생산적으로 대처할 수 있는 정서적 회복력이 부족했다. 이전에는 일하면서 이런 상황에 처한 적이 없었기 때문에, 이는 온전히 새로운 국면이었다. 그 상황에 머무르면서 거기서 더 성장을 하는 대신, 에릭은 다른 회사에 면접을 보러 다니기 시작했고 이직에 성공할 수 있었다. 커리어 관점에서 보면 큰 퇴보였지만 그는 유해 환경에서 벗어날 수 있게 되어 행복했다.

그러나 결론적으로, 에릭은 힘든 상황에 효과적으로 대처하는 방법에 대해 아무것도 배우지 못했다. 그는 부당한 일을 당했다고 여기고 있으며 이 사건은 전 직장에 대해 이야기할 때면 늘 꺼내는 소재이기도 하다. 나로 말할 것 같으면 지난 몇 년간 이 이야기를 몇 번이나 들었는데, 그때마다 멀린은 더 못되고, 더 영악하며, 더 강력해졌다.

전 직장에서 에릭이 교훈을 얻거나 상황을 호전시키기 위해 어떠한 일을 할 수 있었을까? 멀린이 걸어온 싸움에서 에릭이 승리할 수 있었을까? 글쎄, 코뿔소들은 회사에서 마주치는 까다로운 사람들을 다루는 자신들만의 방법이 있기 마련이다.

테플론 코뿔소들은 적을 가까이에 둔다

나비는 본능적으로 까다로운 사람들은 피하고 보기 때문에 적들이 술수를 부릴 여지를 더 많이 준다. 그러므로 코뿔소는 회의를 할 때는 책상 건너편이 아니라 적의 '가까이'에 앉는다. 코뿔소는 남들이 다 들을 수 있는 공개 석상에서 어려운 상대를 '칭찬'하기도 한다. 코뿔소들은 거짓말은 하지 않지만, 다음과 같은 말을 하기도 한다.

"이 분야에 경험이 많으시잖아요."

"이 일에 관심을 가져 주셔서 감사합니다."

무슨 뜻인지 눈치 챘으리라 믿는다. 너무 과하지만 않다면 다른 사람들은 당신이 적들에게 이런 말을 하는 걸 들으면서 당신이 그들에게 감사하고 있다고 생각할 것이다. 그런 상황에서 적들이 당신의 험담을 하면 그 사람들만 소심하고 치사해 보이게 된다.

또 이들이 공개적으로 비판을 해 온다면 솔직하게 피드백을 해 줘서 고맙다고 그들과 다른 사람들에게 말을 하라. 하지만 다른 사람들 앞에서 비판을 한 내용에 대해서 싸우지는 마라. 그 대신 "생각해 볼 만한 점을 지적해 주셔서 정말 감사드려요. 저도 다시 한 번 충분히 생각해 본 다음에 이야기하면 좋을 것 같아요" 같은 말을 하라.

테플론 코뿔소들은 다른 사람들 앞에서 까다로운 동료들에게 친절하게 대하고, 감사를 표현하며, 프로답게 대처한다. 사적으로 만날 때조차 테플론 코뿔소들은 극단적으로 까다로운 사람은 모든 것을 '사람으로 두는 체스 게임'으로 생각하고 있다는 사실을 늘 염두에 두고 있다. 그렇기 때문에 한 수 한 수 신중하게 두는 것이다.

에릭이 저지른 가장 큰 실수는 윈-윈을 이끌어 낼 수 있다고 믿었던 것인데, 그게 그의 천성이었다. 천성적으로 긍정적인 사람들은 회사에서 중상모략꾼에게 당하기 쉬운데, 한 명이 이기면 나머지 사람은 져야 한다는 생각을 이해하지 못하기 때문이다. 하지만 어떤 사람들은 당신을 무너뜨릴 기회를 차곡차곡 엿보고 있다는 사실을 알아야 한다.

그러니 적에게 가까이 다가가도록 하라. 그러나 그들이 뒤에서 꾸미고 있는 작당을 당신이 알고 있다는 티를 절대로 내서는 안 된다.

테플론 코뿔소들은 주의 깊게 친구를 만든다

코뿔소는 다른 사람들이 자기편이라고 절대로 믿지 않기 때문에 직장에서 불만을 이야기하지 않는다. 그리고 이 부분이 회사 내 포커 게임에서 가장 더러운 부분인데, 사람의 마음은 쉽게 변한다. 대부분의 사람들은 이기는 편에 서고 싶어 하기 때문에 당신의 적이 우세하게 보이면 대부분 사람들은 적의 편으로 쏠린다. 이것은 자연스러운 인간의 본성이므로 이 사실에 분노하거나 우울해할 필요는 없다. 우리는 모두 힘을 추구하도록 되어 있다.

당신이 스스로의 불만을 입 밖에 꺼내지 않더라도 다른 사람이 불만을 가지고 있다는 조짐을 눈치챌 수는 있다. 무임승차자가 본인이 거의 기여하지 않은 프로젝트의 공을 가로채 갈 때 다른 사람들의 눈동자가 미묘하게 움직이는 모습을 관찰하라. 아니면 다른 사람들이 무임승차자에게 짜증을 내는 다른 표시를 포착할 수도 있다. 당신은 이런 사람들에게 다가가서 그들과 한편을 맺을 수 있다. 그리고 이들이 불만을 공개적으로 털어놓을 때, 주의 깊게 듣기는 하되 동참하지는 마라. 아까도 말했듯 이는 체스 게임이다.

말을 뱉어 내는 대신 혀를 깨물고 깊은 숨을 들이쉬어라. 상사와 이야기할 때도 마찬가지이다. 당신의 상사나 대부분의 회사 임원들은 직원들이 성과를 내고 있다는 사실만을 중요시한다. 당신이 동료와 성격적으로 불화를 겪고 있다는 사실은 그들의 관심사가 아니다. 그들은 불평하고 징징거리는 사람보다는 어려운 사람들과도 잘 일할 수 있는 사람을 훨씬 좋아한다.

테플론 코뿔소들은 유머와 대인 관계 기술을 활용한다

남을 괴롭히는 사람들은 다른 사람의 두려움과 좌절감을 먹이로 삼는다. 그들에게 **그 어떤 먹이도 주지 마라.** 동료들의 험담으로 하루를 망치지 마라. 나쁜 놈들 때문에 좌절하지도 마라. 사실, 당신은 그들이 당신을 어찌할 수 없다는 사실을 자랑스럽게 여겨야 한다. 오히려 당신은 다른 사람들에게 성격 파탄자들과 당신이 얼마나 다른지 똑똑히 보여 주어야 한다.

어떤 사람이 당신에게 다른 동료가 당신을 험담하더라고 말을 전한다면, 어깨를 한 번 으쓱한 후 웃으면서 "다음부터는 그분이 저한테 직접 이런 말을 하기 편하시도록 그 사람과 시간을 좀 더 보내야겠네요. 그러면 좀 더 생산적으로 대화할 수 있겠죠"라고 말하라.

만약 누군가 당신을 공개적으로, 예를 들어서 회의에서 비난한다면 당신은 웃으면서 "빙빙 돌려 말하지 마시고 **진짜** 하고 싶은 얘기를 하세요"라고 비꼬아 줄 수 있다.

합리적인 vs. 비합리적인 불편함

당신이 어떤 상황을 객관적으로 이해하고 있기 때문에 두려움이나 불편함 또는 불확실성을 느끼고 있다면, 당신이 느끼는 불편함은 합리적인 것이다. 가령 당신이 많은 사람 앞에서 말을 해 본 경험이 없다면, 처음 몇 번은 불편할 수밖에 없다. 당신이 창의적인 아이디어를 상사에게 이야기하지만 매번 그들이 묵살한다면, 새로운 아이디어가 떠오를 때마다 거절당할 거라 예상하고 두려워하게 될 것이다. 이 또한 합리적인 반응이다.

당신이 만약 고위급 임원과 한 번도 이야기를 해 본 적 없는데 비행기에서 옆자리에 앉게 되었다면, 자연스럽게 당신은 약간 불안정한 기분을 느낄 것이다.

합리적인 불편함은 모두 한 가지 이유에서 기인한다. 지식이나 경험, 준비가 부족하기 때문이다. 사실 이런 상황에서 당신이 거절을 당하는 데 불안함이나 불편함을 가지고 있지 않다면 잘못된 일이 일어날 수도 있다. 당신은 경험이 부족하고 준비되지 않았으므로 무슨 일을 하거나 예상해야 할 지 알지 못한다.

합리적인 불안감이나 불편은 종종 순기능을 하기도 한다. 자기 자신의 능력을 너무 과신한 나머지 미리 준비하거나 연습할 필요성을 못 느꼈던 사람을 본 적이 있는가? 거절이나 실패에 대해 합리적인 두려움조차 못 느끼는 사람을 살면서 누구나 몇 명은 만나 보았을 것이다. 대체로 이런 사람들은 전형적인 테플론 코뿔소 타입이다. 그리고 이런 사람들은 대부분의 경우에는 꽤 잘하는 편이지만, 결국 자신감 과잉으로 인하여 비참하게 실패해 불우한 결과를 맞고 만다.

> 66 극단적인 테플론 코뿔소는
> 자신감 과잉 때문에 충분히 대비하지 못하게 될 수도 있다. 99

그러므로 거절을 당할 수 있다는 사실에 대한 합리적인 불편함이나 불확실성, 또는 두려움은 마치 기상 알람처럼 당신에게 더 많은 정보와 준비, 경험이 필요하다는 경고를 해 주기 때문에 매우 좋은 것이다. 당신이 충분한 정보나 준비, 경험을 갖추게 되면 합리적인 두려움은 사라진다.

하지만 거절에 대한 두려움이 언제나 합리적인 것은 아니다. 때로는 상황을 객관적으로 이해하지 못하는 상황에서 두려움을 느낄 수 있는데 지식이나 경험, 기술 수준이 향상된다고 하더라도 비합리적인 두려움은 가시지 않는다. 비합리적인 불편함은 여러 가지 형태로 나타날 수 있다. 어떤 영업직원들은 고객을 설득할 수 없는 대답이나 소비자가 이의를 제기했을 때 적절히 대처할 수 없는 제안을 연습하면서 수많은 시간을 보낸다. 어떤 사람들은 공감대를 형성하기 위해 회사에서 다른 사람과 유대 관계를 맺는 데 열심히 노력하고 실제로도 좋은 관계를 맺기는 하지만, 그러면서도 속으로는 다른 사람들이 자신에 대해 나쁜 평가를 내릴 것이라는 두려움에서 벗어나지 못한다.

그 기저를 살펴보면, 다른 사람이 자신을 좋아하지 않을 것이라는 생각에서 비롯된 비합리적인 두려움이다. 다른 사람이 자신을 좋아하기를 바라는 것이 나쁘지는 않지만 다른 사람에게 사랑받고 싶다는 강박이 극단적인 수준에 이르면 업무 능력에 악영향을 미친다. 당신은 지나치게 친절하게 사람들에게 다가갈 수도 있고, 다른 사람의 요구를 너무 많이 들어줄지도 모른다. 다른 사람들이 당신을 좋아할 수도 있지만, 당신을 존경할 가능성은 줄어든다.

비합리적인 두려움이 늘 이렇게 직접적이거나 눈에 띄게 나타나지는 않는다. 거절을 당할지도 모른다는 두려움은 때로 우유부단함이나 꾸물거리는 버릇으로 나타나기도 한다. 게으름이나 권태로움, 부정적인 사고 또한 거절을 당하거나 비난받을지도 모른다는 비합리적인 두려움의 다른 모습일 수 있다.

이를 방치한 채 시간이 흐르면 비합리적인 두려움은 자포자기나 실패에 대한 과잉 반응, 스스로 또는 다른 사람에 대한 태업, 약속을 지키지 않음, 다른 사람을 기쁘게 하기 위해 과잉 행동, 자기 자신답지 않은 행동으로 발전할 수 있다.

대부분의 사람들은 직장 생활을 하면서 합리적인, 그리고 비합리적인 두려움에 맞닥뜨린다. 비합리적인 두려움에 대처하는 유일한 정답은, 그냥 그 두려움을 무시하고 앞으로 나아가는 것일 때가 많다. 만약 당신이 커리어 계발에서 머뭇거리는 게 얼마나 큰 비용인지를 스스로 깨닫는다면, 이러한 두려움을 극복하는 데 도움이 될 것이다. 그리고 비합리적인 두려움을 극복한 경험이 쌓일수록 경력 계발 과정에서 불거질 다른 종류의 비합리적인 두려움을 극복하기도 더 쉬워질 것이다.

뉴욕과 샌프란시스코, 애틀랜타에 지부를 둔 디자인 에이전시

회사인 레드레더에서 기획 총괄 관리자로 일하는 데브라 에이다모는 그 좋은 예이다. 그녀의 커리어는 매우 이례적인 예로, 그녀가 만약 자신의 합리적·비합리적 두려움에 잘 대응하지 못했다면 그녀의 경력은 시카고 교외의 미술 강사에서 끝났을 것이다.

데브라가 걸어온 커리어를 듣고 있노라면 실망과 불확실성, 거절에 대처하는 능력이 결정적인 성공 비결이었음을 확실히 알 수 있다. "저는 예술가로서 화가가 되고 싶었고 고등학교와 대학 때 주위 사람들은 저에게 늘 재능이 있다고 칭찬을 아끼지 않았죠. 저는 예술 학교를 무척 좋아했는데, 그때가 제 인생의 황금기였어요." 그녀는 말했다. "그래서 첫 전시회에서 제 작품 대부분이 팔리지 않았을 때 저는 마음의 준비가 전혀 되어 있지 않았어요. 참담한 기분을 느꼈고, 그때부터 하향 곡선을 걷기 시작했죠."

데브라는 대학을 졸업한 후 2년간 그림을 그려서 생계를 꾸리려고 애썼다. 이는 경제적으로도 힘든 시기였지만, 돈이 없다는 사실 자체가 문제는 아니었다. "그림이 안 팔리자 저 자체가 거부당하는 것처럼 느껴졌어요." 그녀는 말했다. 결국 데브라는 가난해야 한다면, 적어도 자기가 매일 기분이 좋은 일을 하면서 가난해지자고 결심했다. 그래서 그녀는 지방 대학에 미술 강사로 취직했다. 그녀는 부업으로 자신의 예술을 계속해 나갈 계획이었지만 점차 그렇게 되지 않았다. "다른 사람들이 제 작품을 좋아하지 않을지도 모른다는 두려움을 안고 그림을 계속 그리는 게 점점 더 어려워지더라고요." 그녀가 말했다.

미술 강사로 일한 지 5년이 지나 30대 초반이 되자 데브라는 자신의 인생, 특히 경제적인 부분에서 부족함을 느끼기 시작했다. 어느 모로 보나 가난하다고 말할 수는 없었지만 그녀는 더 많은 선택지와 기회, 자유가 있는 삶을 살고 싶었다. 돈이 많으면 모두 얻을 수 있는 것이었다. "미술 수업을 듣는 학생들이 제게 자신의 목표와 꿈에 대해 이야기할 때면, 제가 부정적이고 시니컬하게 대답을 하고 있다는 사실을 깨달았어요. 제 꿈이 부서졌듯이 학생들의 꿈 또한 부서져야 한다고 생각하는 것처럼요." 자신의 불행함이 학생에게까지 영향력을 미친다는 사실을 깨닫자, 데브라는 무언가 새로운 것을 시도할 때가 되었다고 생각했다. "하지만 제가 쉽게 접근할 수 있는 직업들은 다 평균적인 연봉 수준밖에 안 됐어요. 그리고 경제적으로 가능성이 커 보이는 일들은 모두 불편하고 무섭게 느껴졌죠."

데브라는 이 퍼즐을 풀기 위해 거의 1년을 통째로 투자했다. 쉬워 보이는 길이 편치만은 않았고, 그녀가 찾는 것들은 모두 불확실하고 무서워 보이는 길에 있는 것 같았다.

"나중에는 아무것도 하지 않는 고통이 저를 잡고 있던 두려움과 불확실성보다 더 커졌어요." 그녀가 말했다. "저의 두려움은 대부분 다른 사람들이 절 어떻게 생각할까 하는 부분이었어요. 지금도 그런 두려움이 전혀 없다고 솔직하게 말할 순 없지만, 그래도 조금씩 그런 두려움에 직면하는 법을 배웠어요."

데브라는 광고 에이전시에 영업직으로 지원했다. 면접 과정은 힘들었고, 그녀는 준비가 되어 있지 않았으며, 면접관들은 데브라가 정말 그 일을 원하는지 잘 모르겠다고 대답했다. 그리고 그녀는 면접에 통과하지 못했다.

하지만 데브라는 굴하지 않고 다른 광고 회사의 영업직에 계속 지원했다. 지원이 거듭될수록 그녀의 면접도 나아졌고, 결국 일을 얻어 냈다. "그때 다시 두려움이 찾아왔어요." 그녀는 말했다. 영업직으로 보낸 첫 6개월은 이루 말할 수 없이 불편했다. 회사에서는 잠재 고객에게 전화를 걸도록 시켰고 데브라는 매일, 실은 매시간마다 거절을 당해야 했다. "세상에, 정말 너무 싫었어요." 그녀는 말했다. "마치 전혀 모르는 사람에게 전화를 걸어서 데이트 신청을 한 다음, 번번이 차이는 듯한 느낌이었죠." 그리고 약속을 잡는데 성공하고 나서도 고객과 직접 만나는 미팅이 그리 편하지는 않았다.

그러던 어느 날, 그녀는 새 고객을 유치하는 데 성공했다. "하늘에 긴 구름이 양옆으로 갈라지고, 제게 햇살 한 줄기가 쏟아지는 거예요. 인생이 아름다워 보였어요." 그녀는 말했다. "하지만 콜드 콜링(현재 고객이 아닌 사람에게 무작위로 전화를 걸어 판매 권유를 하는 일 — 옮긴이)은 여전히 끔찍했어요." 신규 고객 모집 일을 2년간 하고 난 후, 데브라는 고객을 관리하는 업무로 승급하고 싶었다. 하지만 고객 관리직은 거의 빈자리가 나지 않을뿐더러 자리가 났다 하면 경쟁이 매우 치열했다. 다른 회사의 고객 관리직에 지원을 해 볼 수 있긴 했지만 자신이 없기는 매한가지였다.

그녀가 다니던 회사에 자리가 나자, 그녀는 상사에게 내심을 은근히 비추고는 자신을 그 직무에 추천해 주기를 바랐다. 하지만 데브라는 실제로 지원을 하지도 않았고, 그녀의 상사도 그녀의 마음을 알아채지 못했다. 그래서 1년이 더 지나고 다시 고객 관리직을 모집했을 때, 데브라는 지원을 하고 그 직급에 합격했다. "제가 더 용감했으면 1~2년은 그 기간을 더 당길 수 있었겠죠." 데브라는 말했다.

고객 관리직이라는 새로운 직무에 그녀는 신이 났고, 더 이상 콜드 콜링을 하지 않아도 된다는 사실에 특히 기뻤다. 하지만 곧 관리직도 영업직 이상으로 거절과 실망을 경험할 기회가 많다는 사실을 깨달았다. 기존 고객들도 다른 회사에 프로젝트를 맡기게 마련이고, 그러면 모두가 그 사실을 알게 되기 때문이었다. "처음에 전화를 걸었을 때 상대가 끊어버린다거나, 신규 고객을 유치하지 못하는 일은 늘 힘들어요. 하지만 제가 관리하는 고객이 다른 회사에 큰 프로젝트를 맡기겠다고 말할 때의 실망감에 비할 바가 아니었어요." 그녀가 생각한 것보다 관리직의 압박감은 훨씬 컸지만 데브라는 잘해 냈고, 자신의 고객들이 때로 실망감을 주더라도 극복하는 방법을 배웠다.

또 몇 년이 지나자 데브라는 자신이 진정으로 바라는 일은 회사 내에서 창의적인 직무로 옮기는 것이라는 사실을 깨달았다. 그간 그녀는 회사에 대해서 많은 것들을 배웠고, 자신이 가지고 있는 창의성이 회사와 잘 맞을 것이라는 생각도 들었다. 또 그녀는 (나중에는 잘못된 생각이라는 걸 알게 되었지만) 창의적인 포지션은 매일매일 고객의 기분을 맞추지 않아도 되므로 스트레스가 덜할 것이라고 생각했다. 새로운 아이디어를 생산하는 팀에 들어가서 고객에게 아이디어를 세일즈하는 일은 그녀에게 꼭 맞고, 재밌고, 창의적인 일처럼 들린데다가 보수도 매우 좋았다. 하지만 그녀가 다니던 회사의 제작 부서는 고객 관리팀보다 들어가기가 훨씬 더 어려웠다. 그래서 자리가 나는 데 1년 이상 기다리는 대신, 데브라는 다른 회사에 지원을 하기 시작했다.

"정말 인정사정없는 과정이었죠." 그녀는 말했다. "면접이 얼마나 힘들지 아무 생각이 없었거든요. 회사에서는 톡톡 튀는 아이디어를 생각해 내서 실행하고, 실제로 고객들에게 아이디어를 팔 수 있는 사람을 원하고 있었어요." 다행히도 데브라는 레드레더의 면접을 보기 전에 여러 차례 다른 회사의 면접을 볼 기회가 있었다. "저는 제 세일즈 멘트를 다듬을 기회가 많았고, 제 아이디어를 단순히 말하는 게 아니라 적극적으로 홍보하는 데 익숙해질 수 있었어요."

레드레더는 그녀를 제작팀 직원으로 채용했고, 성인이 된 이후 처음으로 데브라는 자신에게 맞는 일을 하고 있다는 느낌을 받았다. 8년이 지난 뒤 회사가 애틀랜타 시장으로 진출을 시도하던 시점에서, 그녀는 예상치 못하게 책임자 직책에 지원해 보지 않겠냐는 권유를 받았다. "처음에는 싫다고 했어요. 제게 적합하지 않다고 생각했거든요." 그녀는 말했다. "하지만 나중에는 제가 두려움 때문에 도전하지 않고 있다는 사실을 깨달았어요. 신규 지역 진출에 성공하지 못할까 봐, 그게 내 잘못 때문일까 봐, 지금은 날 좋게 봐주는 사람도 나중에는 나를 실패자라고 생각할까 봐요." 데브라는 다시 한 번 불편함 속으로 뛰어들겠다고 결심했다. 애틀랜타 시장에서의 첫 몇 년은 힘들었고 실패나 힘든 상황도 많았다. 하지만 마침내 레드레더는 신규 시장에 뿌리를 내렸고, 회사는 이제 토론토로 확장을 하려고 계획 중이다.

자신의 커리어를 반추해 볼 때마다, 데브라는 매번 하나의 큰 교훈을 깨닫곤 한다. "저는 커리어에서 중요한 시점마다 결국 제가 '불편 지역' 속으로 뛰어들었다는 것을 감사하게 생각해요. 더 빨리 그렇게 했으면 좋았겠지만요."

그렇다면 우리가 합리적이거나 또는 비합리적 두려움을 겪고 있는 게 아닌지, 또 우리가 어떻게 해야 할 지 알 수 있는 방법은 무엇일까? 스스로 겪고 있는 두려움을 인식하고 그 뿌리에는 어떤 원인이 있는지 이해할 때까지 깊이 생각을 했기에 데브라는 아주 좋은 예라고 하겠다.

당신이 불편한 감정을 느끼거나 일에서 어떤 기회가 왔지만 왠지 제대로 된 결정 같지 않다고 느껴진다면, 자신이 불편함을 느끼고 있는 진정한 이유를 찾아내려고 해 보자. 스스로를 불편하게 만드는 진짜 이유는 무엇인가? 통제력을 상실할지도 모른다는 것? 무능해 보일지도 모른다는 것? 비웃음 당할지도 모른다는 것? 알지 못하는 것에 대한 두려움인가? 마침내 당신도 결국 **그렇고 그런** 보통 사람이라는 사실을 알게 될까 봐서인가? 당신이 느끼는 두려움의 근원에 있는 **진짜** 이유는 무엇인가?

데브라가 꼼짝달싹 못하는 상태라고 느꼈을 때, 그녀는 앞으로 나아가게 해 줄 긍정적인 동기 유발 원인을 찾아냈다. 당신에게는 어떤 목표나 목적이 공포를 헤치고 앞으로 나아가도록 동기를 부여하는가? 구체적인 경제적 목표? 개인적인 성장 및 발전? 감정적인 제약 없이 살며 일하는 기쁨? 당신이 무엇을 성취할 수 있는지 스스로를 시험해 보고자 하는 열망? 당신도 비합리적인 두려움을 뚫고 앞으로 나아갈 강력한 힘을 주는 목적을 찾아낼 수 있을 것이다.

그리고 긍정적인 동기와 함께, 데브라는 부정적인 동기도 함께 이용했다. 그녀는 변화를 **거부하는** 고통과 궁극적으로 그 고통이 인생에 무슨 의미를 지니는지에 집중했다. 실제로 데브라에게 가장 큰 영향력을 행사했던 것은 부정적인 동기일 것이며, 나머지 사람들에게도 마찬가지일 것이다. 긍정적인 결과를 위해 행동하는 만큼이나, 혹은 그보다 더 자주 우리는 부정적인 결과를 회피하기 위해 행동한다.

늘 사랑 받을 수는 없다

거절당할 것이라고 두려워하든 그렇지 않든 간에, 당신은 때때로 거절을 경험하게 된다. 당신의 생각이나 외모가 마음에 들지 않거나, 당신의 기여에 감사하지 않거나, 그냥 당신을 싫어하는 사람은 언제나 있을 수 있다. 인생이 늘 공정할 거라고 누구도 장담할 수 없다. 커리어도 마찬가지이다. 사실 그 반대쪽이 좀 더 옳을 것이다. 때로는 착한 사람들에게 나쁜 일이 일어나고, 나쁜 사람들에게 좋은 일이 일어난다. 그러므로 당신이 거절당하게 되면 다음과 같은 사실을 기억하라.

- 테플론 코뿔소들은 화를 내거나 좌절하지 않는다.

- 테플론 코뿔소들은 지난 일에 집착하지 않는다.

- 테플론 코뿔소들은 그저 웃어넘긴다(실제로 코뿔소들은 웃는다. 나는 야생 코뿔소가 웃는 모습을 목격한 적이 있다).

- 테플론 코뿔소들은 **교훈**을 배운다.

당신은 데브라와 같이 삶의 환경이 직업적인 성공을 결정하도록 내버려 두지 않는 사람들로부터 배울 필요가 있다. 그들은 될 때까지 밀어붙이고 인생의 환경에 대한 스스로의 감정적인 반응을 통제해 성공을 **이루어 낸다.**

이 장에서도 생각해 볼 거리는 많으므로, 다음 장으로 나아가기 전에 몇 분 정도만 투자해 다음의 질문에 대한 답을 생각해 보라.

생각해 보자

다음의 연속선 상에서 당신은 어느 정도 위치에 있는가?

- 당신의 성격은 커리어 계발에 적합한가?
- 당신의 성향은 어떤 측면에서 당신의 커리어를 돕거나 방해해 왔는가?
- 당신은 어느 쪽으로든 되고자 하는 성격이 있는가?

실천해 보자

만약 당신이 스스로 극단적인 테플론 코뿔소나 벨크로 나비이고, 성격을 고치면 커리어에 더 좋을 거라고 생각한다면 다음에 열거된 과정을 따르라.

미리 경고하는데, 성격의 근본적인 바탕을 실제로 바꾸는 데는 어려움이 따르기 때문에 다음의 행동 수칙은 처음에는 **매우** 불편하게 느껴질 것이다.

당신이 가진 극단적인 성향 때문에 무엇을 잃거나 얻지 못했는지 리스트를 작성하라. 대부분의 사람들은 커리어 상에서 특히 결과 지향적이며, 중요한 변화를 가져오기 위해서는 실질적인 이유가 필요하므로 이 과정은 중요하다. 그러므로 잃거나 얻지 못한 사항을 적어도 세 개 이상 작성해라. 다섯 개 이상이면 더욱 좋다.

당신의 극단적인 성향의 가장 기저에 깔려 있는 원인이 무엇인지 생각해 보라. 어린 시절의 경험이 그러한 극단적인 특성들의 원인인가? 예전에는 이러한 사실에 대해 깊이 생각해 보지 않았을지도 모르지만, 우리의 극단적인 행동 성향은 종종 아주 어린 시절의 경험에서 기인한 결과이다. 어린 시절에는 도움이 되었던 행동을 반복·재생하는 행동 기제가 성인이 된 현재에는 방해가 되고 있을지도 모른다.

당신이 다른 사람들과 함께 일을 하고 있을 때 그들이 어떤 사람들인지, 어떻게 행동하는지, 어떻게 말을 하는지, 가치와 신념을 어떻게 표출하는지에 대해, 특히 당신의 극단적인 성향을 자극하는 상대의 모든 성격이나 행동에 대해 자신이 어떻게 반응하는지 관찰하라. 당신이 코뿔소라면 당신은 어떤 종류의 사람 앞에서 스스로를 닫고 피부를 더 두껍게 만드는가? 당신이 나비라면 어떤 사람이 당신의 불안과 분노를 자극하는가? 깊이 생각하고 스스로에게 정직하게 대답하라. 다른 사람들이 당신에 대해 어떻게 말할 때 기분이 나쁜가?

당신이 변하겠다고 굳게 다짐하였다면, 당신이 다른 사람에게 보이는 가장 격한 반응에 대해 일기를 써라. 그 사람들이 당신을 자극했던 생각과 느낌에 대해 조용히 글을 쓰고 생각하는 시간을 가져라. 이는 자기 자신을 평가하려는 것이 아니라 당신이 보인 반응을 스스로 관찰하고 기록하는 과정이다.

스스로와의 대화를 가질 때 어떤 말들이 오고 가는가? 당신은 스스로에 대해 어떻게 생각하는가? 당신은 자기 자신의 편을 들어주는가, 그렇지 않으면 비판하는가? 당신은 내적인 비판자와 내적인 희생양을 구분할 수 있는가? 이러한 자아 성찰 또한 일기에 담도록 하라. 판단을 내릴 필요도, 과장할 필요도 없이 스스로의 일상적인 사고 과정을 그저 따라가도록 하자.

다른 사람의 행동에 대한 당신의 내적인 사고 과정이나 감정적 반응에 주의를 기울인다면, 그것만으로도 자연스럽게 더 적게 반응하고 더 많이 감응하게 될 것이다.

코뿔소들은 종종 본능적으로 외부와 스스로를 차단하거나 두꺼운 피부 뒤에 스스로를 보호하는 식으로 반응을 한다.

나비들은 종종 본능적으로 (다른 사람에게 직접 말하지는 못하고 속으로만) 분노, 좌절감 또는 불안감을 폭발시킨다.

즉각적으로 반응을 보이는 대신 감응을 하게 되면, 예전에는 폭발을 하거나 본능적인 반응을 보였을 법한 상황에서 더 사려 깊고 신중한 대응을 할 수 있어진다.

이 과정을 진행할수록 당신은 자기 자신, 그리고 다른 사람과 더 깊은 유대 관계를 맺을 수 있다는 사실을 발견하게 된다. 당신이 코뿔소이든 나비든 간에 당신의 극단적인 성향 때문에 다른 사람과 자신 사이에 불필요한 보호막을 세우고 있었다는 사실을 깨닫게 된다. 만약 당신이 극단적인 코뿔소라면 절대로 완전히 나비는 될 수 없겠지만 날개를 가진 테플론 코뿔소로 진화하는 일은 가능하다. 아니면 뿔 달린 나비라든가.

스스로의 행동 성향에 대해 숙고하는 시간을 가진 후에는 당신이 극단적인 반응을 보이게 되는 직장 동료를 한 명 생각해 보라. 이 사람과 지내면서 당신이 본능적으로 보이는 반응을 고치려고 노력하라. 그냥 직장 동료로서가 아니라 사람이라는 존재 자체로서 그 사람들을 더 주의 깊게 관찰하고, 더 적극적으로 경청하고, 더 나은 질문을 하고, 더 많은 관심을 보여라. 이는 매우 불편하거나 당신의 본능을 거스르는 일처럼 느껴질 수도 있기 때문에 한 번에 여러 사람을 하기는 벅찰 것이다. 처음에는 한 명에 집중해서 시작해 보자.

【장기 사고(思考) 및 행동 포인트】

♠ 어떤 커리어를 가지든 일정 수준의 거절은 불가피하다는 사실을 받아들여라.

♠ 당신의 커리어가 발전해 나갈수록, 거절을 당할 기회도 많아진다.

♠ 성공을 하고 싶거든 극도로 적극적이고 열정적이어야 하며, 자신의 안전지대 바깥으로 스스로를 밀어내야 한다.

♠ 당신이 적극적이고 열정적일수록 당신은 안전지대 너머까지 나갈 것이며, 더 많은 거절과 불확실성과 두려움을 경험하게 될 것이다.

♠ 스스로의 감정적인 반응에 주의를 기울이고 극단적인 감정을 느끼게 될 때면 이를 인지하라.

♠ 합리적인 두려움을 경험할 때의 해결책은 지식과 준비이다. 그리고 지식을 얻기 위해서는 그냥 경험해 보는 수밖에 없을 때도 있다.

♠ 당신이 느끼는 불편함 중 일부는 불합리한 것이며, 이때에는 불편한 상황을 타개해 나가도록 스스로를 채찍질해야 할 수도 있다.

_6장

쇼를
즐겨라

온 세상은 무대이고, 모든 회사는 극장이라네.
– 윌리엄 셰익스피어*

홍보를 하지 않는다면 끔찍한 일이 일어나지⋯⋯.
바로 아무것도 일어나지 않는 거야!
– P.T. 바넘**

---

*원문은 "온 세상은 무대이고, 모든 남자와 여자는 배우라네" - 옮긴이
**미국의 흥행사이자 서커스 왕 - 옮긴이

래니 매터슨은 이제까지 내가 함께 일해 본 이들 중에서 가장 똑똑한 사람이었다. 오래 전 그녀는 우리 회사의 기술 시스템 애널리스트였고, 나는 재직 당시에 래니를 기술 프로젝트 매니저로 승진시켜 주었다. 내가 회사를 떠난 후 그녀와 연락을 하고 지내지는 않았지만, 나는 그토록 똑똑하고 열심히 일하며 유능한 그녀라면 훌륭한 커리어를 일구었을 거라고 생각해 왔다.

　작년에 내가 일하던 회사에서 애널리스트와 프로젝트 매니저로 이루어진 팀을 이끌어 갈 기술 시스템 책임자를 뽑고자 했을 때, 나는 그녀가 그 업무에 매우 적합한 인재라고 생각해서 그녀에게 연락을 했다. 우리가 마지막으로 이야기를 나눈 지 거의 10년 가까운 시간이 흘렀기 때문에 나는 그녀가 기술직에서 책임자 자리에 올랐을 거라고 생각했다. 하지만 실제로 보니 그녀는 우리가 마지막에서 만났을 때 있었던 자리에서 별로 승진을 하지 못하고 있었다. 우리 회사에서 채용하려고 했던 자리가 그녀에게는 큰 기회였기 때문에 나는 운이 좋다고 생각했다. 내가 채용을 혼자 결정할 수 있는 것은 아니었지만, 최종 결정에 강한 영향력을 행사할 수 있는 권한이 있었다.

그래서 나는 먼저 래니에게 전화를 걸어 흥미가 있는지 알아보았다. 그녀는 커리어에서 위로 올라갈 수 있는 기회를 잡는 데 큰 열의를 보였다. 심지어 그녀는 몇 년간 얼마나 정체되어 있다고 느꼈는지 스스로 말하기조차 했다. 그래서 나는 그녀의 이력서를 우리 회사 인사부에 제출했고 각 단계마다 면접 스케줄을 잡으라고 요청했다. 두 주쯤 뒤에 나는 우선 래니를 내 사무실에서 만났다. 다른 인터뷰를 진행하기 전에 그녀를 미리 만나니 매우 좋았다. 분명 그녀는 내가 알고 있던 유능한 그 사람이었다. 면접 과정이 끝나자 면접관들은 래니와 다른 세 명의 지원자들을 인터뷰한 내용을 공유하기 위해 다 같이 모였다.

나는 스스로가 매우 객관적이라고 생각했다. 래니는 분명 다른 사람들보다 더 능력 있고 적합한 지원자였다. 하지만 다른 면접관은 아무도 나의 의견에 동의하지 않았다. 그들은 좋은 인상을 주었던 다른 지원자를 염두에 두고 있었다. 나는 래니가 더 똑똑하고, 더 능력 있으며, 우리가 필요로 하는 바에 더 적합하다는 사실을 알고 있었다. 그래서 다른 면접관들이 관찰한 결과나 그들이 예상하는 래니의 결점을 듣고 실망하고 말았다.

"어떤 업무를 해 왔는지 예를 들어 달라고 했는데 래니는 예를 많이 들지 못하더군요." 면접관 한 명이 말했다.

"흠, 제가 좋은 예를 몇 개 말씀드릴 수 있는데요." 내가 대답했다.

"그녀가 나쁘지는 않았지만 다른 지원자는 더 정확하고 구체적인 답을 한데다, 우리 회사에 대해 공부를 많이 하고 왔더군요. 제 느낌에 래니는 그냥 와 본 것 같던데요."

"음, 그건 저 때문인 것 같네요." 내가 말했다. "제가 그냥 오기만 하면 된다고 얘길 해 놔서, 래니는 조사를 해 와야 된다는 생각을 못했을 수도 있어요."

"다른 지원자는 좋은 질문을 하고, 메모를 하고, 옷까지 깔끔하게 차려입고 왔어요. 그에 비해 래니는 점심시간에 잠깐 들른 듯한 인상이었고, 회사로 빨리 돌아가고 싶어서 안달하던걸요. 그리고 태도라든지 복장도 상당히 캐주얼했어요."

"음, 그녀는 일하는 사람이지 겉모습에 신경 쓰는 사람이 아니라서 그래요. 저는 래니와 일을 해 본 적이 있고 그녀가 얼마나 일을 잘하는지 안다고요."

"물론 우리가 필요로 하는 기술적인 지식을 그녀가 가지고는 있겠지만, 우리 회사에 잘 맞는 성격인지는 모르겠어요."

"제 말을 믿으셔도 돼요. 실제로 일하는 걸 보신다면……."

갑자기 나는 말을 멈추었다. 나는 면접관들에게 래니를 세일즈하고 있었고, 그에 앞서 그녀가 자기 자신을 세일즈하는 데 실패했다는 사실을 깨달았다. 나는 그녀에 대해서 잘 알고 있었고, 우리가 함께 일할 때 그녀가 자기 자신을 드러내는 법 없이 묵묵히 일해 왔다는 사실을 높이 평가했다. 래니는 고개를 숙이고 자기가 해야 할 일을 하는 데 집중했으며, 이는 나와 나의 필요에 꼭 맞는 일이었다. 하지만 그때 생각해 보니 그것이 그녀 자신에게는 좋은 일이 아니었다.

그리고 그 사실을 깨닫고 나니, 왜 래니의 커리어가 내가 생각한대로 높게 또는 빠르게 올라가지 못했는지 이해가 되었다. 그녀가 얼마나 대단한 능력을 가지고 있는지 알 때까지 세심하게 관심을 기울여서 시간을 투자해 줄 사람이 얼마나 있겠는가. 보통은 나조차 그러지 않는다. 오래 전 우리가 함께 일했던 첫 프로젝트가 아니었다면 나는 그녀의 전문성을 알지 못했을 것이다. 래니에게는 자신을 남들에게 돋보이게 하기 위한 능력(과 관심)이 거의 없었기 때문에 대부분의 사람들은 그녀가 얼마나 값진지 알아볼 수가 없었다. 이게 공정한 것은 아니지만, 실제로 세상은 그렇게 돌아간다.

아마 특별히 노력을 기울이는 분야에서는 당신에게도 뛰어난 능력이 있을 것이다. 만일 그렇지 않다면 그 문제부터 고쳐야 한다. 하지만 일단은 당신에게 뛰어난 능력이 있고 일을 엄청나게 잘한다고 가정해 보자. 이것은 대단한 일이기는 하지만, 일을 잘하는 사람은 많다. 당신이 열심히 노력하고 더 일한다고 가정해 보자. 그런 사람 또한 많다. 당신이 회사에 중요한 기여를 한다고 해 보자. 다른 사람들도 마찬가지이다. 그렇다면 당신의 성과와 기여가 당신의 커리어 발전을 이끌어 줄 수 있는 사람들에게 인정받기 위해서는 어떻게 해야 할까? 스스로 두각을 나타내지 않으면 다들 자기 몫을 주장하는 아우성 속에서 당신이 이루어 낸 성과는 묻히고 말 것이다.

누가 다음 구조조정 대상이 될지 모르고, 몇 안 되는 승진 기회를 놓고 모든 사람들이 싸우고 있는 현대의 고도 경쟁 사회에서는 일을 잘하는 것만으로는 충분치 않다. 한 발 더 나아가서 필요한 사람들에게 당신의 좋은 성과와 뛰어난 능력을 **알릴** 수 있는 자기만의 방법을 찾아야 한다.

만일 당신이 자기 자신과 당신의 성과를 알릴 길을 찾지 못하면, 당신은 스스로를 끌어내리게 될 것이다. 왜냐하면 다른 사람들은 모두 자기 자신을 적극적으로 홍보하기 때문이다. 경영학학교에서는 커리어 홍보와 자기 마케팅이라는 과정을 제공하고 있다. 경영학 서적에서도 일하는 여성들에게 기회에 뛰어들고 스스로를 홍보하라고 가르친다. 누구나 자기 자신을 홍보하는 물결 속에서 모든 사람들은 자신만의 개인 브랜드를 세우고, 자신이야말로 리더의 그릇이라고 외치면서 물결을 거슬러 상류로 헤엄쳐

가고 있다. 그러므로 수영을 하지 않고 가만히 있기만 한다면, 당신은 결국 조류에 휩쓸려 하류로 떠내려 갈 것이다.

"알든 모르든 좋아하든 좋아하지 않든, 우리는 매일매일 쇼에 출연하고 있는 거예요." 시카고의 대형 광고 에이전시의 한 임원이 내게 말한 적이 있다. "이건 인간의 본성에 따른 일이기 때문에, 이런 사실에 짜증내거나 좌절해 봤자 소용이 없죠. 그러니까 회사에서 성공을 하고 싶거든 먼저 쇼를 **즐기는** 법부터 배워야 해요. 그리고 즐기기 위한 가장 좋은 방법은 **멋진** 쇼에 출연하는 거죠."

회사 생활에 극장과 쇼맨십이라는 요소가 포함되어 있다는 사실은 많은 사람들이 좋아하지 않을 만한 소식이다. 자기 홍보라는 개념이 태생적으로 불편하기 때문이다. 노골적인 자기 홍보는 부자연스럽게 느껴진다. 그리고 지구상에 존재하는 모든 문화권에서는 잘난 체하는 행동은 도덕적으로 옳지 않다고 가르친다. 대부분의 사람들은 업무 성과로 평가 받는 쪽을 더 편하게 느낀다.

커리어에 큰 영향력을 가진 사람에게 눈에 빤히 보이도록 자기 자신이나 자기 성과를 알리려는 사람을 보기란 짜증나는 일이다. 그들이 (성공적으로) 남의 성과를 가로채는 것은 한층 더 보기 싫다. 하지만 직장에서의 쇼는 우리가 좋아하든 아니든 간에 매일매일 개최된다.

회의를 할 때 전혀 참여하지 않고 내내 아이패드로 이메일에 답장을 썼으면서, 중요한 상사가 회의실에 들어오자마자 갑자기 아이디어와 의견을 마구 내는 사람을 보면서 짜증 난 경험이 있는가? 상사가 그 사람이 낸 아이디어를 칭찬할 때면 속이 타 들어가지 않는지?

물론 이것은 정상적인 반응이다. 그런데 당신은 무엇을 했는가? 당신도 앞장서서 자신의 아이디어를 공유했는가? 당신도 (물론 그렇게 눈에 빤히 보이는 식으로는 말고) 스스로를 드러내는 방법을 찾았는가, 아니면 마음에 들지 않는 동료의 행동을 곱씹으면서 조용히 앉아만 있었는가?

게임을 하지 않거나 쇼에 출연하지 않겠다고 당당히 거부하면 기분도 좋고 스스로 옳은 일을 하는 것처럼 느껴질지 모른다. 하지만 어쩌면 그것은 당신이 불편하거나, 자신이 하는 업무의 질에 자신이 없거나, 좋은 쇼에 출연할 수 있는 스스로의 능력에 확신을 가지지 못하는 것을 가리기 위한 방편일 수도 있다. 그리고 어쩌면 다른 사람이 우아하고 프로답게 게임을 하거나 쇼에 출연하는 모습을 본 적이 없어서 그럴지도 모른다. 우리는 이 장에서 그러한 사례를 다룰 것이다.

당신의 몸은 매일 자기 자신을 광고하는 옥외 광고판

"저는 못생긴 사람은 채용하지 않아요." 브리티시콜럼비아 주의 밴쿠버에 위치한 고급 보석상 체인을 가진 오너가 한 말이다. 우리는 직원의 고객 서비스 트레이닝 프로그램에 대해 이야기하고 있었는데, 내가 눈부신 건물의 외관과 아름다운 인테리어 그리고 직원들의 흠잡을 데 없는 의상에 대해 막 칭찬을 한 참이었다. 이 모두는 고객들이 독특하고 감탄할 만한 경험을 할 수 있도록 하기 위함이었다. 나는 그가 내 칭찬에 "감사합니다"나 "알아봐 주셔서 기쁘네요"와 같이 대답할 줄 알았지만, 대신 그는 자랑스럽게 미소를 짓고 "저는 못생긴 사람은 채용하지 않아요"라고 대답했다.

내 얼굴에 떠오른 표정을 의미를 읽었는지 그는 자신이 한 말의 의미를 설명했다. 나는 그가 이런 것들을 실제로 '입 밖에 낸다'는 사실에 다소 놀라기는 했지만, 한편 그의 말에 수긍이 갔다. 그가 한 말은 냉혹한 현실로 예의 바른 회사에 다니는 사람이라면 절대로 입에 올리지 않겠지만, 당신이 직장에서 자기 자신을 효과적으로 알리고자 한다면 염두에 두어야 하는 진실이기도 하다. 보석상 오너가 한 말 중에서 중요한 문장은 다음과 같다.

- "누구나 때때로 다른 사람이 옷을 벗고 있는 모습을 상상하잖아요."
- "신체적으로 매력이 있는 사람은 다른 사람을 훨씬 쉽게

설득할 수 있죠."

- "뚱뚱한 사람은 절제를 못하거나 머리가 좋지 않다는 인상을 주죠."
- "뚱뚱한 사람이 옷을 벗은 모습을 상상하는 건 아름답지 않아요. 하지만 그래도 우리는 그런 상상을 하게 되죠."

나는 그의 말을 전달했을 뿐이니 내게 화내지 말기를 바란다. 나도 물론 그의 말이 좀 심하다는 사실을 알고 있지만 예쁘거나 잘생긴 쪽이 유리하다는 건 분명하지 않은가. 당신이나 나처럼 평범하게 생긴 사람이 다른 조건은 변함없이 엄청나게 잘생기거나 예뻐질 수 있다면, 그 기회를 거절하겠는가? 물론 아닐 것이다. 매력적인 외모를 가지면 많은 혜택을 누릴 수 있는데, 그 혜택 중 하나로는 다른 사람들이 보다 기꺼이 당신의 이야기를 들으려고 하고, 당신의 이야기를 믿고, 당신을 신뢰할 가능성이 높아진다는 것이다.

이것을 개인적인 견해만으로 치부할 수는 없다. 이러한 경향은 일반적인 것으로 인식되며 몇십 년간 연구되어 왔다. 연구 결과를 지루하게 나열하는 대신 당신이 할 수 있는 일을 바로 알려 주겠다. 결론부터 말하자면 당신은 부모님에게 물려받은 자질을 최대한으로 갈고닦고, 시간의 흐름에 맞서 싸워야 한다.

옥외 광고판은 사람들의 주의를 끌고 차들이 속도를 높여 지나갈 때에도 짧은 메시지를 전달할 수 있도록 디자인되었다. 당신의 외모를, 당신을 보거나 지나치는 사람들에게 매일 당신을 광고하는 옥외 광고판이라고 생각하라. 다음은 당신이 곧바로 실천할 수 있는 간단한 팁이다.

남들보다 조금 더 차려입어라. 동료들보다 정말 약간만 옷을 더 잘 입도록 노력하라. 당신보다 한두 직급 위의 사람들이 하고 다니는 차림새를 모방하라. 단 너무 눈에 띄어서는 안 된다. 회사에서 일할 때 입는 옷을 고를 때는 옷의 질이 중요한데, 사람들도 당신이 입고 있는 옷이 싸구려인지 좋은 것인지 알아차리기 때문이다. 공사장 인부조차도 현장 소장으로 승진하고 싶으면 자기의 현재 직급이 아니라 앞으로 되고자 하는 직급에 맞추어 옷을 입고 다녀야 한다.

비즈니스 캐주얼은 피하라. 회사 근무 환경에 맞추어 "캐주얼하게" 옷을 입고 다녀야 할 때에도 좋은 품질의 옷을 입고 다니고, 당신의 전문성을 잘 보여 줄 수 있는 색깔이나 무늬를 신중하게 선택하라. 다른 사람들은 당신이 매일 어떤 옷을 입고 다니는지 **지켜보고** 있으며, 그를 바탕으로 당신을 평가하고 있음을 절대로 잊어서는 안 된다.

빛나는 눈빛과 더 밝은 미소를 띠어라. 당신도 아이 컨택의 필요성은 이미 알고 있겠지만, 대부분의 사람들은 눈을 마주치는 데 어색함을 느낀다. 음침하게 다른 사람을 뚫어져라 쳐다보라는 뜻이 아니다. 회의에서 발언을 할 때나 복도에서 누군가와 마주쳐 대화할 때는 상대의 눈을 보며 말해라. 만약 치열이 고르지 못하거나 치아가 누렇다면 빨리 조치를 취해야 한다. 치아가 희고 건강해지면, 본능적으로 더 자주 미소를 짓게 된다. 반짝이는 매력적인 치아가 보이게 자주 미소를 지으면 당신의 '옥외 광고판'에 반짝이는 불이 들어오는 것이나 다름없다.

새치나 흰머리를 보이지 마라. 새치를 염색하는 데 겁먹을 필요는 없다. 남자에게도 마찬가지이다. 사실 남자에게 흰머리는 **가끔씩** 매력적으로 보일 때가 있기는 하다. 쉽게 설명을 해 주겠다. 당신이 누가 보든 몸매가 좋고, 날씬하며, 건강하고, 젊어 보이는 활기가 있으면 흰머리는 괜찮을뿐더러 때로는 멋스럽게 보이기까지 한다. 하지만 만약에 당신이 평균 (또는 그 이하) 정도의 활력이 있는 편이라면 흰머리는 당신이 나이 들었다는 사실을 드러내 보여 줄 뿐이다. 땅딸막하고 통통한 남자가 흰머리를 하고 천천히 사무실 복도를 걸어가는 장면을 상상해 보라. 커리어에 아무 도움도 되지 않는 모습이다.

소소한 것에 신경을 쓰라. 우리가 매일 함께 일하는 사람들은 생각보다 사소한 것도 알아차린다. 거기에 대해서 아무 말도 하지 않겠지만 사람들은 당신의 입 냄새나 체취, 손톱, 구두와 같은 것들을 눈여겨본다. 당신보다 어린 직원들조차 당신의 사소한 특성을 보고 당신을 판단한다. 아이폰을 쓰는지 안드로이드폰을 쓰는지, 청바지를 입는지 면바지를 입는지, 스마트워치를 차는지 스포츠 시계인지, 아니면 (가짜겠지만) 롤렉스를 차는지 아니면 시계를 차지 않는지, 듣기 편한 음악을 듣는지 스칸디나비아테크노펑크를 듣는지 등등 당신의 모든 것은 낱낱이 관찰되고 있다.

남성이 신경 써야 할 사소한 사항들

• 코털이나 귀 안에 난 털, 또는 부숭부숭한 눈썹을 정리할 것. 손톱은 단정하게 깎을 것.

• 남자들은 대체로 자신의 입이나 몸에서 나는 악취를 알아채지 못하는 경향이 있다.

• 정장 셔츠 밑에 흰 티셔츠를 입으면 한결 깔끔한 옷태를 유지할 수 있다.

• 멋지게 재단된 정장, 잘 맞는 바지나 셔츠를 입어라. 바지 주머니에서 동전이나 열쇠가 짤랑거리는 소리가 나지 않도록 주의하라.

• 신발을 살 때 편안하면서도 프로답게 보이는 것으로 고르고, 늘 반짝이도록 광을 내어 신는다.

여성이 신경 써야 할 사소한 사항들

• 여성들은 앞으로 구부정하게 있는 경향이 있는데, 신경 써서 바른 자세를 취한다.

• 머리 모양이나 화장은 매력적이지만 지나치게 요란하거나 섹시해지지 않도록 주의한다. 살짝 향수를 뿌리고 손톱에는 매니큐어를 칠한다.

• 세련되어 보이고 몸에 잘 맞으며 프로다운 옷을 입고 다닌다. 액세서리는 주의 깊게 선택해 조금만 착용하고, 구두는 스타일리시하되 너무 극단적이지 않은 디자인을 고른다.

• 목소리는 자신감 있게 내고, 자신의 목소리에서 낼 수 있는 한 가장 낮은 톤으로 차분하고 일정한 속도로 말한다.

• 걸음걸이도 자신감 있게 걷되, 너무 빠르거나 발을 질질 끌면서 걷지 않도록 주의한다.

분명 회사마다 고유의 규칙이나 기준이 있겠지만, 여기서 가장 명심해야 할 포인트는 당신과 당신의 외모는 쇼의 일부이며, 당신의 모든 면이 관찰당하고 있다는 점이다. 다른 사람이 속물이거나 남을 판단하기 좋아해서 그런 것이 아니라, 자연스럽게 그런 것들이 눈에 들어오기 때문이다. 훌륭한 외모 덕분에 남들보다 조금이라도 더 돋보이면 성공한 것이다.

외모가 너무 눈에 띄거나 너무 극단적인 차림새로 사람들에게 기억되는 것은 바람직하지 않다. 개성도 중요하지만, 어디까지나 당신이 처한 직장 환경에서 요구하는 직업적인 규범 내에서 표현되어야 한다.

우리 회사에 매일매일 넥타이를 하고, 셔츠와 바지는 칼같이 다려 입고, 구두는 반짝반짝 광을 내서 신고 다니는 인턴이 있다. 우리는 그의 차림새에서 좋은 인상을 받지만 회사 복장 규정은 비즈니스 캐주얼이기 때문에 그를 놀림거리로 삼는다. 그 인턴은 또 열심히 일하고 믿을 만하며, 일을 더 잘하기 위해 눈에 띄게 노력을 보인다. 그래서 우리는 인턴 기간이 끝나면 그를 정규직으로 채용하자고 미리 이야기하는 중이다. 이건 넥타이 때문일까? 그게 이유의 전부는 아니겠지만, 우리가 그 인턴에 대해 긍정적으로 생각하는 부분이 넥타이 하나로 대변되고 있으니 어떤 의미에서는 넥타이 때문이기도 하다.

작년에는 옷을 입는 방식이나 일을 대하는 자세 모두 훨씬 캐주얼한 인턴 직원이 우리 회사에 있었다. 그 직원은 이제 우리 회사에서 일하지 않지만, 우리는 여전히 그녀의 발목에 있었던 문신을 농담거리로 입에 올린다.

이렇게 하면 내가 더 뚱뚱해 보일까요?

인정하기 힘든 진실을 또 한 가지 말하려 한다. 세상은 뚱뚱하거나 약간 통통한 사람을 알아본다. 과체중인 사람에게 직접적으로 대놓고 말하지는 않지만, 다른 사람과 다르게 대하는 것은 사실이다. 살이 몇 파운드만 더 쪄도 다른 사람이 우리를 바라보고 대하는 행동이 달라진다. 샘코에서 영업과 마케팅 이사로 일하는 50대 폴 몰스에게 물어보라. 폴은 패스트푸드 프랜차이즈의 오너들을 만나 자기 회사의 마케팅 소프트웨어 시스템을 판매하기 위해 미국 전역을 돌아다닌다.

폴이 회사 오너들을 만나는 장소는 보통 그들이 운영하는 패스트푸드 가게이므로, 건강하지 못한 음식을 허용된 양 이상으로 먹게 된다. "불행히도 저는 다이어트와 운동 후에 전형적으로 요요 현상을 겪는데, 몸무게를 놓고 보면 20킬로그램이 더 찌기도 하고 빠지기도 합니다. 일반적으로 살이 찐 상태로 1년이나 그 이상이 지나면 살을 빼야겠다는 생각이 들어 6개월 안에 20킬로그램을 감량하곤 하죠. 1, 2년 정도는 그 몸무게를 유지하지만 결국 몸무게가 다시 늘고 요요 사이클이 시작됩니다."

폴은 몇 년 동안 자신의 월별 판매 실적을 꼼꼼히 기록해 왔고 몸무게도 주의 깊게 관찰해 왔지만, 몇 년 전 스마트폰 앱에 판매 실적을 입력하고 나서 몇 시간 후 다른 앱에 자신의 몸무게를 입력하기 전까지는 둘 사이에 어떤 상관관계가 있을지도 모른다는 생각은 해 본 적이 없었다. "처음에는 단순히 호기심이었어요. 별도의 그래프 두 개를 보고 있는데 상당히 비슷하게 생긴 거예요. 반대 방향이었지만요." 그가 말했다. "그래서 제 기록을 다시 한 번 보고 지난 2년여간의 데이터를 입력하기로 했죠." 2년이 넘는 데이터를 세일즈 트레이닝 앱과 몸무게 관찰 앱에 입력하고 나자, 두 변수의 상관관계는 가히 충격적이었다. "정말 놀라운 결과였어요. 두 그래프가 정확히 부의 상관관계를 보이고 있었거든요. 몸무게가 늘어나면 판매 실적이 줄어들고, 반대도 마찬가지였어요."

이 그래프를 여러 차례 분석한 후에, 폴은 자신의 몸무게에 따라 다른 사람들이 자기에게 어떻게 반응하는지 차이를 관찰하기 시작했다. "'뚱뚱한 폴'이 농담을 할 때 사람들이 좀 더 잘 웃는 것 같아요." 그는 자기 자신을 제삼자처럼 지칭하며 말을 이었다. "하지만 긍정적인 부분은 그게 전부예요." '뚱뚱한 폴'이 잠재 고객을 만나러 출장을 갔을 때 발표는 더 자주 방해를 받고, 회의에 원래 참석하기로 한 사람 외에도 업계에서 종사하는 다른 사람을 소개받는 일도 없었으며, '날씬한 폴'보다 저녁 모임에 초대받는 일도 훨씬 적었다. 이런 일은 수년 동안이나 계속되었지만 그는 두 그래프를 비교해 보고서야 이 사실을 알아차렸다.

뚱뚱하든 날씬하든, 혹은 그 중간 어디쯤이든 폴은 자기 회사의 마케팅 시스템을 잘 판매해 왔다. 하지만 몸무게는 명백히 대인 관계에서 장벽으로 작용했다. 폴도 미처 알아차리지 못한 장애물이 또 무엇이 있었는지 궁금하지 않은가? 그가 맺지 못했던 관계나, 얻어내지 못했던 승낙이라든가, 놓친 기회 같은 것들 말이다.

나는 폴이 마침내 이 사실을 깨닫게 되었지만 몸무게는 그에게 여전히 민감한 주제라는 사실을 알고 있다. 왜냐하면 그는 아직도 그의 몸무게 사이클 패턴을 바꾸지 않고 있으며 지금 이 책을 쓰는 상황에서 그는 '뚱뚱한 폴' 시기에 있기 때문이다. 남자들도 여자들과 마찬가지로 외모에 대한 불안감에 시달린다. 다만 이러한 불안감을 여자들보다 더 잘 숨길 뿐이다. 폴은 내가 이제까지 만난 사람 중에서 가장 자신감이 넘치지만, 나는 '뚱뚱한 폴'이 자신감 부족으로 고통받고 있다는 사실을 분명히 알고 있으며, 몸무게 사이클을 한 번 지날 때마다 이는 더 악화되는 듯이 보인다. 과체중과 신체 능력 부족은 우리에게 세 가지 악영향을 미친다.

- 에너지와 정신력이 떨어진다.
- 다른 사람이 우리가 하는 말을 덜 받아들여 준다.
- 자신감과 자존감이 낮아진다.

불공평하기는 하지만, 체중이 늘었을 때 여성은 남성보다 더 많은 비용을 치러야 한다. 남자들은 5~10킬로그램 과체중 정도는 정장으로 가릴 수 있다. (하지만 이 책을 읽고 있는 살짝 과체중인 남성 독자들에게 분명히 말하는데, 그래도 사람들은 다 **보고 있으며** 당신의 이미지를 평가하는 데 영향을 **미친다.**) 하지만 여자들의 몸무게는 조금만 늘어도 다른 사람들의 생각이나 대우에 큰 영향을 미친다.

"아이를 두 명 출산하면서 찐 살이 빠지지를 않는데다, 5년이 지나자 그 몸무게에 익숙해져 버렸어요. 현재의 모습이 '새로운 나'라고 생각했기 때문에 다른 사람들이 이전과는 다르게 저를 대하는 걸 눈치채지 못했어요." 썬소프트시스템에서 마케팅 이사로 일하는 바바라 컨이 말했다. "하지만 제가 진지하게 다이어트와 운동을 결심하고 결국 아기를 낳기 전의 몸무게로 돌아가자, 사람들이 살이 쪘을 때 제게 다르게 대했다는 사실을 분명히 인지할 수 있었어요. 정말 이상한 느낌이었어요. 사람들이 제 아이디어를 더 좋아하고, 제가 말할 때 더 경청하고, 제가 농담을 하면 더 잘 웃고, 제가 요구를 하면 더 빨리 들어주었거든요."

이게 물론 체중 감량이나 다이어트, 또는 운동 책은 아니다. 하지만 이 책에서는 커리어 발전에 관련된 혹독한 진실을 다루고자 하며, 그것은 다음과 같다. 당신이 만약 과체중이라면 그 대가를 치르게 될 것이다. 아마도 당신이 상상하는 것보다 훨씬 더 많이.

소셜미디어 : 때 빼고 광을 내라

여전히 기업에서 적절히 활용하지 못하고 있지만, 온라인 소셜 프로필은 자기 홍보 수단으로서 점점 중요해지고 있다. 링크드인은 기업에서 가장 많이 활용하는 소셜미디어 서비스이다. 회사에서는 입사 지원자의 학력 및 경력 사항이나 직무 능력, 자격증, 평판, 인맥 등을 통해 서류 심사를 하기 위해 지원자들의 링크드인 프로필을 검토한다. 링크드인 프로필은 이력서와 동등한 정보를 지닌 강력한 퍼스널 브랜딩 도구로 사용할 수도 있지만, 당신이 직업적으로 어떤 사람인지 더 큰 그림을 보여 줄 수 있는 수단이 되기도 한다. 링크드인이 대부분 직업적인 인맥을 관리하는 데 쓰이는 반면, 페이스북은 사람들의 사회적이고 직업 밖 인간관계를 맺고 유지하는 데 사용된다. 하지만 페이스북도 마찬가지로 사람들끼리 관계를 맺고 네트워크를 넓히는 데 도움을 준다.

그렇다. 당신이 실제로 아는 사람들이 자신의 링크드인 프로필을 과장하거나, 잘 모르는 사람들이 페이스북 페이지를 도배하고 있다면 짜증이 날지도 모르지만 소셜미디어란 원래 그런 것이다.

개인 블로그나 트위터 피드, 텀블러 프로필에 대해 손을 들어 "난 싫어!" 하고 거부하는 건 쉬운 일이다. 하지만 온라인 소셜미디어 활동에 주의 깊게 대처하지 않아 커리어에서 불이익을 보는 것도 그에 못지않게 쉬운 일이다.

배리 포스트럼은 맨해튼에서 근무하는 30대의 헬스클럽 매니 저로 자신의 정규 교육 이력이나 건강, 영양 섭취, 피트니스에 대 한 열정을 잘 반영한 멋진 링크드인 프로필을 가지고 있었다. 그 는 정기적으로 자신의 프로필을 업데이트하고 체중 감량이나 전 반적인 웰빙에 대한 팁과 조언을 포스팅했다. 배리는 헬스클럽에 다니는 회원들에게 자신과 링크드인에서 친구를 맺자고 했고, 많 은 회원들이 실제로 링크드인 친구가 되었다. 배리는 링크드인은 직업적, 페이스북은 사적인 소셜미디어라고 생각했다. 물론 그의 헬스클럽 회원들 중 일부는 두 소셜미디어를 모두 사용하고 있었 는데, 특히 배리가 데이트하던 여성들도 둘 모두에서 활동했다.

배리가 다른 헬스클럽으로 옮기고 싶어지기 전까지는 이게 별 문제가 안 되었다. 새 직장은 매우 상류층 고객들을 보유한 트라 이베카에 위치한 곳으로, 그곳의 관리직 포지션은 임금 측면에서 나 장기적인 커리어 전망 측면에서나 배리에게 큰 기회였다. 그 리고 유명 인사나 부유층을 만날 기회가 있다는 점도 큰 장점이 었다. 그곳의 부장과 만났던 첫 면접은 굉장히 성공적이었다. 사실 그 부장은 배리의 링크드인 페이지에 있는 포스팅을 몇 가지 언급하면서 클럽에서 고객들에게 발행하는 전자 신문에 그의 글쓰기 능력을 발휘해 줬으면 좋겠다고 말하기도 했다.

하지만 그 이후로 아무것도 없었다. 다음 면접은 스케줄 문제로 취소되고 기회는 다시 오지 않았다. 배리는 부장에게 전화를 걸었지만 그는 전화를 받지 않았다. 배리는 전에 이런 일을 겪어본 적이 없었다. 몇 주, 몇 달이 흐른 후 배리는 결국 그 자리에 다른 사람이 채용되었다는 말을 전해 들었다.

몇 달 후 배리는 내게 이 이야기를 해 주었다. "새로 채용된 사람이 누군지 아시나요?" 내가 물어보았다. 배리는 그 사람의 이름을 말했고 우리는 함께 그 사람에 대해 검색해 보았다. 그 사람도 배리와 마찬가지로 건강과 피트니스 영역에서 탄탄한 경력을 쌓아 온 것 같았다. 그의 링크드인 프로필 역시 마찬가지였다. 그의 페이스북 페이지를 보니 헬스클럽 내에서 웃고 있는 고객들과 함께 찍은 사진들로 가득했다. 나는 배리의 페이스북 페이지를 보기로 했고, 음, 꽤나 흥미로운 사실을 발견했다.

배리의 페이지에는 헬스클럽이나 탈의실에서 자세를 취하고 있는 독사진이 많았다. 비록 탈의실 사진 중에서 완전히 나체로 찍은 것은 없었지만, 미성년자 관람 불가 등급이었다. 그의 페이지에는 운동을 하고 있는 고객들의 사진도 포스팅되어 있었지만 고객들도 자기가 사진 찍히고 있다는 사실을 알고 있었는지는 분명하지 않았다. 배리의 페이스북 친구들이 남긴 댓글 또한 미성년자 관람 불가 등급이었으며, 그와 데이트했던 헬스클럽 회원들이 더 이상 그와 좋은 관계를 유지하지 않는다는 사실도 뻔히 보였다. 다음과 같은 글에서 그런 감정을 읽을 수 있었다.

- "사진 멋지네요. 지금 우리가 데이트할 때랑 비슷하다면 사진을 엄청 포토샵했겠어요."
- "원래는 친구를 끊으려고 했는데, 당신이 올린 유치한 사진을 보니까 너무 웃겨서 못 끊겠어요."
- "당신이 벗고 있는 건 이미 봤으니까, 탈의실에서 벗고 있는 다른 남자들 사진도 좀 찍어 보는 게 어때요."

페이스북의 코멘트로 인해 우리는 매우 다른 배리의 다른 모습을 볼 수 있었다. 내가 가장 놀랐던 사실은 우리가 스타벅스에 앉아서 그의 페이스북 페이지에 포스팅된 사진이나 댓글을 마우스로 스크롤해 내리면서 함께 볼 때, 배리가 웃고 있었다는 점이다. 좀 이상한 방식이었지만 마치 자랑스러운 듯이 보였다. 나는 배리에게 아직도 적대적인 댓글을 달고 있는 전 여자친구들에 대해 물어보았다. 왜 아직도 친구 관계를 끊지 않았지? 적어도 댓글만이라도 삭제할 수 있지 않았을까?

"별 생각 없어요, 그냥 남들이 봐도 괜찮다고 생각해서 그런 것 같아요. 다른 사람들이 신경 쓸 바가 아니잖아요."

뭐라고? 내가 지금 제대로 들었나? 오, 그렇군.

나는 그에게 물었다. "만약에 당신을 채용하고 싶어 하는 사람들이 이 사진과 댓글을 본다면 어떻게 생각할 것 같아요?"

그는 어깨를 으쓱했다. "글쎄요."

결국 배리는 엘리트 고객이나 유명인, 고액 자산가를 회원으로 두고 있는 헬스클럽에서는 회원들과 데이트를 한다든지, 탈의실에서(그게 자기 셀카라고 하더라도) 사진을 찍는다든지, 회원들이 운동을 하는 순간을 포착한 웃긴 사진을 반기지 않을 것이라는 사실을 인지했다. 하지만 궁극적으로 그는 그 사실을 마음속 깊이, 진짜로 이해하지는 못했다.

"이건 고용주들이 상관할 문제가 아니잖아요. 친구들 보라고 올려놓은 건데요." 그가 말했다.

"그리고 사이가 나쁜 전 여자친구도요."

"음, 그렇긴 하죠."

배리가 전혀 이해하지 못했기 때문에 나는 그를 이해시키려는 노력을 그만두었다. 하지만 당신은 이러한 우를 저지르지 않기를 바란다. 많은 사람들이 페이스북은 개인적인 공간이고, 링크드인은 공적인 공간이라고 생각한다는 사실을 나도 알고 있다. 하지만 당신이 정말로 커리어의 가능성을 최고로 넓히고 싶다면, 그런 식으로 생각해서는 안 된다.

> **❝** 생각 바꾸기: 온라인에 올라간 모든 것들은
> 당신의 직업적인 홍보물이 된다. **❞**

점점 더 많은 기업에서 지원자들의 온라인 프로필을 살펴보기 때문에, 구직자들은 소셜미디어를 어떻게 이용해야 자신의 능력과 경험, 지식, 그리고 커리어 목표를 기업에 효과적으로 알릴 수 있을지 잘 이해해야 한다. 게다가 현 직장의 상사나 동료도 당신의 온라인 프로필을 가끔이라도 볼 수 있다는 사실 또한 염두에 두어야 한다. 그리고 그들이 보게 되는 것들은 당신의 커리어에 도움을 줄 수도 있고 불이익을 줄 수도 있다.

프로페셔널한 소셜미디어 대응 자가 진단

구글과 다른 검색 엔진에서 당신의 이름을 검색해서 처음 3페이지에 어떤 결과가 나오는지 보라. 문제가 될 만한 것들을 보게 되면, 당신에게 게시물 관리 권한이 있으면 즉시 삭제해라. 그렇지 않다면 권한을 가진 사람에게 즉시 요청해서 게시물을 삭제해라.

외부에서 당신의 소셜미디어에 접근할 수 없도록 보호하라. 링크드인이나 페이스북에서는 당신의 연락처를 다른 사람들에게 보이지 않도록 설정할 수 있는 기능을 제공한다. 이 글을 본 즉시 실행하라. 만약 당신이 많은 사람들이 그러는 것처럼 사적인 친구 관계는 페이스북으로, 일로 만나는 인맥은 링크드인으로 관리하기로 결정했다면 페이스북의 프라이버시 설정을 조정해 친구가 아닌 사용자가 당신의 게시글을 볼 수 없도록 하라(경고: 이 방법이 절대적인 안전을 보장하지는 않기 때문에, 당신과 당신 친구들의 포스팅에 주의를 기울여야 한다).

소셜미디어 계정을 모두 열어, 지난 3년 동안 올렸던 모든 글을 읽고 현재 또는 미래의 상사가 보게 되었을 때 바람직하지 않을 것 같은 내용은 모두 삭제하라. 페이스북 아이디나 사용자 이름으로 자기 자신을 검색해 페이스북 프로필에서 어떤 내용이 보이는지 확인하라.

당신이 주로 사용하는 소셜미디어의 프로필 사진이 전문적인 느낌을 주는지 확인하고, 나머지 사진들도 긍정적인 이미지를 주는 것들로 올려라.

링크드인에서는 회사 내의 "경쟁자"를 찾아 그들의 프로필을 훑어보라. 경쟁자는 상사가 될 수도 있고, 가장 능력 있는 동료가 될 수도 있다. 그리고 당신이 현재 하고 있는 일과 비슷하거나 나중에 가고자 하는 직장에 다니는 사람들을 검색해라. 이들의 프로필에서 가장 좋은 예와 아이디어를 얻어서 당신의 프로필에 적용해라.

링크드인 프로필에 당신이 해 온 업무 성과를 잘 반영하고, 특히 중요 프로젝트가 회사에 미친 긍정적인 영향 등을 강조해라.

당신의 링크드인 프로필이 흠잡을 데 없이 만족스럽다면 동료나 상사, 회사의 주요 인사들에게 친구 신청을 해라.

네트워크를 형성하자. 인맥을 넓히기 위해 링크드인에서 직업과 관련된 그룹에 가입하거나, 중요 고객과 관계를 형성하거나, 직장 내 동료나 다른 회사에 다니는 지인들에게 연락을 해라.

온라인에서 자기 자신을 검색한 결과 상당히 부정적인 콘텐츠를 발견했는데 어떠한 이유로 인해 쉽게 삭제할 수 없을 때에도, 부정적인 효과를 최소화하기 위해 취할 수 있는 방법은 있다. 당신이 알아야 할 것은 당신이 무언가를 삭제했다고 생각하더라도 실제로는 남아 있을 수도 있다는 점이다. 인터넷에 포스팅된 모든 게시물에는 캐시cache라고 불리는 가상 기록 보관소가 있다. 일반적인 웹 검색에서 이 결과가 나오지는 않겠지만 이런 것이 있다는 사실은 알아 두어야 한다.

당신이 삭제할 수 없는 (혹은 당신이 삭제하는 데 성공했다 하더라도) 부정적인 정보에 가장 잘 대처하는 방법은, 다양한 플랫폼에 당신에 대한 긍정적인 정보를 많이 올려서 누가 당신에 대해 검색을 할 때 부정적인 것들이 4페이지 밑으로 내려가도록 하는 것이다.

카를라 쉴렉은 그녀가 묘사한 바에 따르자면 "찰스 맨슨과 사담 후세인, 한니발 렉터를 합쳐 놓은 것 같은" 남자친구와 힘든 이별을 겪은 참이었다. 그는 매력적이면서도 인터넷 기술에 매우 친숙한 남자로, 헤어진 후에 그녀에 대한 좋지 못한 사진을 온라인에 올리거나, 개인위생 문제부터 도덕적인 약점에 이르기까지 그녀의 온갖 것들을 꼬투리 잡아 저격하는 글들을 올렸다. 결국 판사가 금지 명령을 내려 그가 올린 게시물 중 다수를 삭제하기는 했지만, 여전히 많은 포스팅이 남아 있었기 때문에 그녀는 누가 자신의 이름을 온라인에서 검색할까 봐 겁에 질렸다. (그녀의 요청으로 이야기에 나오는 이름은 바꾸었다는 사실에 주목하기 바란다. 카를라는 이 책을 읽고 자신에 대해 부정적인 게시물을 찾아 온라인에서 검색을 하는 사람이 없기를 바랐다.)

자신을 공격하는 이미지와 다른 콘텐츠를 지우기 위해 할 수 있는 모든 조치를 취한 후, 카를라는 다음 작전을 실행했다. 그녀는 자신의 이름으로 된 URL 도메인을 얻은 다음, 웹사이트 저작 툴을 이용해 자신의 취미 생활 블로그를 시작했다. 홈페이지를 만드는 것은 어렵지 않은 일이었고 그녀는 블로그의 모든 페이지와 포스팅마다 자기 이름을 한 번 이상 태그했다. 그리고 링크드인이나 페이스북 프로필도 업데이트하면서 몇몇 군데의 웹사이트에 이름이 노출되도록 했다. 그리고 구글플러스와 트위터 계정을 새로 만들면서 같은 일을 반복했다. 그리고 인터넷에서 다른 사이트들을 찾아다니면서 자신의 이름에 새로운 내용을 추가했다. 6개월 뒤에 웹사이트에서 그녀의 이름을 치면 처음 3페이지 동안은 긍정적인 (또는 중립적인) 내용만 검색되었다. 완벽한 해결책이라고는 할 수 없지만, 이는 자신의 직업적인 평판을 보호하기 위해 그녀가 할 수 있는 최선의 방법이었다.

블로그와 트위터 - 당신은 정말 내세울 만한 것이 있는가?

나는 직업적으로 자기를 홍보하기 위해 소셜미디어를 사용하는 데 매우 찬성하는 편이지만, 잠깐 제동을 걸어 볼 필요는 있다. 많은 커리어 상담 컨설턴트들은 당신만의 브랜드를 만들고 선구자적인 리더로 스스로를 포장하라고 말하지만, 그 전에 우선 생각해 보고 대답해야 하는 질문이 몇 가지 있다.

당신은 자신이 종사하고 있는 분야에서 정말 선구자적인 리더인가? 정말로 깊은 전문성과 정보로 뒷받침된 관점을 가지고 있거나, 적어도 남들이 전문성을 가지고 있다고 인정할 정도가 되는가?

만약 저러한 질문에 당신이 확실하고 자신 있게 "그렇다"고 답할 수 없다면 리더십을 뽐내기에 앞서 당신은 능력부터 함양해야할 것이다. 첫 번째로 해야 할 일은 깊이 있는 전문가가 되는 것이다. 지금 하고 있는 업무를 잘할 수 있는 정도로는 충분하지 않다. 다른 사람들이 업무를 잘할 수 있도록 도와줄 정도가 되어야 한다. 그 연후에 그 주제에 대해 블로그를 하거나 트위터를 하거나 말을 함으로써 다른 사람들에게 당신의 전문성을 각인시켜라.

블로그 포스팅이나 트윗을 통해 시시한 코멘트나 평범한 의견을 개진하거나, 남들의 관점을 그대로 베껴 흉내 내는 것은 오히려 프로페셔널 브랜드에 치명적인 영향을 준다. 그렇다고 두 눈에서 심오한 지혜의 빛이 쏟아져 나올 때까지 기다리라는 말은 아니다. 다른 사람의 콘텐츠를 빌려와서 블로그와 트위터를 시작하면 된다. 당신이 특정 주제에 대해 깊이 관여하고 있다면 매일 온라인이든 오프라인이든 그 분야에 대한 무언가를 읽을 것이다. 그러면서 통찰력을 키울 수 있는 웹 사이트나 블로그, 또는 다른 출처에서 지식을 쌓아 나가게 될 것이다. 인지하지도 못하는 사이에 당신은 지식의 큐레이터가 되어 간다. 어떤 글이나 블로그 포스트가 읽을 만한 가치가 있는지 빠르게 판단할 수 있고, 가치가 없다고 판단하면 더 나은 콘텐츠를 찾아 떠날 것이기 때문이다.

프로페셔널 브랜드를 쌓기 위해 규칙적으로 블로그와 트위터를 하려 한다면, 처음에는 당신의 큐레이터 필터를 통과한 다른 사람의 콘텐츠를 공유하면서 시작하는 것이 좋다. 시간이 지나면서 당신도 자신만의 깊은 전문성과 관점을 형성하게 될 수 있고, 자기 자신의 목소리를 찾아 생각을 공유할 수 있게 될 것이다. 단 서두를 필요는 없다. 대부분의 사람들은 자기 스스로 생각하는 것처럼 심오하거나 깊은 통찰력을 갖추고 있지 않기 때문이다. 사람들은 다들 자기 생각이 좋다고 너무 쉽게 믿어 버린다. 그러니 블로그와 트위터를 하는 궁극적인 목적이 커리어를 발전시키기 위한 것이라는 점을 늘 주지해야 한다. 그리고 별로 도움이 안 된다면, 굳이 시간을 투자할 필요가 없다.

자기를 지나치게 내세우게 될지도 모른다는 리스크

어쩌면 당신은 직장에서 자기를 알리는 것을 껄끄러워 하지 않는 몇 안 되는 사람에 속할지도 모른다. 잘된 일이다. 하지만 자신의 성과를 알리는 방식에 대해 한 번 더 생각해 볼 필요가 있다. 직장 내 사람들이 당신을 떠벌리기 좋아하는 사람이라고 생각한다면 당신의 이야기를 평가절하하고, 심지어는 뒤에서 험담을 할지도 모르기 때문이다. 대부분의 사람들은 어떤 식으로든 남들이 자기 자랑을 하는 것을 들으면 속으로 움찔한다. 자기 홍보를 할 때 최악은 다른 사람들에게 평균 이하의 성과를 내놓고 호박에 줄 그어 수박처럼 만든다거나 다른 사람이 한 일을 가로채는 사람이라는 평을 듣게 되는 경우이다.

클라이드 반스는 와튼 비즈니스 스쿨에서 마케팅 MBA 학위를 취득하자마자 『포춘』지가 선정한 500대 회사 중 한 곳의 리더십 개발 프로그램에 참여할 기회를 얻었다. 클라이드는 2년 동안 네 개 사업부에서 각각 6개월씩 일하면서 회사 조직 전반에 걸쳐 경험을 쌓은 후에 정식으로 부서장 발령을 받을 예정이었다. 이는 정말 큰 기회였으므로 클라이드는 이 기회를 최대한 활용하기로 마음먹었다. 그래서 클라이드는 네 개 조직 모두에서 자신의 리더십 능력을 잘 보여 줄 수 있는 중요 프로젝트에 자발적으로 참가했다. 그는 공식적인 리더 포지션을 받지는 못했지만 여러 부서에서 차출된 직원들로 구성된 팀을 잘 이끌어야 하는 비공식적인 리더 역할을 해내야 했다.

각 부서에서 일하는 기간이 끝날 때마다 클라이드는 본인이 수행한 중요 프로젝트와 회사에 미치는 영향을 요약해 프레젠테이션을 하도록 되어 있었다. 그는 며칠에 걸쳐 발표 자료를 만들었고 프레젠테이션의 모든 점에 만족했다. 그래서 마지막 부서에서의 근무가 끝나자 자신이 이른 나이에 사업부 중 하나에 부서장으로 발령을 받을 것이라 확신했다.

하지만 클라이드는 정규직 제안을 받지 못했고, 인사 담당의 피드백은 불행히도 매우 모호했다. 전체적으로 시장 상황도 안 좋고, 사업도 둔화되고 있고, 예산도 줄었으며, 네 개 사업부에서 그의 능력에 꼭 맞는 자리를 찾을 수가 없다는 이야기를 늘어놓기만 했다. 하지만 아무도 클라이드에게 그와 함께 일했던 예닐곱 명의 사람들이 주었던 직접적인 피드백은 들려주지 않았다. 그 피드백은 다음과 같다.

"중요한 건 그 사람 자신이 아니라 회사라는 사실을 모르는 것 같았어요."

"팀 사람들이 그 사람 일 말고 다른 업무도 해야 한다는 사실은 생각하지도 않고, 자기 프로젝트만 제대로 굴러가면 그만이라는 식이더라고요."

"자기는 아무 일도 안 하면서 다른 사람에게 이런저런 일을 지시하고, 그들이 한 일을 모아서 모든 일을 자기가 한 양 파워포인트 슬라이드만 예쁘게 만들던데요."

"똑똑한 사람이기는 하지만 함께 일하기는 좀 짜증나요. 지시 내리는 걸 좋아하더라고요."

누구나 알 수 있겠지만, 이것은 자기 홍보에만 치중한 나쁜 예이다. 일반적인 경험으로 보나 심리학 연구 결과로 보나, 누구나 능력이 있으면서 겸손한 사람에게 이끌린다. 도널드 트럼프 식의 자신감 과잉이나 자기 홍보는 진짜 능력이 뒷받침되지 않았을 때는 다른 사람을 불쾌하게 한다.

> **❝** 남들에게 뻐기는 것처럼 보이지 않으면서
> 자기를 홍보하라. **❞**

　자기 자랑을 하는 것처럼 보이지 않으면서, 정당하게 이룬 성과를 어떻게 홍보할 수 있을까? 이는 해결하기 어려운 문제로, 이 문제를 해결하는 기술과 전략을 개발하지 못한다면 당신의 직장 생활 전반에 걸쳐 부정적인 영향을 미칠 것이다. 이 부정적인 영향은 너무 미묘하기 때문에 당사자인 당신조차 느끼지 못할 수도 있다.

경쟁자를 의식하라

　메건 포스트램은 대학에 다닐 때 4.0의 학점을 유지하느라 열심히 공부하는 한편 학대당한 여성을 위한 쉼터에서 자원봉사자와 시간제 아르바이트로 적극적으로 활동했다. 회계학 학위를 받고 졸업한 이후, 메건은 빨리 취업하지 못했다. 그러나 같은 학위를 받았지만 그만큼 열심히 공부하고 일하지 않았던 메건의 룸메이트는 졸업하자마자 두 군데에서 아주 좋은 제안을 받았다. 물론 메건에게 이는 좌절되는 일이었다. 나중에 결국 만족할 만한 회계 직무를 구하기는 했지만, 그녀는 한동안 세상이 공정하거나 공평하지 않다는 생각을 떨칠 수가 없었다. 시간이 지나 우연히 룸메이트와 다시 만나게 되기 전까지 메건은 이 일을 완전히 잊고 있었다. 예전 룸메이트의 아파트에 앉아서 집을 구경하며 간단하게 한잔하고 있는 동안 옛 친구가 최근 승진이며 자기 앞에 놓인 기회를 늘어놓는 것을 들으며, 메건의 마음에는 불공평하다는 해묵은 감정이 다시 떠올랐다. 그녀의 현 직장이 나쁘지는 않았지만, 앞으로의 커리어 성장 가능성이 그렇게 밝지는 않았기 때문이다.

대학 시절에는 질투의 감정이 앞서서 물어보지 못했지만, 시간도 많이 흘렀고 알코올의 힘도 빌린 김에 메건은 그녀에게 물어보았다.

"널 공격하려는 의도는 아니지만, 넌 성적도 그리 좋지는 않았고 많은 시간을 파티를 하면서 지냈는데 어떻게 그렇게 좋은 직장을 잡았어? 아는 사람이 있었어? 아니면……."

"아니면 누구랑 잤냐고?" 친구는 웃으면서 문장을 마저 끝냈다. "아냐, 그런 거 전혀 없어. 그냥 운이 좋았던 것 같아. 하지만 내 포트폴리오가 호응이 좋기는 했어. 한번 볼래?"

그녀의 친구는 벽장으로 가서 면접을 위해 모아 놓은 자료집을 꺼내 왔다. 그 바인더에는 그녀가 살면서 이룬 성과나 인생에 중요한 영향을 미친 사건이 잘 정리되어 있었다. 열한 살 때 걸스 카우트 행사로 집집마다 돌아다니며 쿠키를 팔던 사진과 함께 매년 쿠키 판매량이 기록된 엑셀 시트가 함께 첨부되어 있었다. 고등학교 때 수영 팀에서 받은 상이나 체스 클럽에서 받은 리본도 들어 있었다. 그녀가 대학 시절에 수행한 몇몇 프로젝트도 잘 도식화되어 있었다. 그녀의 성적표와 더불어 많은 교수들에게 받은 추천서나 의견서도 보였다. 메건은 가장 좋은 추천서 중 일부는 룸메이트가 뛰어난 성적을 받지 못했던 과목을 담당한 교수가 써 준 것이라는 사실을 알아챘다. 심지어 직업 적성 검사나 심리 성격 검사 결과도 들어 있었다.

"우와." 메건은 자신이 면접 때 들고 다녔던 빈약한 자료나 추천서 폴더를 생각하며 감탄했다. "나라도 널 채용했겠어." 누가 봐도 메건의 친구 쪽이 미래의 고용주에게 자신을 훨씬 잘 세일 즈하고 있었다. "이건 정말 대단한데? 그때 나한테도 좀 보여 주지 그랬어?"

"음, 기분 나쁘게 듣지 마. 하지만 우리는 같은 자리를 놓고 경쟁하는 사이였잖아. 그리고 우리가 늘 그렇게 불렀듯이 '4.0 메건'과 경쟁하려면 내가 동원할 수 있는 모든 강점을 활용해야 했거든. 사실 처음에는 그래서 저 모든 걸 다 한군데 모아 본 거야."

이게 오래 전에 있었던 일이기 때문인지, 아니면 술의 힘인지 알 수는 없지만 메건은 친구의 말에 기분이 나빠지지 않았다. 그리고 자기 홍보에 대한 큰 교훈을 하나 얻었다. 자기 자신을 홍보하지 않기 때문에 겪게 되는 부정적인 효과는 잘 알기가 힘들다. 만약 친구가 바인더를 낱낱이 공개하지 않았다면, 메건은 대학을 졸업한 후 구직 과정에서 본인이 운이 나빴구나 하는 막연한 생각만 가지고 친구와 헤어졌을 것이다. 그리고 그녀는 구직 시장의 경쟁이 얼마나 심한지, 냉정한 현실 역시 깨달았다. 우리가 정말 좋아하는 사람이나 또는 우리를 좋아하는 사람조차 때로는 우리와 경쟁을 하고 있다는 마음가짐으로 임하고 있다. 특히 취업 기회나 승진, 보너스 같은 경우에는 팀 스포츠가 아니라는 사실을 명심해야 한다.

> **❝ 커리어 승격은 팀 스포츠가 아니다. ❞**

커리어에서 성공하는 사람들은 자기 홍보가 불쾌한 일이 아니라 자신의 생계를 꾸려 나가는 데 필요한 부분이라고 받아들인다. 회사 세계에서 성공이 팀 스포츠 경기인 경우도 많지만 응당 받아야 될 인정을 성취해 내는 것은 당신의 몫이다. 당신의 실적에 대해 서류로 정리를 하거나 샘플을 모아 두도록 하라. 또한 팀 리더가 당신의 기여에 대해 충분히 알도록 해야 한다. 당신의 성과를 남들이 가만히 알아주기를 기대하지 마라. 그리고 당신이 받은 인정을 "광고"하기를 두려워하지 마라. 물론 너무 요란하지 않은 방식으로 말이다.

커리어 성과 포트폴리오를 구축하라

메건의 이야기를 보면 당신의 성과를 단순히 말로만 전달하지 않고 시각화하는 것이 얼마나 큰 힘이 되는지 알 수 있다. 커리어를 추구하는 직업인은 누구나 커리어 성과 포트폴리오를 만들고 정기적으로 이를 업데이트해야 한다.

폴 월트만은 자동차 산업의 고위 임원으로서 업계의 호황과 침체를 수없이 겪는 중에도 커리어 고성장을 유지해 왔다. 그는 10센티미터나 되는 두께의 "마스터 포트폴리오"에 업무 샘플, 수상 경력, 추천서, 자격증, 성공 사례(증거로 뒷받침된), 연간 성과 평가, 자원봉사 활동 이력, 포상 등을 모두 넣어 놓았다. 그는 자신을 홍보해야 할 필요가 있을 때마다 이 많은 자료 안에서도 목적에 부합하는 정확한 페이지를 찾아낼 수 있었다.

"우리 업계에서는 새로운 사람과 함께 일하게 되는 일이 종종 발생하는데, 저는 스스로를 새 상사에게 소개할 때면 이 포트폴리오에서 몇 장의 페이지를 보여 주곤 합니다. 아니면 새 포지션에 대해서 회사 내부에서나 다른 회사에 면접을 볼 때도요." 그는 우선 어떤 기술과 능력을 강조해야 할 필요가 있는지 판단한 다음 마스터 포트폴리오에서 그러한 특성을 가장 잘 보여 줄 수 있는 페이지를 골라낸다. "저는 몇 년 동안 리더십 강좌에 여러 번 참석했는데, 물론 이런 내용도 제출하죠. 하지만 보통 사람들이 관심을 보이는 건 수중 탐사와 구조팀 리더 자격증이더라고요. 포트폴리오 안에 지역 경찰서장에게서 받은 표창장과 구조팀 사진을 넣어 놓았거든요."

폴은 마스터 포트폴리오의 각 페이지마다 그 장에 적힌 내용이 어떤 능력이나 기술에 관련되어 있는지 작은 포스트잇을 붙여서 표시해 놓았다. 예를 들어서 수중 탐사나 구조팀 사진과 표창장 페이지에는 리더십, 팀워크, 봉사 활동, 문제 해결 능력, 에너지라고 적힌 표식이 붙어 있다. 마지막 특성인 '에너지'라는 항목은 폴이 50세 되었을 때 새로 추가되었다. 자신이 면접에서 자기보다 더 젊은 사람들과 경쟁하게 되리라는 사실을 알았기 때문이다. 그래서 이 항목을 보여 주면 자기 입으로 지나치게 떠벌리지 않더라도 그의 건강이나 체력을 잘 보여 줄 수 있을 것이라고 판단한 것이다.

그래서 필요한 순간마다, 그는 관련된 페이지를 열어 잠깐 포스트잇을 떼어내고 그 페이지를 폴더나 바인더 안에 넣는다. 예를 들어 새 상사에게 자신을 소개해야 할 때라면 그는 일에 연관된 경력이나 성과를 보여 주는 2~3페이지의 내용만 폴더에 넣어 보여 준다. 하지만 직업을 놓고 면접을 보는 상황이라면 그는 마스터 포트폴리오에서 더 많은 페이지를 뽑아서 가죽으로 된 바인더에 넣어 제출을 한다.

커리어 성과 포트폴리오가 구직 면접에서 그토록 강력한 도구가 될 수 있는 이유 중 하나는 면접관들이 구직자들의 이력서 내용에 점점 의구심을 가지게 되었기 때문이다. 면접관들은 구직자들이 잘못된 정보를 이력서에 쓰는 경우를 가장 싫어한다. 그리고 커리어 성과 포트폴리오는 그냥 말로 하는 것보다 훨씬 더 탄탄한 증거를 제시해 면접관들의 우려를 불식시켜 준다.

당신이 지금 대학을 졸업한 후에 첫 직장을 찾고 있든, 아니면 긴 커리어의 마지막 국면에 처해 있든, 커리어 성과 포트폴리오는 무조건 가지고 있어야 하는 필수품이다. 면접에서 포트폴리오를 실제로 사용하지 않더라도 포트폴리오를 만들면서 정보를 찾고 업데이트하는 과정에서 당신의 커리어 자신감이 상승할 것이다. 당신이 커리어 성과 마스터 포트폴리오에 넣을 수 있는 아이템은 다음과 같다.

- 중요하거나 고유한 성과에 대한 증거, 성공 스토리나 이야기.
- 프로젝트 요약 보고서.

- 업무 또는 보고서 샘플.

- 성과 평가서.

- 기록, 학위, 자격증, 증명서.

- 수상 경력과 포상, 추천서, 칭찬의 편지 등.

- 봉사 활동, 지역 사회 활동 관련 자료.

- 전문 회원 자격증 및 전문성 계발 활동 자료.

- 개인 정보와 취미- **전문가적인 경쟁력과 연관시킬 것.**(예를 들어서 당신의 경쟁력이나 특수한 능력을 드러낼 수 있는 결정적인 이야기가 있다면 어린 시절 사진을 넣어도 괜찮다.)

커리어 성과 포트폴리오는 당신의 성과와 커리어 발전을 명확하게 보여 줄 수 있는 요소와 정보를 담고 있어야 하며, 또한 당신이 지원한 자리에 왜 적임자인지 스토리를 말해 줄 수 있어야 한다. 채용을 하는 회사의 요구 사항에 직접적으로 연관된 기술이나 능력, 성과를 빼놓지 말고 강조하라.

화이트보드와 친해져라

그때 나는 마케팅 전문가 그룹과 함께 이 책의 가치 제안(value proposition, 비즈니스 마케팅 업체가 물건이나 서비스를 왜 사용해야 되는지 자신의 주장을 요약한 보고서 - 옮긴이)에 대해 논의하고 있었다.

이 책에는 매우 광범위한 조언, 전략, 아이디어와 이야기가 담겨 있었기 때문에 회의 석상에서 많은 의견이 오갔다. 그것은 마치 모든 사람들이 둘러앉아서 좋은 아이디어나 통찰력 있는 생각을 제시하기는 하지만, 그럼에도 불구하고 이 책의 핵심 가치를 짚어 내는 사람은 없다는 느낌이었다. 그러던 와중에 별안간 한 젊은 여성이 일어나 화이트보드로 걸어갔다. 그녀는 비교적 최근에 합류한 사람이었기 때문에, 나는 그녀를 잘 몰랐다. 그녀는 마케팅팀 보조로 주로 회의 내용을 받아 적는 역할을 담당하고 있었다. "지금 머릿속으로 아이디어를 정리하려는 중인데요." 그녀가 말했다. 그다음, 그녀는 방에 있는 모든 사람의 아이디어를 담은 도표를 그렸다.

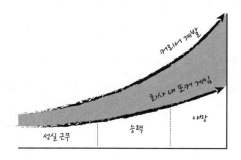

"누구나 커리어를 발전시키고 싶어 하잖아요." 그녀는 말했다. "그리고 성공의 기본은 성실한 근무와 능력, 그리고 야망이죠. 하

지만 회사 내 포커게임을 잘하게 되면 이런 바탕을 뛰어넘어, 훨씬 더 빠르고 높은 수준까지 커리어를 성취할 수 있어요."

우리는 모두 기대어 앉아 그녀의 그림에 대해 숙고를 해 본 다음, 서로의 얼굴을 쳐다보았다. 말 한마디 없이도 우리는 그녀가 핵심을 제대로 짚어 냈다는 사실을 알아차렸다. 하지만 그 순간 **가장** 중요했던 사실은, 이 젊은 여성이 (눈에 띄게) 자기를 광고하지 않으면서도 이 토론에 가치를 더하고 우리가 더 발전적인 방향으로 나아갈 수 있게 이끌어 주었다는 점이다.

그녀가 한 일에 대해 잘 생각해 보면, 그녀는 눈에 띄지 않는 방식으로 자신을 알렸지만 그 효과는 강력했다. 우선 일어서서 화이트보드로 걸어가게 되면 필연적으로 방에 있는 모든 사람의 주의를 끈다. 토의 내용을 시각화해서 보여 주면 모든 사람이 그녀가 단순히 다른 사람이 내놓는 아이디어를 받아 적기만 하는 것이 아니라, 적극적으로 회의에 참여하고 전략적으로 사고하는 사람이라고 생각하게 된다. 이제 우리는 그녀를 그냥 마케팅 보조 직원이 아니라, 이 토론에 중요한 기여를 하는 사람으로 받아들이게 되었다.

화이트보드 커뮤니케이션을 잘하는 비결은 복잡한 이슈나 사고 과정, 또는 아이디어를 받아들이고 간단한 그림을 통해 핵심 메시지를 전달하는 것이다. 파워포인트와 키노트 슬라이드, 유튜브 동영상과 디지털 사진의 시대에 살면서 우리는 (화면에서 펼쳐지는 복잡한 애니메이션이 아니라) 손으로 그린 간단한 선이 갖는 본능적인 힘을 잊어버리고 있다.

하지만 그 힘은 여전히 유효하다. 그리고 손으로 무언가를 쓰는 일이 매우 드물기 **때문에**, 이는 매우 강력한 자기 홍보 기술이 될 수 있다. 물론 다른 기술을 쓸 때와 마찬가지로 화이트보드를 사용할 때도 주의할 점이 있다. 만약 당신이 머릿속 생각을 명확하게 정리하지 못했다면, 남들이 먼저 요청하지 않는 한 여러 사람 앞에서 화이트보드 브레인스토밍을 하지 않는 편이 좋다.

나 또한 혼자서 화이트보드 브레인스토밍을 자주 하지만, 그 과정이 깔끔하지 않고 시간도 많이 소모되기 때문에 다른 사람들에게 이 과정을 인내해 달라고 하기에는 무리가 따른다. 만약 당신이 스스로의 능력을 보여 주기 위해 화이트보드를 사용한다면 우선 전달하고자 하는 메시지를 명확히 정리하고 머릿속으로 어떻게 시각화할 것인지 구체적으로 생각해야 한다. 이상적으로는 그려 가면서 생각을 정리하는 것이 아니라 생각을 설명하면서 말을 하는 동시에 그림을 그려야 한다. 적절하게 사용하기만 하면 화이트보드 발표는 스스로를 직접 광고하지 않고도 당신을 알릴 수 있는 좋은 기회가 된다.

폴 워트포드는 중서부의 한 제조 회사에 새로 부임한 영업과 마케팅 리더였다. 전 직원이 모인 연간 회의 석상에서 그는 자신을 소개하고 새해의 영업 마케팅 계획을 설명하도록 되어 있었다. 그가 회사에 온 지 채 석 달도 되지 않았던 시점에서, 폴의 팀 직원들은 과거에 써 왔던 표와 데이터를 사용해 그의 메시지를 전달할 수 있는 파워포인트 슬라이드를 작성했다.

"팀원들이 만든 슬라이드는 나쁘지는 않았지만, 딱 예상한 그 정도였어요." 몇 개월 후 그는 나에게 말했다. "그리고 바로 그게 문제였어요. 왜냐하면 직원들이 예상하고 있었던 게 그거였거든요."

그래서 폴은 그 대신 파워포인트 없이 프레젠테이션을 하고(마케팅 팀이 헉 하고) 프레젠테이션 내용을 사전에 아무도 보여 주지 않기로(기업 커뮤니케이션 팀이 헉 하고) 결정했다. 그는 넘길 수 있는 큰 연습장과 몇 개의 마커, 그리고 모든 사람들이 이 연습장에 적힌 내용을 볼 수 있도록 비디오 설비만 갖춰 달라고 부탁했다.

프레젠테이션을 하면서 폴은 회사가 관심을 가지고 있는 여러 영업 활동과 자원을 다방면에 걸쳐 설명했다. 그는 새로운 규제 환경과 컴플라이언스의 제도적 비용에 대해 설명하면서 정보 보안에 투자해야 할 필요성이 점점 높아지고 있다고 역설했다. 그가 궁극적으로 말하고자 한 바는 새로운 제품과 시장을 개발할 필요성이 크게 증가할 것이기 때문에 비용 증가를 상쇄시키기 위해서 영업 효율성을 높여야 한다는 것이었다. 폴은 아래와 같은 그림으로 자신의 프레젠테이션을 시각화했다.

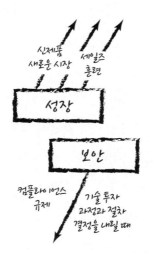

마케팅 팀원들이 도출해 주었던 중요한 데이터도 프레젠테이션에 등장했지만, 화면에 슬라이드를 띄워 놓고 숫자를 읽을 필요는 없었다. 그는 데이터를 알고 있었고 그 숫자들을 막힘없이 이야기했다. 그는 연습장의 다음 페이지에 가장 핵심적인 숫자를 쓰면서 세부 사항과 재무 지표를 충분히 다루었다. 그의 프레젠테이션은 마치 저녁 식사 자리에서 친구와 대화를 하듯이 대단한 기술을 사용하지 않았고 편안했다. 그리고 피드백도 상당히 흥미로웠다. 회사에서는 매년 회의 후 설문 조사를 직원들에게 보내고는 했는데, 폴이 받은 피드백의 일부를 그대로 옮겨 보겠다.

"이분이 회사에 오신 지 석 달밖에 안 됐다는 걸 믿을 수 없어요. 우리 회사를 정말로 잘 이해하고 있던걸요."

"끝날 때까지 제가 졸지 않은 첫 프레젠테이션이었어요."

"제가 이 회사에서 일한 지 오래됐지만, 이분 덕택에 새로운 아이디어에 눈을 떴어요."

"훌륭해요. 이런 분이 사장이 되어야 할 텐데."

폴의 프레젠테이션이 실제로 완전히 새로운 내용을 다루었다거나 지축이 흔들릴 만큼의 변화를 이야기하지는 않았지만, 그가 프레젠테이션을 전달한 방식 중 무언가는 전형적인 파워포인트 슬라이드보다 훨씬 강렬한 효과가 있었다.

연구 결과를 보거나 상식적으로 생각해 보면 생각은 그냥 말로 표출되는 것보다 사진이나 일러스트 또는 그림 등 눈에 보이는 형태로 전달되었을 때 훨씬 잘 기억되는 경향이 있다. 그리고 이것이 사람들이 파워포인트를 선호하는 이유이다. 하지만 화이트보드로 때로 파워포인트보다 더 큰 효과를 거둘 수 있다.

> **❝ 전달하고자 하는 중요한 생각이 있을 때는 화이트보드를 활용해라. ❞**

최근에 스탠포드 대학 경영학 대학원 교수인 재커리 토말라는 파워포인트와 비교했을 때 화이트보드가 가지는 시각적 잠재 효과에 대한 일련의 실험을 실시했다. 연구 목적은 화이트보드를 사용하는 것이 프레젠테이션의 효과를 높여 주는가를 검증하는 것이었다. 토말라는 이 실험에서 화이트보드 접근법을 지지하는 통계적으로 유의미한 결과를 얻었다.

- 참여도 — 사람들은 화이트보드에 그림을 그릴 때 발표에 더 집중했다.
- 신뢰성 — 화이트보드를 이용한 발표자들은 자신의 아이디어에 대한 독창성을 더 인정받았다.
- 기억 — 청중들이 프레젠테이션 내용을 더 잘 기억했다.

이는 파워포인트 슬라이드를 절대 사용하지 말라는 뜻이 아니라, 자기 홍보라는 측면에서 봤을 때 화이트보드가 당신을 경쟁자들과 차별화할 수 있는 기회를 제공한다는 뜻이다.

그렇다면 다른 사람이 화이트보드를 사용하지 않는 이유는 무엇일까? 어떤 사람들에게는 회의 시간에 일어나서 앞으로 나아가 화이트보드 마커를 집는 일이 부담스러울 것이다. 게다가 비즈니스 프레젠테이션에서 파워포인트는 쉬운 해결책이기도 하다.

파워포인트가 사랑받는 이유는 슬라이드에서 불렛 포인트

(bullet point, 서류의 중요 항목 앞에 네모꼴이나 다이아몬드 도형을 붙여 강조한 것 - 옮긴이)를 따라 이야기하다 보면 프레젠테이션 내용에서 벗어나지 않을 수 있기 때문이다. 다음에 무슨 말을 해야 할지 잊을까 봐 걱정할 필요가 없이, 잘 기억이 나지 않으면 다음 슬라이드로 넘기기만 하면 된다. 심지어 프레젠테이션 발표를 그리 잘하지 못하더라도 내용이 모두 스크린에 표시되어 있기 때문에 청중들은 무슨 말인지 알아듣는다. 하지만 한번 물어볼 필요가 있다. 내용이 화면에 다 나와 있다면, '당신의' 역할은 무엇인가? 파워포인트를 그저 읽어 주는 사람인가?

다른 사람들이 글자가 가득 적힌 파워포인트 슬라이드를 가지고 나와 발표할 때 당신도 자신이 어떻게 반응하는지 알고 있을 것이다. 뇌의 일부는 잠들고, 발표자가 말하는 속도보다 당신이 슬라이드를 읽는 속도가 더 빠르기 때문에 항상 발표가 너무 길다는 생각을 하게 된다.

물론 화이트보드는 사용하기 어렵다. 화이트보드에 적는 내용을 발표와 잘 맞추기 위해서는 일단 발표 내용을 처음부터 끝까지 샅샅이 숙지하고 있어야 한다. 실은 이것이 당신에게 주어진 자기 홍보 기회이다. 화이트보드 발표는 **어렵기 때문에**, 많은 사람들이 선택하지 않는다. 그러므로 화이트보드를 잘 이용하는 사람은 다른 사람과 크게 차별화된다.

파워포인트에 대한 미련을 못 버리겠다면?

만일 회사에서 몇 가지 이유로 인해 발표할 때 파워포인트를 사용해야 한다면, 또는 당신 자신이 슬라이드와 불렛 포인트에 대한 집착을 버릴 수 없다면, 청중들을 지루하지 않게 해 주는 몇 가지 기술을 알려 주겠다. 다음 사항을 지킨다면 파워포인트 중독자들과 스스로를 차별화할 수 있는 기회는 아직 남아 있다.

- 당신이 전달하고자 하는 메시지를 강조하고 싶으면 슬라이드마다 큰 효과를 내는 이미지를 하나만 넣어라.
- 화이트보드에 그린 것 같아 보이는 그림을 미리 준비해서 슬라이드에 첨부해라.
- 슬라이드에 도전적인 질문을 하나 넣어라.

꼭 텍스트를 넣어야 한다면 매우, 매우 짧게 쓰도록 하라. 전체가 아니라 당신이 전달하고자 하는 이야기의 **요지**만 넣어라.

다른 사람이 알아주길 바란다면, 스스로 남들에게 알려라

커리어 포트폴리오와 화이트보드, 블로그와 트위터도 흥미로운 방법이기는 하지만, 중요한 자기 홍보 활동의 대부분은 좀 더 기본적인 데서 출발한다. 바로 당신이 알리고자 하는 것을 사람들에게 말하는 것이다.

가장 기본적으로 보자면, 우리는 상사 또는 우리 경력 계발에 영향력을 미칠 수 있는 다른 사람에게 우리가 무슨 일을 하고 있는지, 그리고 어떤 성과를 냈는지 알릴 필요가 있다. 뻐기거나 과시하라는 게 아니라 사실을 알려 주라는 이야기이다.

최근 조사에 따르자면 60% 이상의 관리자들은 놀랍게도 부하 직원들이 구체적으로 무슨 일을 하는지, 그리고 그 일이 궁극적으로 어떤 영향을 미칠 것인지 알지 못한다. 따라서 다음으로는 회사에 당신이 어떤 기여를 하고 있는지 필요한 사람들에게 알릴 수 있는 몇 가지 전략을 다루려고 한다.

공식적이지는 않아도 자기를 알릴 수 있는 기회가 있으면 놓치지 마라

가장 효과적으로 자기를 알릴 수 있는 기회는 공식적인 프레젠테이션이나 회의가 아니라 비공식적인 매일매일의 상호 작용인 경우가 많다. 상사라든지 영향력을 지닌 사람들이 와서 "잘 지내나?" 또는 "일은 잘 되어 가나?"라고 물을 때 대부분 사람들은 "큰 문제 없습니다" 또는 "괜찮은 편입니다"라고 대답을 하기 마련이다. 그 대신 다음과 같이 말하는 기회로 삼아 보자.

"상황이 좋습니다. ＿＿＿＿＿＿＿＿＿＿＿＿가 잘 진행되고 있어서 만족스러운 상태입니다."

또는

"좋습니다. 현재는 ＿＿＿＿＿＿＿ 프로젝트에 역량을 집중하고 있습니다. 그리고 눈에 띄는 성과를 내고 있습니다."

또는

"지금은 ＿＿＿＿＿＿＿＿＿에 집중하고 있습니다. 잠깐 질문을 드려도 괜찮을까요? ＿＿＿＿＿＿＿＿＿에 대해 견해를 말씀해 주셨으면 합니다."

이렇듯 비공식적인 상황을 일에 대한 당신의 열정을 표현하고 당신이 최근 주력하고 있는 현안이나 프로젝트를 간단히 보고하는 기회로 활용하라. 상황이 허락한다면 그 사람에게 프로젝트의 특정 사안에 대한 견해를 알려 달라고 요청하라.

이때 그들에게 당신이 하는 일에 어떤 생각을 갖고 있는지 질문하지 마라. 너무 막연하다. 대신 그 사람의 관점이 정말로 필요한 구체적인 부분을 부각시켜라. 이는 자기를 알리기 위해 쇼를 하는 것이 아니라 정말로 윗사람들에게 의견을 구해 당신의 일에 관여하도록 함으로써, 당신이 바쁜 상사들의 레이더에서 벗어나지 않도록 해 줄 것이다.

공식적으로 자기를 알릴 수 있는 기회를 최대한 활용하라

대부분 회사들은 직원 개개인에 대해 정기적으로 성과 평가를 하게 되어 있다. 대개 성과 평가는 연간으로 하게 되어 있으며 상여금 규모는 평가 결과에 따라 달라진다. 70% 이상의 직원들은 자신들의 상사가 직접 시간과 에너지를 투자해 평가 면담을 준비하기를 바라며 이 과정에 수동적으로 대처한다. 그러나 평가 대상 직원이 여러 명이기 때문에 상사들은 업무 부담을 줄이기 위해 최소한의 시간만 서류 작업에 투자하고 넘어간다.

그러니 당신 스스로 커리어 발전 목적을 결정한 다음 성과 평가 면담에 임하라. 막연하게 면담을 하는 것보다 구체적인 목표를 잡고 참석한다면 당신이 원하는 결과를 얻을 가능성이 훨씬 높아진다. 예를 들어서 다음에 개최되는 리더십 워크숍에 참석할 수 있게 된다든가, 원하는 수준의 보너스를 받게 된다든가 하는 식으로 말이다. 또는 다음 승진 예정자에 이름을 올리게 될 수도 있다. 그도 아니면 나중에 승진에 도움이 될 수 있는 중요한 프로젝트에 참여할 수 있는 기회를 받게 될지도 모른다. 중요한 사실은 당신이 성과 평가를 할 때 스스로 구체적인 목표를 설정하지 않으면서 상사가 알아서 해 주기를 기대해서는 안 된다는 것이다.

적극적으로 커리어를 개척하는 사람들은 정기 성과 평가 면담을 운에 맡기거나 상사의 능력이나 관심 정도에 따라 결과가 나오기를 그저 기다리기만 하지 않는다. 정기 성과 평가를 할 때에는 적어도 다음 체크리스트에 있는 사항은 준비해야 한다.

- 전년도 업무 스케줄을 보고 중요한 이벤트나 프로젝트, 업무 등의 내용을 확인하라. 당신이 달성하거나 참여한 주요 업무 리스트를 작성하고 그 업무가 회사에 미친 영향을 간단히 요약하라.
- 당신이 꾸준히 커리어 성과 포트폴리오를 작성해 오고 있었다면, 앞서 조언한 바와 같이 그 해에 작성된 주요 성과 페이지를 꺼내라.
- 회사 내에서 당신이 설정한 커리어 목표와 당신의 현재 강점, 그리고 향후 개선해야 할 점이라든지 공부하려고 하는 분야 등 당신의 자기 계발 계획을 간단히 기술하라.
- 면담 중 질문하고 싶은 내용을 미리 준비하라. 예를 들어서 당신도 자기 생각을 이야기하겠지만, 상사가 보는 당신의 강점이나 자기 계발 기회에 대한 그의 의견을 물어볼 수 있다.
- 당신이 피드백을 진지하게 받아들이고 향후 커리어 계발 계획에 반영한다는 사실을 상사에게 알려라. 평가 대상 직원이 주어진 칸만 채우고 면담에 준비를 하지 않는다면 상사도 특별한 노력 없이 면담에 임하는 경향이 있다.

- 만일 당신이 특별히 좋은 평가를 받았다면, 이 문서를 저장해서 나중에 커리어 성과 포트폴리오에 추가하라.

당신이 얼마나 힘든지 알려라

어떤 사람들은 자신이 갖고 있는 능력조차 잘 알리지 못하는 실수를 저지르기도 한다. 그들은 어떤 능력이나 기술을 쉽게 보유할 수 있어서 이를 너무 당연하다고 생각하기 때문에, 그런 능력이 없는 다른 사람들에게는 대단해 보일 수도 있다는 사실을 잘 모른다.

만약 다른 사람들보다 더 빨리, 양질로, 더 통찰력 있게 재무 분석을 할 수 있는 능력이 당신에게 있다면, 자연스레 당신은 재무 분석을 해야 할 필요가 있을 때마다 빨리 해낼 수 있는 스스로의 능력에 자신감을 가지게 될 것이다. 하지만 불행히도 보고를 받는 사람 입장에서는 보고서를 이렇게 빨리 작성할 수 있었던 이유를 사안이 쉬웠기 때문이라고 생각해 당신의 능력을 저평가할 수도 있다.

당신이 매우 창의적인 마케터이고, 한 고객이 찾아와 신제품을 홍보할 수 있는 아이디어를 요구했다고 가정해 보자. 만약에 당신이 두 시간 내에 고객에게 뭔가를 보내 준다면 그들은 당연히 당신이 한 일에 대해 낮은 평가를 내릴 것이다. 당신이 제시한 아이디어가 놀랍고 엄청나게 혁신적이라고 할지라도 말이다. 부지

불식간에라도 고객은 짧은 시간 동안 당신이 해 봤자 얼마나 노력했겠느냐고 의문을 가지게 된다. 그렇게 많은 노력이 투입되지 않았다면 그 아이디어가 얼마나 쓸 만할까 하는 의문을 가질 수도 있다. 그리고 그 아이디어가 정말 좋았다고 할지라도 당신이 쉽게 할 수 있는 일에 왜 그렇게 많은 돈을 지불해야 하느냐고도 생각할 것이다. 물론 그들이 직접 그렇게 말하지는 않겠지만, 업무 속도가 빠르면 이런 부작용들이 생길 수 있다.

그러니까 지금 내가 상사나 고객에게 매우 중요한 프로젝트나 업무를 의도적으로 천천히 처리하라고 말하는 거냐고? 음, 실은 그렇다. 최고로 능력 있고 창의적인 사람들 사이에서 통하는 작은 비밀이 있다. 그들은 놀라운 아이디어나 놀라운 성과를 창출해 내는 것으로는 충분하지 않다는 사실을 알아냈다. 당신은 그 과정을 포장해서 마치 어렵고, 노력을 요하며, 스트레스 받는 일처럼 보이게 할 필요가 있다. 그러면 고객이나 상사 또는 동료에게 결과를 보고할 때, 마치 하늘을 가득 덮은 구름이 반으로 갈라져 한 무리의 천사가 나타나 당신의 놀라운 성과를 치하하는 것 같은 효과를 얻을 수 있다.

이는 물론 적당한 선에서 그쳐야 한다. 다른 사람들이 당신은 **절대로** 마감을 어기지 않는다고 믿을 수 있도록 언제나 업무 기한을 엄수해야 한다. 하지만 기한이 다가오는 그 순간에도 당신이 얼마나 힘든지 다른 사람에게 보여 주어야 한다.

"저는 보통 마감 사흘 전에 고객에게 프로젝트를 마치기 위해 열과 성을 다해 노력 중이라는 이메일을 보내곤 하죠. 그 프로젝트를 이미 끝냈더라도요." 한 광고 기획사 오너는 내게 이렇게 말했다. "고객의 마음속에 전 직원이 최고의 결과를 얻기 위해 매일매일 야근하고 있다는 이미지를 심어 주고 싶거든요." 하지만 그녀는 고객과 상사는 거짓말을 탐지해 내는 능력이 뛰어나기 때문에 지나치게 포장하면 안 된다고도 귀띔했다.

그렇지만 당신이 정말로 힘들어하는 모습을 다른 사람에게 보이면 안 된다

하지만 당신이 정말로 마감을 엄수하는 데 어려움을 겪거나, 업무의 질에 확신이 없을 때에는 상사나 고객에게 이 과정을 포장하면 안 된다. 이런 종류의 고생은 상사나 고객에게 알려서는 안 된다. 당신이 직장 내 인간관계에서 어려움을 겪고 있어서 상사가 개입할 필요가 있을 때에도 차분하고 긍정적이며 사실에 기반한 태도를 견지해야 한다. 다시 한 번 강조하지만 고충이나 분노, 불만 등의 감정을 남에게 보이는 것은 당신의 퍼스널 브랜드에 아무런 도움이 되지 않는다.

그러므로 때로는 일이 실제보다 더 어렵고 많은 노력을 요구하는 것처럼 보일 필요가 있지만, 때로는 실제보다 쉬운 것처럼 보이도록 해야 한다. 늘 어떻게 해야 당신의 퍼스널 브랜드 가치를 높일 수 있을까 염두에 두어야 한다. 커리어의 세계는 무대이고, 게임이며, 어쩌면 꼭 이런 식으로 할 필요는 없을지도 모른다 하지만 회사 내 포커 게임을 할 때는 이기는 게임을 하든가, 아니면 게임에 참여하지 않든가 둘 중의 하나를 선택해야 한다.

다른 사람을 도와라

만일 당신의 상사가 업무 프로젝트나 과제를 엄격히 통제하고 있다면, 당신의 생산성이나 마감을 준수하는 능력이 물론 중요할 것이다. 당신이 예상보다 일을 빨리 끝낼 수 있고 여력이 남는다면 스스로의 생산성을 돋보이게 하기 위한 방법이 한 가지 있다. 상사에게 가서 이렇게 말해 보라.

"제가 일정보다 빨리 _____ 프로젝트를 끝내서 지금 여유가 좀 있는데, 혹시 제 도움이 필요한 동료가 있을까요?"

여기서 중요한 사실은 당신이 동료를 돕고 너그러울 뿐 아니라, 본인의 업무 이외에 더 일을 하겠다고 자원하고 있으며, 특히 상사가 지시하는 일에 그 노력을 투입할 것이라는 점을 알려야 한다는 점이다.

보다 자율적으로 일할 수 있는 환경이라고 하더라도, 다른 사람의 프로젝트를 돕기 전에 상사에게 알려야 한다. 예를 들어 이렇게 말이다.

"도나를 도와서 메이페어 프로젝트를 처리하려고 하는데, 혹시 더 중요한 현안이나 제 도움이 필요한 다른 일이 있을까 확인받고 싶어서 일단 여쭤보려고 합니다."

상사에게서 정말 피드백을 원하고 하는 말이므로 순수하게 질문이기는 하지만, 이 말은 또한 당신이 가외의 일을 하고 있다는 사실을 상사에게 알린다. 당신이 시간과 에너지를 남들에게 나누어 준다는 것만으로는 부족하다. 필요한 사람들에게 그러한 사실을 알려야 한다.

다른 사람을 칭찬하라

다른 사람이 뛰어난 성과를 냈지만 스스로 성과를 내세우기 쑥스러워한다는 사실을 알게 되면, 당신이 나서서 그 동료를 추켜세워 주도록 하자. 이는 진실하고 예의 있는 행동이어야 하지, 스스로를 알리기 위해서 그렇게 한다는 인상을 주면 안 된다. 하지만 다른 사람을 칭찬하면 좋은 평판을 받을 수 있게 될 뿐 아니라, 당신이 스스로를 내세우고 다니는 사람이라는 인상을 크게 불식시킬 수 있다.

만약에 당신이 중요한 일을 했고 정말 긍정적으로 기여를 했다면, 당신이 아니라 그 프로젝트에 참여한 다른 사람의 노력을 치하하라. 다시 강조하지만 이는 진정한 감사의 마음에서 우러난 행동처럼 보여야 한다. 하지만 이로 인해 자연스럽게 당신의 기여 역시 돋보이게 될 것이다.

당신이 자기 자신이 아니라 다른 사람의 성과를 드러내면, 보통은 다른 사람들도 그에 보답한다. 칭찬을 받은 사람들은 언젠가 호의를 돌려 줘야 한다는 의무감을 느끼기 때문이다.

하지만 때로는 직장 내에서 그냥 "인정 흡혈귀"인 사람들이 있다. 그들은 자기가 받을 수 있는 인정은 다 빨아먹고 보답으로 아무것도 주지 않는다. 누가 인정 흡혈귀인지 알게 되면, 절대 다시는 그들에게 인정이라는 피를 한 방울도 주지 마라.

당신이 원래 그런 사람이 아니면, 자기를 알려야 한다는 생각에 부담을 느끼기 쉽다. 당신이 이런 생각이나 아이디어를 실천에 옮기기 시작하고 그로부터 파생되는 긍정적인 결과를 느낀다면, 아마도 당신은 자기를 알리는 것의 가치를 온전히 이해할 뿐아니라 나중에는 즐기게 될 것이다. 이는 가장 중요한 발전으로서, 어쩔 수 없이 하는 허드렛일이 아니라 당신의 커리어 성장 과정에 내포된 연극적인 측면을 향유하는 것이다. 그리고 이를 즐기게 되면 커리어 성장은 극대화된다.

생각해 보자

- 당신은 자기 홍보가 커리어 계발에서 중요한 요소라는 개념을 편안하게 받아들일 수 있는가?
- 이제까지 자신의 업무 기여도를 알리고 강조하는 일을 얼마나 잘해 왔는가?
- 커리어 성공에서 홍보가 가진 가치에 열정을 느끼고 "쇼를 즐길 수 있는" 마음 자세를 가지기 위해 어떤 일을 할 수 있을까?
- 이제까지 너무 빠르거나 쉽게 결과를 내서 당신의 아이디어나 업무 성과가 저평가 되었던 적이 있는가? 그렇다면 퍼스널 브랜드를 유지하면서도 이러한 점을 개선하기 위해 당신은 어떤 일을 할 수 있는가?

실천해 보자

- 회사에서 다른 사람이 기대하는 것보다 약간만 더 도와줄 수 있는 기회를 놓치지 마라. 기회가 스스로 찾아오지 않는다면 당신이 나서서 찾아라.
- 기회가 왔을 때 다른 사람이 한 일에 대해 진정한 감사의 마음을 표현해라. 일회성 과제로 완료하고 잊어버리지 말고, 규칙적으로 습관화하자.

• 당신이 신뢰하고 있으며 세련된 취향과 전문가다운 판단력을 지닌 배우자나 파트너, 친한 친구 등에게 일할 때의 외모(옷차림, 차림새, 매너, 습관 및 체중)에 대해 객관적인 조언을 구하라. 좋은 말로 위로하지 말고 잔인할 정도로 솔직하게 말해 달라고 하라.

• 이 책에 제시된 가이드라인에 따라 당신의 소셜미디어 노출에 필요한 조치를 취하라. 정기적으로 당신의 소셜미디어 내용을 업데이트하고 다듬는 것을 습관으로 삼아, 현재 당신이 가진 직업이 아닌 당신이 미래에 **가지고 싶어 하는** 직업에 어떤 영향을 미칠지 늘 신경을 써라.

• 커리어 성과 포트폴리오를 구축하고, 포트폴리오 내용을 늘 최신으로 업데이트하라.

• 처음에는 혼자서, 나중에는 소그룹 앞에서 화이트보드 기술을 연습하라. 기회가 찾아오면 회의에서 자리에 앉아 개인 노트에 그리든, 아니면 일어나 앞으로 나가 마법의 지팡이(화이트보드 마커)를 잡고 그리든 간에 당신의 아이디어나 전략을 시각화하여 요약하는 습관을 들여라.

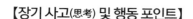

【장기 사고(思考) 및 행동 포인트】

♠ 많은 사람들은 의식적으로 자기 홍보를 해야 한다는 사실을 편하게 받아들이지 못한다.

♠ 그러나 오늘날의 고도 경쟁 사회에서, 당신의 능력이 필요한 사람들에게 알릴 수 있어야 한다.

♠ 꼭 스스로를 드러내 놓고 알리지 않더라도 자기를 홍보할 수 있는 방법은 많다.

♠ 커리어 계발이 팀 스포츠란 생각을 버려라. 회사 내의 "친구"도 때로는 당신에게 경쟁심을 가지고 있을 수 있다.

♠ 커리어 성과 포트폴리오를 구축하고 커리어 발전에 맞춰 업데이트하라.

♠ 당신이 가진 아이디어나 업무 기여도를 강조하기 위해 화이트보드와 친해져라.

♠ 모든 소셜미디어는 프로로서 당신이 지니는 이미지를 반영한다. 때 빼고 광내자.

♠ 다른 사람들이 당신의 능력과 기여도를 알아주기를 바란다면, 비공식적인 대화를 나누는 중에 우아하고 미묘하게 알릴 수 있는 방법을 찾아라.

♠ 정기 성과 평가를 할 때는 스스로 잘 준비해 효과를 극대화하라. 면담을 준비하는 부담을 상사에게 넘기지 마라. 이는 당신의 몫이다.

♠ 다른 사람의 업무를 돕고 칭찬하라.

♠ 다른 사람들이 당신의 경쟁력을 판단할 때 외모가 중대한 역할을 한다는 사실을 절대 무시하지 마라. 불공평할지도 모르지만, 이는 명백한 사실이다.

_7장

타인에게 호감과 매력을
주는 사람 되기

매력이란 명확한 질문을 하지 않고도
'예스'라는 답을 이끌어내는 수단이다.

– 알베르 까뮈

다른 사람이 좋아할 만한 사람이 된다는 것은 다른 사람이 자기를 좋아해 주기를 바라는 것과는 다르다. 호감을 받기를 너무 바라거나 또는 이를 위해 너무 노력하면 오히려 비호감이 될 수 있다. 매력적인 사람이 된다는 것은 위트가 넘치거나 재미있거나 외향적인 사람이 되는 것과는 다른 문제다. 사실 매력적인 사람들 중 일부는 비교적 조용하고 심지어 부끄러움을 타기도 한다.

　　정말 매력적인 사람들은 다른 사람에게 관심을 갖고 공감을 하지만, 다른 사람들이 자신을 어떻게 생각할지 신경 쓰는 데 에너지를 사용하지 않기 때문에 모순적인 측면을 가진다. 그들은 다른 사람이 자기를 어떻게 생각하는지 명확하게 알지 못한다. 그들은 누가 자기를 좋아하는지와 그렇지 않은지를 잘 알지만, 그렇다고 그 사실에 불안해하지 않는다.

　　마치 포르노와도 같이, 매력이나 호감을 끄는 능력을 정의하기는 어렵지만 우리는 호감을 느낄 때 스스로 인지할 수 있다.

　　"전 충분히 호감을 받을 만해요." 그녀는 말했다.

당시 나는 생산적인 동료 관계를 형성하기 위한 워크숍을 주최 중이었고 그 그룹은 다른 사람을 기분 좋게 하는 성격의 좋은 점에 대해 토론하고 있었다. 자기 인식이라는 주제가 제기된 참이었고, 나는 각각의 참가자들에게 자신의 매력을 1에서 5까지 점수를 매겨 스스로 평가하도록 했다.

5점 | 지구상의 모든 사람에게 특별한 호감을 받을 수 있음.

4점 | 회사 사람 대부분에게 매우 호감을 받을 수 있음.

3점 | 내 업무를 효과적으로 할 수 있는 정도로 호감을 받을 수 있음.

2점 | 특별히 호감을 받을 정도는 아니나, 동물에게 먹이를 주면 먹기는 함.

1점 | 모든 사람과 동물들이 어떻게든 나를 기피하려 함.

경험에 따르면 대부분의 사람들은 스스로에게 3점 또는 4점을 매긴다. 워크숍에서 그 젊은 여성이 스스로 충분히 호감을 받을 수 있다고 평가하자 동료들은 코웃음을 치거나 눈동자를 굴렸다. 자기 자신에게 3점을 주는 사람은 대체로 다른 사람에게는 2.5나 그 이하의 점수를 받을 가능성이 높다.

만약 당신이 현재 커리어 발전과 향후 성장 가능성에 만족하고 있는 상태라면 "매우 호감을 살 만함"과 "충분히 호감을 살 만함" 중간 어디쯤이라도 괜찮다. 어쩌면 당신은 '누구에게 물어보느냐에 따라 다르지. 어떤 사람에게 나는 4.5점이지만 어떤 사람에게는 그 정도는 아니거든'이라고 생각할지도 모른다. 이것도 당신이 커리어의 현재 상태에 만족한다면 문제없다.

하지만 이 책을 읽고 있는 당신은 스스로의 가능성을 더 채찍질하고자 하는 사람일 것이다. 그런 경우라면, 미안하지만 4점으로는 충분하지 않다. 대부분의 사람에게 매우 호감을 받을 수 있음으로는 커리어 성장 속도가 평균치를 벗어날 수 없다.

이 책을 시작하면서 내가 소개한 샌디에이고의 토니를 기억하는가? 그때 나는 토니에 대해 설명하면서 늘 사무실에서 토니가 가장 좋아하는 사람은 나였을 거라고 생각했지만, 나중에 보니 다른 사람들도 다 그런 식으로 느끼고 있었다는 사실을 알았다는 이야기를 했다. 토니는 그냥 호감이 가는 사람이 아니라, 특별히 매력적이고 재미있고 함께 있기 즐거운 사람이었다. 몇몇 사람에게만 그런 것이 아니었다. 말 그대로 모든 사람이 토니를 좋아했다.

토니는 사내 정치를 하지 않았다. 적어도 드러내 놓고는 말이다. 물론 그는 누가 누구를 싫어하는지, 누가 누구와 내연 관계인지, 누가 신뢰할 만하고 누구는 믿을 수 없는지, 누가 능력이 있고 누구는 그렇지 못한지 등 회사에서 일어나는 온갖 사건을 알고 있었지만 다른 사람에 대해 나쁘게 말한 적은 거의 없었다. 마치 그는 본능적으로 다른 사람의 장점만 보는 것 같았다. 그도 화가 나고 좌절감을 느끼기도 하겠지만, 특정인에게 그런 감정을 표현했을 때는 즉시 사과를 했다. 그는 때로 사악한 방식으로 웃기기도 했지만 장난치지 말아야 할 때가 언제인지를 잘 알았다. 그리고 물론 자신의 일도 잘했다. 그는 속 빈 강정이 아니었다. 사람들이 업무에서 기대하는 수준을 충족시켰기 때문에 그의 유쾌한 성격과 유머, 친절함은 보너스였을 뿐이다.

토니 때문에 나의 '호감을 살 만함' 기준은 상당히 높아졌다. 나는 주위 사람들에게 따뜻하게 대하는 그의 태도가 얼마나 큰 가치를 가지는지 분명히 보았다. 하지만 단순히 회사에서 다른 사람에게 더 잘 대해 주겠다고 결심한다고 호감을 살 수 있지는 않다.

66 남들이 스스로 특별한 사람이라고 느끼게 해 주어라. 99

나는 원래 외향적이거나 활발하거나 재미있는 사람이 아니다. 회사에서는 특히나 더 그렇다. 다른 사람들은 종종 나에게, 내가 늘 머릿속으로 중요한 문제를 고민하고 있는 줄 알았다고 말한다. 늘 미간을 찌푸리고 살짝 짜증난 표정을 띠고 있었기 때문이다. 그리고 나는 쉽게 대화에 지겨워져서, 다른 사람이 한창 말하고 있는 중간에 다른 생각을 하곤 한다. 결국 상대방도 이 사실을 알아채고 당연히 기분 나빠한다. 어떤 사람들은 내가 다가가기 쉬운 사람이 아니며 일상생활 대화를 잘 못한다는 얘기를 한 적이 있다. 게다가 내게는 사람 이름을 기억하는 소질이 전혀 없다. 토니는 사람들 이름을 매우 잘 기억하고 늘 그 사람의 이름을 불러주었다. "베스, 오후 잘 보내고 있어요?" 또는 "찰리, 주간 재무지표 보고서 좀 업데이트해 줄 수 있어요?" 또는 "댄, 어제 못 와서 아쉬웠어요. 다음에는 함께해요"라는 식으로 말이다. 무슨 얘긴지 이해하리라 믿는다. 빌어먹게도 붙임성 좋은 녀석 같으니라고.

나는 바로 옆에서 따뜻하고 호감을 사는 토니의 성격이 커리어에 얼마나 긍정적인 영향을 미치는지 보았다. 그리고 회사에서 매력적인 사람이 됨으로써 얻을 수 있는 눈에 보이는 이익 외에도, 시간이 흐르면서 이상하고 설명할 수 없는 현상을 목격했다. 정말 매력적인 사람은 그냥 같이 일하고 싶은 정도가 아니라, 실제로 다른 사람에 비해 더 운이 좋았다. 농담이 아니라, 한 개인의 매력과 운 사이에는 형이상학적인 상관관계가 있는 것 같다. 물론 우리가 다른 사람에게 친절하게 대하면 상대도 우리에게 친절하게 대하기 마련인데, 이게 때로는 운이 좋은 것처럼 보일 수도 있다.

이 장의 요지는 성격이 모난 사람들은 절대 성공할 수 없다는 얘기가 아니다. 물론 그들도, 특히 회사에 이익이 되는 흔치 않은 재능이나 독특한 지식이 있는 경우에는 더더욱 성공을 할 수 있다. 스티브 잡스나 안나 윈투어는 성격이 나쁘지만 독특한 재능이나 통찰력 덕분에 성공한 예이다. 하지만 스스로 기상천외할 만큼 드문 능력을 갖고 있어 다른 사람에게 따뜻하고 친절하게 대할 필요가 없다고 생각하는 사람들의 대부분은 스스로를 속이고 있다.

> **❝** 다른 사람들을 좋아해 보라. 그것도 많이.
> 대부분의 사람들은 더 큰 호감으로 보답해 줄 것이다. **❞**

"저는 사교적인 사람 축에 끼지 못한답니다. 오히려 그 반대의 성향을 가지고 있어요. 친화적이지도 않고요." 카지노 산업 마케팅 회사인 플레이어트랙시스템스의 CEO 허브 러트렐이 말했다. 그때 나는 그의 회사 관리 팀 전체 직원과 전략 계획 미팅을 하기 전에 그와 인사차 점심 식사를 하고 있었다. 나는 그 미팅을 주최하기 위해 그의 회사에 고용된 상황이었고, 그를 직접 만나기 전에는 점심 자리에서 허브의 리더십 스타일에 대해 감을 잡을 수 있으면 좋겠다고 생각하고 있었다. 그가 빠른 속도로 식사를 먹어 치우는 동안 생각을 요하는 질문 몇 개를 던져 보았지만, 그는 내 질문에 단답형으로 통명스럽게 대답하고는 식사를 끝내자마자 일어나서 자리를 떴다.

누가 보아도 사교적인 사람이라고 말할 수는 없었다.

원래 그날 오후는 회사의 미래와 카지노 게임 산업의 변화에 대해 토론을 주고받는 자리가 되어야 했지만, 결론적으로는 허브의 강의 시간이 되고 말았다. 그는 모든 토론을 독차지했다. 모든 팀원들이 행복한 얼굴을 하고 있기는 했지만 그 방의 분위기가 그다지 우호적이지 않다는 사실은 내 눈에 뻔히 보였다.

허브가 나를 고용한 이유는 팀원들 간에 다각도로 활발한 토론을 조성하기 위해서였지만, 내가 직원을 지목해서 그 직원이 허브의 관점에 배치되는 발언을 하기라도 하면 이내 빠르고 강한 말싸움이 시작되었고, 승자는 언제나 허브였다.

"사장님은 천재는 아니지만, 빌어먹게 똑똑한 편이기는 하죠." 며칠이 지난 뒤 플레이어트랙의 마케팅 이사가 사적으로 이야기를 나누는 중 이런 말을 했다. "성격이 나쁘기는 하지만 다른 누구보다도 산업을 처음부터 끝까지 알고 있기 때문에 그 자리에 계신 거죠. 사장님은 제가 아는 사람 중에 업계에서 가장 넓은 인맥을 가지고 있는데다, 카지노 실적 지표 보고서를 제대로 이해하고 다른 사람들이 보지 못하는 걸 볼 수 있으시거든요. 그것이 사장님이 실적을 내시는 방식인 거죠."

아니나 다를까 플레이어트랙은 허브가 2년 전 대표로 임명된 이후 매 분기마다 8% 이상의 성장을 계속해 오고 있었다. 만일 당신이 매년 30% 이상 회사를 성장시킬 수 있다면 사람들은 당신의 성격에서 다소 거슬리는 점이 있더라도 받아들일 것이다. 허브의 경우에는 **매우** 거슬리는 성격이었지만.

심지어 그를 사장 자리에 임명한 이사회 임원마저도 허브의 예의 없음에 격분할 때가 있었다. "이사회에서 면접을 보았을 때에도, 그 사람이 데이터 전문가이기는 했지만 그다지 매력적이지 않다는 사실은 분명했죠." 이사회 임원이 내게 말했다. "하지만 그때는 적어도 예의 바르고 조금은 친근하게 굴기도 했어요." 허브가 사장 자리에 임명되고 난 뒤, 그의 "예의 바르고 조금은 친근"한 품행은 대부분 사라져 버렸다.

"허브가 부임하고 첫 6개월 동안 좋은 사람들이 많이 나갔어요." 다른 이사가 말했다. 하지만 이사회에서는 허브가 회사를 다시 살리는 데 총력을 다하고 있으며, 이로 인해 갈등이 불거질 가능성이 있다는 사실을 알고 있었다. 그가 실제로 회사를 성장시키는 실적을 시현한 시점쯤에는 그 회사에 남아 일하고 있던 사람들은 모두 허브의 거친 성격에 익숙해졌고, 이의를 제기하는 사람은 아무도 없었다.

만일 당신이 놀라울 정도의 재능을 가지고 있어서 남들과 다른 결과를 만들어 낼 수 있다면, 다른 사람들은 성격이 나빠도 용서하거나 적어도 당신을 참아줄 것이다. 하지만 성격 나쁜 사람들이 계속 좋은 실적을 내는 데는 엄청난 압박이 따른다. 거슬리는 성격을 가진 사람의 생산성이나 업무 효율이 떨어지게 되면 아무도 그들을 참아 주지 않기 때문이다.

1년 후 나는 플레이어트랙의 마케팅 이사에게서 연간 업무 계획 미팅을 다시 한 번 개최해 달라는 이메일을 받았다. 회사에 어떤 변화가 있었는지 묻자 짤막한 대답이 돌아왔다. "지난 두 분기 동안 성장이 둔화되었고 허브는 해임 당했어요."

허브가 더 이상 놀라운 성장률을 가져오지 못하자, 이사회에서도 더 이상 그의 성격을 참을 이유가 없었던 것이다. "사실 성장이 둔화되자 상황은 더 나빠졌어요." 이후 한 임원이 내게 말했다. "압박감을 많이 받게 되자 그는 더 무례하고 거칠어졌거든요. 그리고 이사회에 알리지도 않고 의사 결정을 내리고 그다음에는 이사회가 자기를 방해하고 있다고 소리를 지르기 시작하더군요. 결국 그를 해임하는 수밖에 없었어요."

이런 상황에 극히 흥미를 가지고 있었기 때문에, 나는 몇 달 후 허브 러트렐에게 연락해 점심을 같이 먹자고 청했다. 그가 그러자고 했을 때 나는 말 그대로 놀랐다. "특별한 일 없이 지내요." 그는 약간 갈라진 목소리로 말했다. "당연히 알고 계시겠지만 말이죠."

허브와의 점심에 대해 자세한 이야기를 하기 전에 나는 매일의 직장 생활에서 개인이 가진 매력이 얼마나 중요한지, 심지어 거의 필수적인지에 대해 몇 가지 생각을 말하려고 한다. 어떤 사람들은 태어나면서부터 다른 사람과 관계를 맺고, 매우 빠른 시간에 강하고 깊은 유대를 형성하는 데 선천적인 능력을 가진 것처럼 보인다. 허브와 같은 어떤 사람들은 가장 기본적인 사람 대 사람의 예의를 갖추는 능력을 타고나지 못한 듯이 보인다. 대부분의 사람들은 양 극단 사이 어딘가에 위치해 있겠지만, 우리는 분명 매력을 높이기 위해 새로운 기술과 테크닉을 배울 수 있다.

진실한 매력은 오늘날 사무실에서 점점 더 희소해지고 있기 때문에, 당신이 뛰어난 대인 관계 기술이나 습관을 선보인다면 다른 사람과 스스로를 차별화할 수 있는 가능성도 훨씬 많다.

경고 : 지금부터 우리는 특정한 기술이나 테크닉을 다룰 예정이지만, 매력적인 사람이 되기 위해 지나치게 노력하는 사람만큼 매력 없는 사람도 없다는 사실을 명심하라. 만약에 동료가 당신의 믿음과 신뢰를 얻기 위해 너무 열심히 작업한 적이 있다면, 이게 얼마나 거슬리는지 알 수 있을 것이다. 정말 호감 가는 사람들이 노력하지 않는다는 이야기는 아니다. 그들은 노력을 한다. 다른 사람들이 노력한다고 느끼지 않는 방식으로 할 뿐이다. 그러므로 다른 사람이 좋아할 만한 사람이 되도록 더 열심히 노력하라. 그러나 당신이 노력하는 것처럼 '보여서'는 안 된다. 이해했는가?

당신은 실제로 다른 사람에 대해 어떻게 느끼는가? 스스로에게 위와 같은 질문을 던지고 대답을 신중하게 생각하라. 좀 더 구체적으로 질문을 하면, 당신은 함께 일하는 사람에 대해 정말로 어떻게 생각하는가? 만일 당신이 다른 사람들 때문에 짜증이 나거나 불만을 가지거나, 다른 사람을 믿지 못하거나, 대부분의 사람을 대하는 밑바탕에 부정적인 평가를 깔고 있다면 당신의 매력도를 끌어올리기는 어려울 것이다. 그럼에도 불구하고 해낼 수 있기는 하지만, 다른 사람에 대한 부정적인 평가를 좀 누그러뜨린다면 더 나은 결과를 얻을 수 있다.

> **66** 다른 사람에게 가혹한 평가를 내리지 않고도
> 그들의 결점을 직시할 수 있다. **99**

특별히 매력적인 사람들의 공통점 중 하나는 그들이 사람을 잘 본다는 것이다. 그들은 사람을 **꿰뚫어 보기** 때문에 우리는 종종 그들이 우리의 장점뿐 아니라 단점도 알고 있다는 느낌을 받는다. 그리고 우리의 단점을 알고 있음에도 불구하고 그들은 우리를 좋아하고, 흥미를 가지며, 함께 시간을 보내고 싶어 한다. 다른 사람의 단점을 알면서도 평가하지 않는 이 독특한 능력은 진실로 매력적인 사람들이 가지는 본질적인 속성이다.

여러 의미에서, 매력은 매우 간단하다. 이는 다른 사람을 창피

하게 하거나 보답으로 무언가를 요구하지 않으면서 자신이 상대에게 호감을 가지고 있다는 사실을 알리는 능력이다. 당신이 주요 기업의 CEO거나 아니면 대학을 막 졸업하고 첫 직장에 취업했거나 간에, 다른 사람에게 따뜻하게 대하는 태도는 당신에게 유리하게 작용할 것이다. 단순히 커리어가 앞으로 나아갈 가능성을 높일 뿐 아니라, 당신 자신이나 다른 사람들의 커리어 여정을 더 즐겁게 해 줄 수 있다.

당신의 직장이나 또는 일상생활에서 당신과 관계되었을 때 말고 일반적으로 다른 사람에게도 특별히 매력적이라고 생각되는 사람이 있는가? 이런 사람을 좀 더 주의 깊게 관찰하기만 해도 많은 것을 배울 수 있다. 그들이 당신과 이야기할 때 늘 똑바로 눈을 맞추어 온다는 사실을 알아차렸는가? 그들은 기분 나쁘게 당신을 위아래로 훑는 것이 아니라, 당신과 함께 있을 때면 당신에게 **온전히** 집중한다. 당신에게 말할 때 주의가 산만하다거나 다른 생각을 하고 있다는 느낌을 주지 않는다.

그러므로 당신이 다른 사람을 대할 때 스스로의 따뜻함과 매력을 개선하려고 마음먹었다면 우선 다른 사람들을 판단하지 말고, 주의를 집중해 상대에게 완전히 집중하라.

완전히 집중한다는 것의 의미는, 당신이 상대에게 이야기할 때 그 시간 동안 다른 것은 모두 잊어버린다는 뜻이다. 무언가로 정신이 산란해서 상대에게 완전히 집중할 수 없다면 최소한 사과라도 해야 한다. "집중을 못하고 있는 것처럼 보여서 죄송합니다. 지금 머릿속에 해결하기 어려운 문제들이 돌아다니고 있는데, 신경을 꺼두기가 쉽지 않네요." 거기에서부터 대화를 계속한다고 하더라도, 적어도 당신은 완전히 집중하지 못했다는 사실을 인정할 정도로는 예의 바르게 행동한 것이 된다.

> **❝** 다른 사람의 결점을 받아들이기 위해서는
> 먼저 스스로의 단점부터 포용해야 한다. **❞**

매력적인 사람들은 대개 스스로의 결점을 겸허히, 그리고 편안히 받아들인다. 당황하거나 부끄러운 방식으로 겸허한 것이 아니라, 그보다는 겸손한 자신감에 좀 더 가까운 느낌이다. 당신이 스스로의 불안감과 불확실성에 사로잡혀 있다면, 상대에게 마땅히 주어야 할 솔직하고 객관적인 존경을 보내는 것은 불가능한 일이다.

물론 실천은 말에 비해 훨씬 어렵다. 지금 나는 당신에게 다른 사람들의 결점을 알면서도 그들을 존경하고, 스스로의 단점을 겸허히 포용하면서, 다른 사람과 있을 때는 정신을 흐트러뜨리지 않고 온전히 집중하라고 말하고 있는 것이다. 이 원칙이 당신의 원래 사고방식에 내재화되어 있지 않다면 시간과 깊은 성찰, 그리고 변화를 이루어 내겠다는 굳은 결심이 필요하다. 그리고 당신은 종종 다른 사람이나 당신 자신에 대해 가혹한 판단을 내리는 스스로를 발견할 것이다. 그럴 때에도 스스로를 비난할 필요는 없다. 일단 숨을 깊이 들이마시고, 미소 지은 다음, 부정적인 감정을 흘려보내고 다시 자신의 성장에 집중하라.

미소 지어라, 웃어라, 깔깔거리고 웃어라, 숨넘어가도록 웃어라

매력적인 사람들은 농담을 하지 않으면서도 우리를 미소 짓고 웃게 만든다. 따라서 더 매력적인 사람이 되고 싶다면 다른 사람들을 웃게 만들 수 있는 능력을 길러야 한다. 당신이 가벼운 농담을 하는 데 천부적으로 소질이 있을지도 모르지만 없을 수도 있기 때문에 이는 어려운 일일지도 모른다. 당신이 농담에 소질이 있으면, 당신은 분명 알고 있을 것이다. 내가 원래 웃긴 사람인가? 하고 고민한다면, 나는 당신이 고민에 대한 답을 알고 있다고 생각한다. 그런 경우라면 유머 감각을 계발할 수 있기는 하지만 주의해야 한다. 유머 감각이 없는 사람에게 코미디 기술을 가르친다는 것은 마치 여섯 살짜리 아이에게 장전된 총을 쥐어 주는 것과 다름없다. 총이 발사되고 아수라장이 펼쳐지면서 의도하지 않은 피해가 발생할 수 있다.

하지만 가벼운 농담에는 엄청난 힘이 있기 때문에, 위험을 무릅쓰고 유머 감각을 계발하거나 당신이 원래 지니고 있었던 소질을 키워 줄 가치는 있다. 당신도 이미 다른 사람이 미소 짓거나 웃음을 터트리면 (혹은 약간이라도 웃음을 머금는다면) 상대의 긴장이 풀리면서 더 협조적이고 생산적인 토론과 협상을 이끌어 낼 수 있는 분위기가 조성된다는 사실을 알고 있을 것이다. 유머 감각이 없는 많은 사람들이 겪는 어려움은, 그들도 더 재치 있고 매력적인 사람이 되고 싶어 하지만 사람들 앞에서 수줍어하고 긴장을 해서 말을 더듬거나, 발을 헛딛거나, 이상 행동을 하는 등의 행동을 한다는 것이다. 그래서 그런 사람들이 재미있어지려고 지나치게 노력을 하다 보면, 가련하거나 보는 사람이 무안한 상황이 벌어질 수 있다.

그러므로 당신이 아닌 그 누군가가 되려고 스스로를 압박하지 마라. 그냥 자신감 있고 편안하면서도 다른 사람에게 진실로 관심을 가지는 사람이 되려고 노력하라. 당신이 가진 내적인 매력과 재치는 자연히 드러날 것이다. 유머를 할 때 지켜야 할 세 가지 광범위한 가이드라인은 아래와 같다.

- 다른 사람 말고 자기 자신을 놀려라.
- 더러운 소재의 개그는 하지 마라. 반짝반짝 빛나도록 청결해라.

- 상황이나 환경에 대해 농담을 하고, 당신을 제외한 다른 사람을 농담거리로 삼지 마라.

내가 아내에게 책의 이번 장에 유머에 대한 팁을 몇 가지 넣으려고 한다고 했더니, 아내는 대필 작가라도 쓰려는 것이냐고 물어보았다.

방금 내가 한 말 보았는가? 바로 이런 농담을 해야 한다.

밥 먼로는 댈러스에 위치하고 있으며 텍사스와 노스다코타, 캐나다의 앨버타에서 유전을 운영하고 있는 한 유전 서비스 회사의 중간 관리자였다. 그는 천성적으로 사려 깊고, 진지하며, 학구적인 사람이었다. 또한 매우 업무 지향적인 사람이기도 했고, 사실 관계에 기초해 결정을 내리는 사람이었다. 과거에 그는 감정이 없는 사람처럼 보였고, 무성한 짙은 수염 때문에 표정을 읽기가 더욱 어려웠으므로 몇몇 직속 부하들은 그를 "피도 눈물도 없는 밥"이라고 불렀다. 밥이 임원 승진 대상자 물망에 오르자 회사에서는 직무에 대한 준비 과정의 일환으로 임원 코칭 프로그램을 이수하라고 요구했다.

"솔직히 처음에는 기분이 좀 나빴어요." 그는 말했다. "다른 사람을 어떻게 이끌어야 하는지는 알고 있었기 때문에 이 프로그램은 시간과 돈 낭비 같았거든요. 하지만 어쨌든 임원 승진을 하고 싶으면 게임에 참가해야 하니까 저도 룰을 따랐죠."

공식적으로 코칭이 시작되기 전에 회사에서는 밥에게 심리 프로파일링 테스트를 몇 개 받도록 요구했고, 밥의 코치가 그의 동료나 직속 부하, 그리고 회사 밖의 친구나 가족 구성원과 전화 면담을 하겠다고 했다. 밥은 도대체 왜 코치가 자신의 친구나 가족과 면담을 하고 싶어 하는지 이해하지 못했지만 요구에 응해 그들의 연락처를 넘겨주었다. 그때쯤 정규 코칭 과정이 시작되었고, 밥은 그 과정이 끝나기를 손꼽아 기다렸다.

"당신을 사적으로 아는 사람들은 당신이 같이 있을 때 재미있고 사람을 즐겁게 해 주며, 당신이 잘 웃는 사람이고 심지어 아코디언을 켤 줄 안다고도 하더군요." 코치는 첫 시간에 이렇게 이야기 했다.

"맥주 몇 잔 들어가면요." 밥도 미소 지으며 대답했다.

"회사에 있는 사람 중에 당신이 아코디언을 켤 줄 안다는 사실을 아는 사람이 있나요?"

"아뇨. 회사 사람들은 알 필요가 없지 않나요?"

"글쎄요. 사실 제대로 된 질문을 하자면, 회사 사람들이 왜 몰라야 하죠?"

밥은 코치와 그 후 석 달 동안 격주로 만나야 했고, 만날 때마다 이야기의 주제는 늘 밥의 두 인격이 되었다. 회사 직원 밥은 심각하고 재미없으며 다른 사람이 알기 어려운 사람이었다. 가족과 친구인 밥은 편안하고, 재미있었으며, 말을 걸기 쉬운 사람이었다. 코치는 밥의 편안하고 친근한 성격이 회사에서도 나타나기를 바랐지만, 그것이 말처럼 쉽지만은 않았다.

"저는 그런 척 하고 싶지 않아요." 밥이 말했다.

"그런 척이라니요?"

"아시잖아요. 저는 일을 안 할 때처럼 굴기 싫다는 거죠."

"그러면 친구들과 있을 때에도 친근하고 느긋한 척 하는 건 가요?"

"아니요. 물론 아니죠."

"그러면 회사에서 좀 더 친근하고 느긋하게 구는 건 왜 그런 척 하는 게 되죠?"

"왜냐하면 회사에서는 그런 기분을 느끼지 않거든요."

결국 그들은 회사에 있을 때의 밥의 감정 상태(심각하고, 근엄하며, 생기 없는)는 스트레스와 불확실성에 대한 반응이라는 사실을 이해하게 되었다. 밥은 언제나 야망 있고 열심히 일하는 성실한 직원이었지만, 회사에서 약간만 긴장을 풀면 도움이 될지도 모른다는 생각은 해 본 적이 없었다. 게다가 그는 상대방에게 농담을 하고 편안하게 대하면 자신을 진지하게 받아들이지 않을 것이라고 생각했다.

코치는 밥에게 그의 유쾌하고 친근한 성격을 회사에서도 좀 보이라고 권장했다. 크고 눈에 띄는 변화를 만들겠다고 하지 말고, 아주 작은 걸음부터 시작하라고. 그래서 밥은 직원 미팅을 시작할 때 바로 회의 안건으로 들어가는 대신 가벼운 인사말을 건네기 시작했다. 심지어 그는 농담을 던지기도 했다. "제 코치가 저에게 회사에서 감정을 좀 더 보이라고 권하더군요." 그는 회의를 시작할 때 직원들에게 말했다. "그래서 내게는 좌절과 실망이라는 두 가지 감정밖에 없다고 얘기했어요. 그러니 오늘 여러분과 어떤 감정을 공유할지 여러분께서 직접 결정해 주세요." 잠시 긴장된 순간이 지나고, 그들은 마침내 농담을 이해했다. 나중에 알게 되었지만 밥은 실제로 건조한 유머 감각을 지닌 상당히 재미있는 사람이었고, 스스로를 살짝 비하하면서 농담을 하는 데에도 점차 익숙해졌다.

그러나 이 책에서는 몇 페이지를 할애했을 뿐이지만, 밥이 실제로 변화하기 위해서는 여러 달과 많은 대화가 필요했다. 그는 유머 감각과 긍정적인 감정이 **없기 때문에** 회사에서 어떠한 비용을 치르고 있는지 일단 인식해야 했다. 그리고 그다음에 문제에 대처해야 했다.

"저는 스스로에게 갑자기 재미있거나 매력적이거나 그와 비슷한 사람이 되라는 압박은 넣지 않았어요." 그가 말했다. "그냥 긴장을 풀고 회사 동료를 제가 얼마나 좋아하는지, 그리고 때때로 함께 웃을 수 있으면 얼마나 도움이 될지 스스로에게 일깨워준 것뿐이에요."

> 66 기본적인 예의와 존중이 없으면
> 매력은 달아나 버린다. 99

    나중에 밥은 자신이 동료나 부하 직원들에게 어떤 식으로 존중 받지 못한다는 느낌을 주는지 깨닫게 되었다. 코치는 밥이 회사에서 그 자신과 다른 사람 사이에 방어막을 치는 행동 패턴을 깨닫도록 해 주었다. 더 중요한 깨달음은 이 방어막이 어떤 식으로 밥을 편안하게 해 주었는지 알게 된 것이다. 만일 사람들이 그에게 말을 하기가 어렵다면, 해결책이 없을 때 밥에게 문제를 털어놓을 수 없게 된다. 사람들이 그를 내버려 두면, 밥은 프로젝트와 업무에 집중할 시간과 에너지를 확보할 수 있다. 밥은 그가 자신의 스트레스와 불안함을 해소하기 위해 이러한 방어막을 형성해 왔다는 사실을 깨달았다.

    그의 또 다른 행동 중 하나는 회의에 정시 또는 살짝 늦게 나타나서 사담私談이라고는 없이 바로 일을 시작하는 것이었다. 그리고 언제나 벅찬 주제를 들고 왔기 때문에 회의는 빠른 속도로 진행되어야 했다. 코치가 그에게 만일 저녁 식사 자리에서 똑같은 식으로 행동한다면, 식사 때마다 늘 몇 분 정도 늦게 와서 효과적으로 음식을 먹어 치우기 위해 서두른다면 아내가 어떤 식으로 반응할 것 같으냐고 묻자, 밥은 회의의 효율성에 지나치게 집착하는 자신의 행동이 실제로는 무례하게 보일 수 있다는 사실을 알아차렸다.

밥은 다른 사람의 의견을 구하는 일에도 더 많은 노력을 하게 되었다. 자신의 의견이 옳다고 완전히 확신할 때에도, 그는 다른 사람에게 의견을 먼저 물어보고, 자신의 견해를 표현하기에 앞서 다른 사람의 말을 먼저 듣는 버릇을 길렀다. 그는 다른 사람의 말을 자르거나, 끼어들거나, 말을 하는 중간에 중단시키는 버릇을 고쳤다. "나쁜 버릇이죠." 그는 인정했다. "의도한 것은 아니지만, 시간이 지나면서 이런 버릇이 들었습니다."

밥은 아직도 회의에서 다른 사람에게 "저는 다른 견해를 가지고 있지만, 당신이 왜 그런 결론을 냈는지 알 것 같군요. 그러니 좀 더 얘기를 해 봅시다"라고 말했을 때 일부 사람들의 얼굴에 떠올랐던 경악스런 표정을 기억하고 있다. 그는 새로운 밥에 익숙해지기 전까지는 사람들이 '이게 일종의 함정인가?' 하고 의심했다는 사실도 알고 있다.

밥이 배운(또는 새로 배워야만 했던) 핵심적인 교훈은 결국 '모든 사람'에게 기본적인 예절과, 예의와, 친절함을 갖추어 대하라는 것이었다. 언제나 회사에는 당신이 공감대를 형성할 수 없는 사람이 있을 것이다. 심지어 당신이 적극적으로 싫어할 만한 사람도 있을 것이다. 그럴 때면 이런 사람들을 특히 존중하려는 마음을 가져 보아라. 그들이 존중 받을 가치가 있기 때문이라기보다는 다른 사람들이 당신의 좋은 태도를 볼 것이기 때문이다. 특히 당신이 까다로운(또는 비인간적인) 사람에게 예의 바르고 우아하게 대처한다면 다른 사람들은 당신의 태도에 주목할 것이다.

편안하게 자신감 있는 사람이 되어라

자기 혼자 잘난 줄 아는 자신감 과잉 인간형이 되라는 뜻은 아니다. 사실 자신감 과잉보다 매력을 떨어뜨리는 특질도 별로 없다. 편안한 자신감은 스스로를 편안하게 받아들이는 사람에게서 나온다. 이런 이들은 다른 사람에게 위축되지도 않고, 다른 사람을 주눅 들게 하지도 않는다.

최근에 나는 이에 대한 좋은 예를 보스턴에서 시애틀로 가는 비행기에서 목격했다. 나는 통로 쪽 자리에 앉아 있었고, 통로 건너편 자리에는 전형적인 CEO처럼 차려입은 한 남자가 앉아 있었다. 브룩스브라더스의 어두운 색깔 정장, 프렌치커프스 버튼, 광을 낸 까만 옥스퍼드 구두, 짧게 자른 흰머리, 금속 테 안경. 그는 어떤 종류의 보고서를 읽고 메모를 하면서 완전히 집중하고 있었다. 그래서 한 젊은 남성이 비행기에 타서 그의 옆 창가 자리에 앉자 좀 짜증이 난 것처럼 보였다. 젊은 남자는 그와 완전히 다른 타입처럼 보였다. 그는 청바지와 티셔츠를 입고 천으로 된 배낭을 메고 있었다. 비행기가 이륙하자 나는 CEO가 자기 보고서에 집중할 거라고 생각했지만 젊은 남자가 그에게 질문을 하는 것을 듣게 되었다.

"보스턴에서 오셨나요?"

"아뇨. 시애틀요. 집으로 돌아가는 길입니다." CEO는 보고서에서 눈을 떼지 않은 채 대꾸했다.

이런 때 대부분의 사람들은 CEO가 무지막지하게 중요한 보고서를 읽게 내버려 둔다. 통로 건너편에 앉은 나조차도 그에게 약간 위축되었다.

"전 피터예요." 젊은 남자는 손을 내밀면서 미소 지었다.

"더그입니다." CEO는 남자의 손을 잡고 악수했지만, 여전히 눈을 마주치지는 않았다.

"방해하지 않겠다고 약속할게요." 피터는 더그의 노트북에 열려 있는 보고서를 흘끗 보면서 말했다. "할 일이 많아 보이시네요." 피터는 따뜻하고 친근했으며, 분명 CEO에게 주눅이 들지는 않았지만 남들에게 피해를 끼칠 생각도 없어 보였다. CEO는 몇 분 동안 자기 보고서를 좀 더 보다가, 독서 안경을 벗고 눈을 문질렀다.

"보스턴에서 오셨나요?" CEO가 질문했다.

"맞아요. 하지만 일자리 때문에 곧 시애틀로 이사 갈 거예요."

"대단한 일자리인가 보네요."

"그래요. 마이크로소프트에서 프로그래머로 일하게 되었어요."

"그거 잘됐군요."

몇 분 동안 침묵의 시간이 지난 뒤 피터가 질문했다. "더그, 직업이 어떻게 되세요?"

물론 엿듣는 나의 행동은 무례한 것이었다. 하지만 피터의 질문에는 마법적인 요소가 모두 갖춰져 있었다. 그 질문은 편안했고, 대화를 유도했으며, 더그의 이름을 불렀다. 그다음에 이어진 대화에서 피터는 상업 금융에 종사하는 더그의 업무에 진심으로 관심을 보였고, 좋은 질문을 던졌으며, 그가 흥미롭다고 생각하는 사람에 대해 알아보려는 것 이외의 의도를 보이지 않았다. 이 젊은 남자는 진실로 따뜻하고 매력적인 사람이었으며, 이후의 두 시간 동안 전혀 다른 두 사람은 여러 주제에 걸쳐 대화를 나누었다.

식사용 테이블을 제자리로 돌려놓고 착륙 준비를 하라는 기내 방송이 나올 때, 나는 피터가 이렇게 말하는 것을 들었다. "만약 제가 정장을 입어야 하는 시점이 와서 정장을 입게 된다면, 정확히 당신처럼 입고 싶어요." 그는 더그의 정장을 가리키며 말했다. "그런 옷은 어디 가면 살 수 있나요?"

더그는 크게 웃고는 피터에게 자신의 재단사 이름을 알려 주었다. 그때 내가 CEO 옆에 앉게 되면 일어날 일의 광경이 내 머릿속을 스쳐 지나갔다. 나라면 약간 위축되어서 그와 대화를 하려는 시도조차 하지 않았을 것이며, 비행기가 착륙하는 시간까지 말 한마디 하지 않았을 것이다.

나만 그런 것은 아닐 것이다. 첫 장벽을 깨뜨릴 수고를 하지 않았기 때문에 당신이 놓친 대화나 인간관계는 얼마나 될까? 진짜로 매력적인 사람들은 본능적으로 이처럼 행동하지만, 나와 비슷한 대부분의 사람들은 스스로를 계속 일깨워야 하며, 좀 더 의식적으로 노력을 해야 한다.

상사 조종꾼

빌 맥클로이는 심각한 문제를 겪은 적이 있었는데, 그로 인해 큰돈을 잃을 뻔했다. 그는 맨해튼에 있는 소규모 광고 에이전시에서 부장급 고객 관리직을 맡고 있었는데, 그의 최대 고객이 불만족하고 있었다. 광고주에게 다음 광고 캠페인 시안을 막 발표한 참이었는데 광고주 회사의 마케팅 이사가 빌에게 "도대체 방금 내게 뭘 보여 준 거요?"라고 물어보았던 것이다. 빌은 이 광고

주를 2년 이상 관리해 왔고 고객은 언제나 빌의 회사가 제시한 광고에 매우 만족했지만, 이번은 그렇지 못했다. 그리고 더 나쁜 일은, 빌도 고객의 반응에 놀라지 않았다는 점이다. 예상을 하고 있었기 때문이다.

빌이 다니던 광고 회사의 창립자이자 광고 기획 총괄 관리를 맡고 있었던 셰일라 커쉬타나는 빌이 반대하는데도 프로젝트에 신입 디자이너를 투입했다. "이게 그 직원의 첫 프로젝트가 될 텐데, 제 최고의 고객을 시험에 들게 하고 싶지 않아요." 빌은 셰일라에게 말했다. "광고주는 이제까지 계속 함께해 온 디자이너를 좋아해요. 그 디자이너는 고객이 무엇을 원하는지 알거든요. 그러니 이미 잘되고 있는 방식을 바꾸지 말자고요."

셰일라는 자신의 결정을 밀고 나갔다. "우리는 이 직원을 뉴욕에 있는 최고의 광고 회사에서 막 채용해 왔고, 일부 프로젝트에 투입할 필요가 있어요. 이 직원은 잘할 거예요. 변화가 쉽지 않다는 걸 알지만 고객도 그 사람의 작업을 마음에 들어 할 거예요. 내가 보증할게요." 빌은 셰일라가 짜증이 나고, 선언하는 말투로 말을 할 때는 논쟁의 여지가 없기 때문에 그녀에게 맞서지 않아야 한다는 사실을 알고 있었다. 만약 사태를 파악하지 못한 직원이 그녀에게 다른 관점을 제시하려고 하면, 그녀는 즉각 처결을 내렸다. 주로 그 자리에서 그 직원을 해고하는 방법으로 말이다.

"셰일라가 말했는데"라는 관용어구는 회사 전체에 걸쳐서 사용되었는데, 더 이상 논쟁하거나 토론할 여지가 없다는 뜻이었다.

빌은 고객과의 미팅에서 돌아오자마자 바로 셰일라의 사무실로 가서 나쁜 소식을 알렸다. "광고주가 우리의 아이디어를 마음에 들어 하지 않았고, 마음에 들 만한 새 콘셉트나 캠페인을 이번 주 금요일까지 받지 못하면 프로젝트를 다른 에이전시에 맡기겠다고 하네요." 빌은 '제가 그랬잖아요' 식의 말투를 최대한 배제하려고 애썼고, 셰일라가 최소한 반성을 조금 하고 일을 바로잡기 위해 예전의 디자이너를 다시 돌려줄 거라고 기대했다. 하지만 그녀는 짜증을 내며 모든 탓을 그에게 돌렸다.

"디자인 결과는 괜찮은데요. 고객에게 보여 주기 전에 내가 직접 검토했단 말이에요. 당신이 광고 콘셉트를 잘 설명하지 못한 게 틀림없어요. 지금 해야 할 일은 당신의 접근법을 처음부터 다시 생각하고, 광고주에게 가서 이 콘셉트를 설득시키는 거예요. 당신이 못하겠으면 내가 하죠."

셰일라가 말했다.

빌은 광고주를 잘 알고 있었기 때문에 만약 시키는 대로 광고주에게 가서 디자인 작업이 실은 대단히 성공적일 거라고 설득하려 든다면 프로젝트와 2만 달러의 수수료를 날리게 될 거라고 확신하고 있었다. 그는 또한 셰일라가 고객에게 나타나 콘셉트를 설득하려 든다면 연간 수입의 거의 절반과 함께 그 고객을 영원히 잃으리라는 사실도 알았다.

그는 어떻게 해야 할지 갈피를 잡을 수 없어 사무실을 떠나 가장 가까운 스타벅스까지 몇 블록을 걸어갔다. 커피를 마시면서 매장의 구석 자리에 앉아 그가 가진 선택지를 모두 생각해 보았지만 그중 어떤 것도 바람직하지 않았다. 대부분은 셰일라의 사무실에 가서 그만두겠다고 말한 다음 다른 광고 에이전시로 걸어 들어가야겠다는 생각이었지만, 고객 기반을 쌓기 위해 몇 년이나 시간을 보냈기 때문에 처음부터 다시 시작할 엄두가 나지 않았다. 그는 두통을 느끼며 눈을 문질렀다.

"빌, 잘 지내고 있어?"

그는 무방비하게 고개를 들어 같이 일하고 있는 고객 관리직 동료인 소냐 톨프를 발견하고는 저리 가라는 뜻으로 손을 내저었다. "소냐, 오늘은 일진이 좋지 않아. 그냥 혼자 있고 싶어." 하지만 소냐는 진심으로 걱정하는 표정을 지으며 그의 테이블에 앉았다.

"무슨 일이야?"

"말할 가치도 없어." 빌이 대꾸했다. 그는 정말로 혼자 있고 싶었지만, 소냐는 그에게 늘 잘 대해 주었기 때문에 무례하게 굴고 싶지 않았다. 그녀는 진짜로 친절하고 재미있고 다른 사람들의 성공에 관심을 가지는 회사에서 몇 안 되는 사람이었다. 그녀는 소문을 떠들고 다니지도 않았고, 경쟁심을 불태우지도 않았으며, 다른 고객 관리자들이 큰일을 따냈을 때도 질투하지 않았다. 또한 자기 일도 잘하면서 늘 친절하고, 행복한 결혼 생활을 하며 두 명의 자녀를 둔 좋은 사람이었다. 하지만 바로 그 순간, 빌은 그녀가 싫었다.

"사실대로 말하자면, 무슨 일인지는 모르지만 당신 기분이 별로 좋지 않아 보였어. 그래서 못 본 체 지나치려고 했어." 그녀는 말했다. "하지만 결국 그러지 않았지."

"그냥 지나가지 그랬어."

"그러지 않았다니까." 그녀는 자기 말을 되풀이했다. "그래, 무슨 일이야?"

소냐는 다른 사람들이 마음을 열고 자기 이야기를 하게 만드는 종류의 사람이었고, 빌 또한 상황을 전부 털어놓았다. 그는 소냐가 공감을 해 줄 것으로 기대했다. 또는 적어도 이 모든 상황을 만들어 낸 셰일라에 대한 정당한 분개라도 해 줄 줄 알았다. 대신 소냐는 주의 깊게 이야기를 듣고, 그가 말할 때 고개를 끄덕이더니 "망했네"라고 말하면서 미소를 지었다.

그들은 사무실까지 함께 걸어왔고, 소냐는 고객이 혹평한 디자이너의 작업을 보고 싶다고 말했다. 다시 한 번, 빌은 소냐가 새 디자이너의 작업이 누가 봐도 형편없고 받아들일 수 없는 수준이라고 인정해 줄 것이라는 기대감을 가졌다. 하지만 그 대신 그녀는 "흠, 내가 본 중 최고의 작품이라고 할 수는 없겠지만, 가능성이 있기는 하네"라고 말했다. 그러고 나서는 "내가 셰일라에게 이 일에 대해 좀 얘기를 해 봐도 될까?"라고 물었다.

그날 늦게 소냐는 셰일라를 만났는데, 빌은 정확히 어떤 이야기가 오고 갔는지 알 도리가 없었다. 하지만 다음 날 아침 그는 셰일라와 새 그래픽 디자이너, 그리고 그 클라이언트의 프로젝트를 작업해 왔던 예전 디자이너와의 회의에 호출되었다. "머리를 맞대고 무엇을 고칠지 생각해 봅시다." 셰일라가 말했다. "새 콘셉트를 완전히 버리지 않으면서도 광고주가 좋아하는 옛날 요소를 좀 더하는 게 좋겠어요." 그들은 그날 아침 내내 회의를 하며 빌이 고객에게 자신 있게 내밀 수 있는 디자인 작품을 만들어 냈다. 점심때가 되자 빌은 전 과정에 매우 만족하기는 했지만 셰일라가 왜 태도를 바꾸었는지에 대해서는 여전히 혼란스러웠다. 그리고 셰일라는 그에게 폭탄을 떨어뜨렸다.

"광고주에게 이 시안을 전달할 때 나도 참석하고 싶어요." 셰일라가 말했다. 만약에 광고주가 광고 시안을 조금이라도 거절했을 때 그녀가 보일 반응을 상상하자 빌의 심장은 땅으로 꺼지는 것 같았다. 그녀는 그의 언짢은 표정을 눈치채고 미소 지었다. "처음에 시작할 때 사과를 하고 싶어서 그래요. 처음에 불발되었던 결과물에 대한 책임을 제가 혼자서 지고 사과를 한 다음에, 당신에게 발표를 넘기고 나서 입 다물게요." 그녀는 손을 뻗어 빌의 어깨에 올려놓고 그의 눈을 똑바로 바라보았다. "당신을 봐서라도 잘한다고 약속할게요."

몇 주 뒤 빌이 동료에게 그 사건의 전환점을 설명하자 그는 "맞아요. 우리도 셰일라에게 어떤 일을 해야 한다거나 그녀의 마음을 바꾸어야 할 필요가 있을 때는 소냐에게 도움을 요청하죠. 우리는 그녀를 상사 조종꾼이라고 불러요"라고 말했다.

소냐에게 특별한 방법이 있었다든가 상사인 셰일라와 연관된 특별한 연결 고리가 있었던 것은 아니다. 대신 그녀는 셰일라가 생산적이고 긍정적이라고 생각하며, 심지어 때로는 즐겁다고까지 느낄 만한 방식으로 문제에 대해 대화하고 이야기하는 기술을 가지고 있었다. 다른 모든 사람에게 그렇듯, 셰일라는 소냐에게도 마찬가지로 혹독하고 거친 방식으로 대했다. 하지만 겁을 먹거나 좌절하는 대신, 소냐는 긴장을 풀고 미소 지으면서 대화를 이어 나갔다. 소냐가 거의 혼자서 회사를 일궈 낸 상사에게 큰 존경심을 가지고 있으며, 셰일라가 "내가 말하잖아"라는 식의 태도를 취해도 차분하게 자신감을 갖고 대하는 태도가 기적을 낳은 것처럼 보였다.

소냐는 매력적이고 호감이 갔으며 특별히 설득력이 뛰어났다.

셰일라가 그녀를 좋아했고, 그녀와 대화하기를 즐겼기 때문이었다. 언쟁조차 즐거웠던 것이다. 그렇기 때문에 소냐에게는 특별히 설득 기술이 필요하지 않았다. 그녀에게는 유대 관계가 있었다. 아마 이것이 매력이라는 개념의 핵심적인 정의일 것이다.

다른 사람들에게 순수한 관심을 표현하라

당신의 자아가 건강하고 당신이 그 무리에서 가장 똑똑한 사람이라고 하더라도, 당신의 삶이 지구에서 살아가는 다른 사람의 지리한 인생에 비해 더욱 흥미롭다고 할지라도, 당신 자신보다 다른 사람에게 더욱 관심을 보이게 되면 커리어 발전이라는 측면에서 더 유리하다. 모두의 관심이 자신에게 집중되기를 바라는 떠버리나 허풍쟁이를 좋아하는 사람은 없다.

다른 사람에게 존중을 표하는 가장 강력한 방법 중 하나는 그들에게 진심 어린 관심을 표현하는 것이다. 타인의 생각이나 아이디어, 인생 경험이나 의견에 대한 질문을 던지는 것으로, 당신이 그들을 얼마나 진심으로 존중하는지 보여 줄 수 있다.

소냐에게는 다른 사람이라면 숨 막히는 침묵 속에 앉아만 있었을 "셰일라가 말했는데" 순간에 대처하는 독특한 방법이 있었다. 소냐는 거의 언제나 다음과 같은 추가 질문을 던지고는 했다.

- 당신이 그 생각을 도출해 낸 과정을 자세히 설명해 주실 수 있나요? 그로부터 무언가를 배우고 싶어요.
- 본능과 경험으로부터 그런 결론을 내리신 것 같은데, 저희한테도 알려 주실 수 있나요?

명확히 말하자면, 소냐가 저 질문을 한 이유는 그 대답을 **정말로** 듣고 싶어서였다. 하지만 이런 질문을 함으로써 셰일라는 소냐가 그녀의 생각이나 견해를 얼마나 존중하는지 알게 되었고, 그 덕분에 두 사람 사이에 강력한 공감대가 형성될 수 있었다.

당신이 다른 사람이 말하는 것에 정말로 관심을 가지고 있다는 사실을 알리고 싶다면, 그 사람이 방금 말한 것에 따라오는 질문을 두세 개 정도 추가로 물어보면 된다. 이러한 질문은 상대가 대화에 더 몰입하게 만들고 당신이 진지하게 경청하고 있다는 사실을 알려 준다. 기자들은 취재원의 입을 더 열고 싶을 때 이러한 기법을 자주 사용한다. 그들은 보통 다음처럼 시작되는 질문들을 던진다.

- 당신이 어떻게 _____ 하는지 좀 더 말해 주세요.
- _____ 에 어떻게 반응하셨나요?
- _____ 을 어떻게 느끼셨나요?

무슨 뜻인지 알 것이다. 소냐는 추가 질문을 던짐으로써 많은 경우 대화에 깊이를 더할 수 있었다. 어떤 직원들도 셰일라가 소냐에게는 마음을 열고 자신의 과거 이야기라든지, 회사를 세우면서 헤쳐 온 난관이나 심지어 어린 시절에 겪었던 힘들었던 경험을 이야기하는 것을 보고 놀랐다.

셰일라가 소냐에게 그토록 많은 직업적이거나 사적인 이야기를 털어놓는 다른 이유는 소냐가 찾아가서 자신의 어려움이나 고충을 먼저 이야기하기 때문이다. 만일 당신이 적절한 장소와 시간에 기꺼이 당신의 약점과 인간적인 면을 드러낸다면, 상대도 비슷한 종류의 이야기를 당신에게 하고 싶어질 가능성이 높다. 본질적으로 당신은 펌프에 마중물 붓기(펌프에서 물이 잘 나오지 않을 때 물을 끌어올리기 위해 추가로 물을 붓는 행동 – 옮긴이)처럼 개인적인 정보(다시 말하지만, 적절한 장소와 시간에)를 공유함으로써 다른 사람이 같은 식으로 대하도록 할 수 있다.

원하는 것이 있으면 직접적으로 요구하라

무언가를 대가로 돌려받으려 하지 않으면서 다른 사람에게 진정으로 관심을 보이는 것이 매력과 호감을 사는 성격의 핵심이라고 말한 바 있는데, 이는 참으로 진실이다(그렇지 않다면 언급조차 하지 않았을 것이다). 하지만 당신이 무언가를 원하거나 필요로 할 때가 있기 마련이다.

그리고 매력적인 사람들은 요점을 에둘러 말하면서 변죽을 울리지 않는다. 그들은 무엇을 원하는지 드러내놓고 말하지 않으면서 그것을 얻어 내기 위해 작업을 하는 사람만큼 짜증나고 존경할 가치가 없는 사람도 없다는 것을 알고 있다.

그렇다고 물론 거칠거나 갑작스럽거나 무례하게 말하라는 뜻은 아니다. 당신이 무언가를 원하고 있다면, 원하는 게 무엇인지 다른 사람에게 알리라는 뜻이다. 직접적으로, 존중하는 태도로, 당신이 상대에게도 진정으로 이익이 되는 길을 제시할 수 있다면 더욱 좋을 것이다. 하지만 지나치게 윈-윈 구조에 집착하지 말라. 때로 우리는 윈-윈으로 귀결되지 않는 무언가를 바라고는 한다. 그냥 우리가 그것을 원하거나 필요로 할 뿐이다. 그리고 우리가 취할 수 있는 가장 우아하면서 매력적인 태도는 직접적으로 원하는 바를 요구하는 것이다.

소냐는 빌의 상황에 대해 이야기를 나누자며 셰일라에게 갔을 때, 지나치게 조심하는 태도를 보이지 않았다. 그저 "저는 빌이 걱정돼요. 제게 제안할 만한 이야기가 있는데 들어주셨으면 좋겠어요"라고 말을 시작했다. 그녀는 직접적이며, 존경을 잃지 않았으며, 솔직했다. 소냐가 예상했던 대로 셰일라는 처음에는 싫다고 했다. 그래서 소냐는 부가적인 질문을 던지면서 셰일라의 사고 과정을 더 잘 이해하게 되었다.

"나는 빌이 더 강해지도록 도우려는 거였어요." 셰일라는 말했다.

"이해는 가지만 당신이 옳건 그르건 간에 그 고객을 잃게 되면 빌은 당신에게 그 책임을 돌릴 거예요. 그렇게 되면 빌에게도, 당신에게도, 회사에게도 득이 될 게 없어요." 소냐가 셰일라에게 말했다.

"당신은 언제나 내가 아집을 거두고 회사에 가장 좋은 결정을 하도록 가르쳐 주는군요."

소냐가 옳았기 때문에 셰일라는 미소 지을 수밖에 없었다.

셰일라를 설득할 수 있었던 소냐의 능력은 그녀의 개인적인 매력과 호감을 사는 성격, 즉 자신감을 갖춘 겸손함, 존중, 유머, 다른 사람에 대한 순수한 관심에서 나온 것이다. 엄청난 시간과 정신 에너지를 들여야겠지만 당신도 상사 조종꾼이 될 수 있다. 상사와 개인적으로 강한 유대 관계를 맺고 필요할 때면 그들을 매혹해 설득하는 능력을 기르기 위해 다음을 유념하자.

회사에 대해 학습해라 : 일상적인 업무를 하기 위해 요구되는 수준보다 훨씬 더 깊이 회사에 대한 이해도를 키워라. 당신은 회사에 대해 끊임없고 지칠 줄 모르는 학생이 되어야 할 것이다. 모든 부서와 모든 직무를 이해하고 시장의 경쟁 상황, 회사는 어떻게 성공해 왔는지, 회사의 성장성이나 안정성에는 어떠한 위협이 있는지 공부하라. 회사 동료들이 도움을 줄 수도 있겠지만 상사가 이러한 정보를 알려 줄 것이라고 기대하지는 마라. 미리 공부하고 질문을 해야(다음 페이지를 보라) 토론에 참가할 수 있다.

상사의 거품을 이해해라 : 회사에서 다른 사람에게 영향력을 행사할 수 있기 때문에, 모든 상사들은 자신에게 와서 닿는 정보의 정확성과 사실성을 감퇴시키는 "거품" 속에서 일하고 있다. 많은 사람들은 상사가 효율적인 업무 결정을 내리는 데 필요한 상황이라고 해도 최선을 다해 상사가 "나쁜 뉴스"를 듣지 못하도록 한다. 그리고 실제로는 동의하지도 않아도 상사의 아이디어나 행동을 칭찬하기도 한다. 웃기지도 않는 상사의 농담에 웃어 주기도 할 것이다. 당신이 속한 조직에 존재하는 거품을 판단하려 하지 말고 이해해야 한다. 상사가 어느 정도나 거품 속에서 실제 업무 환경과 격리되어 있는지, 혹은 그렇지 않은지 꼭 이해하고 있어야 한다.

상사를 이해해라 : 상사가 다른 사람들과 어떻게 상호작용을 하는지, 어떤 방식으로 정보를 습득하기를 선호하는지 주의 깊게 관찰해라. 어떤 사람은 구두 보고를 원하고, 어떤 사람은 자세한

데이터를 서면으로 보고 받고 싶어 하며, 어떤 사람은 혼자서 보고서를 읽어 보고 싶어 하고, 어떤 사람은 단체로 회의를 하고 싶어 한다. 당신의 상사는 여러 방식을 조합해 보고받기 원하거나, 완전히 다른 방식을 선호할 수도 있다. 또 상사가 어떻게 정보를 받아들여서 다른 사람에게 어떤 식으로 전달하는지도 지켜보아라. 당신의 상사가 실제로 어느 정도 경쟁력이 있고, 얼마나 박식하며, 얼마나 효율적인 사람인지도 관찰해라. 회사에서 상사와 특별히 긴밀한 관계를 맺고 있는 사람이 있는가? 상사가 가까운 사람과 상호작용을 할 때 어떤 것이 관찰되는가? 그가 어떤 불만을 가지고 있는지도 알아내라. 다시 말하지만 당신의 목표는 상황을 더 잘 이해하는 것이지, 상대를 판단하는 것이 아니다.

좋은 질문을 해라 : 회사에 대해 미리 공부하고 상사를 관찰한 결과를 바탕으로, 상사에게 당신이 가진 지식의 깊이가 예상보다 더 깊다는 사실을 은근히 알릴 수 있는 똑똑한 질문을 가끔씩 던져야 한다. 예를 들어서 "회사 연간 사업 보고서에서 사장님께서 작성하신, 주주에게 보내는 편지를 읽어 보았습니다. 거기에서 사장님께서 언급하신 전략적인 위기에 우리 회사가 어떻게 대처하고 있는지 궁금합니다." 적절한 장소와 시간에 이러한 질문을 한다면, 상사는 자신이 늘 생각하고 있었던 것을 말할 수 있는 기회

를 얻을 뿐 아니라, 동시에 당신에 대해 많은 것을 알게 된다. 또 다른 예로는 이런 것도 있다. "경쟁사들이 신기술에 많은 자원을 투자하고 있는 것 같은데, 우리 회사도 그럴 예정인가요? 또는 다른 전략이 있나요?" 이런 식으로 질문을 함으로써 당신은 어떤 점에서 경쟁사에게 뒤처지고 있다고 이야기하는 것이 아니라, 상사에게 자신의 사고 과정을 이야기할 기회를 얻게 된다.

기대하지 않았던 가치를 창출하라 : 당신이 책임지고 있는 분야에서 좋은 성과를 내야 하는 것은 이미 주지의 사실이다. 그러나 회사나 또는 상사를 위해 가치를 창출할 수 있는 다른 영역을 찾기 위해서도 노력해야 한다. 만약 리더가 고객의 피드백을 들었으면 좋겠다고 말을 했다면, 고객과 접촉할 수 있는 방법을 찾아 피드백을 들어 상사에게 전달해라. 만일 월례 질의응답 시간에 정말 알고 싶은 것에 대해 힘든 질문을 하는 직원이 아무도 없다고 리더가 불만을 표출한다면, 다음에는 당신이 그런 질문을 할 수도 있을 것이다(하지만 너무 어려운 질문을 하지 않도록 주의해야 한다). 모든 상황과 직업이 제각기 다르지만, 상사가 알아차리고 좋아할 만한, 기대하지 않았던 가치를 창출할 수 있는 길은 언제나 있다.

당신의 커뮤니케이션 스타일을 상사와 맞추어라 : 상사의 행동 양식을 관찰하는 데 시간을 투자하고 나면, 상사가 일반적으로 커뮤니케이션을 하는 스타일을 파악하게 된다. 어떤 사람들은 직설적이기까지 할 정도로 직접적으로 요점만 간단히 이야기를 하면서 상대도 빨리 대답해 주기를 기대한다. 어떤 사람들은 친근하게 대화를 주고받으면서 수다를 떠는 것을 선호하며, 너무 갑작스레 본론만 말하는 사람을 기분 나빠할 수도 있다. 말할 때 데이터를 많이 사용하는 사람도 있고 일화를 즐겨 인용하는 사람도 있다. 어떤 리더들은 놀라운 어휘 능력과 정확한 단어 사용 능력을 보이면서 특별히 예의 바르고 올바르게 처신한다. 그런가 하면 어떤 사람들은 말장난을 좋아하고 선원들 마냥 욕을 해 대는 리더도 있다. 상사의 커뮤니케이션 스타일을 꼭 따라 할 필요는 없지만, 그 스타일을 이해하고 상사에게 자연스럽게 맞추도록 하라.

자연적으로 형성된 긴장감을 해소하라 : 영향력을 행사하는 자와 행사 당하는 자 사이에는 자연적으로 늘 긴장감이 형성되어 있다. 그리고 이러한 긴장감은 대개 '양쪽 모두'를 불편하게 만든다. 그렇다. 상사보다 당신이 조금 더 불편할지도 모르지만 상사도 편하지만은 않다는 사실을 알 필요가 있다. 그리고 자연스럽고 적절한 방법으로 이러한 긴장감을 누그러뜨릴 수 있다면(이 긴장감은 절대로 완전히 없앨 수는 없다) 상사 또한 기뻐할 것이다. 가령 회의 시간에 재치 있는 말을 한다든가, 업무 시간이 끝나고 상사와 어울린다든가 하는 식으로 상사에게 다가갈 수 있다. 상사에 따라 방법은 달라지겠지만, 당신의 목표는 단순히 상사가 당신과 있을 때 더 편하게 느낄 방법을 찾는 것이다.

동료들의 생각에 촉각을 세워라 : 당신이 상사와 좋은 업무 관계를 맺게 된다면 보통은 다른 직원들도 이러한 사실을 알게 된다. 일부는 기분이 상하거나 심지어 질투를 느낄지도 모른다. 다른 사람이 이에 대해 어떻게 생각하는지 미리 알아채고 어떤 식으로든 당신이 상사와 남다른 관계를 맺고 있다거나, 특권을 누리거나, 남들이 모르는 사실을 알고 있다는 인상을 주지 않는 것이 중요하다. 설령 당신이 정말로 이런 것들을 누리고 있다고 할지라도 다른 직원들이 문제 삼을 만한 생각을 최소화하도록 노력해야 한다. 상사와 나눈 대화를 자랑하거나, 다른 사람들은 공적인 분위기를 유지해야 하는 상황에서 상사와 있을 때 사적인 분위기를 만들지 마라. 만약 상사가 당신이 "총애를 받고 있다"고 다른 동료들이 생각한다는 사실을 눈치 채면 그렇게 생각할 여지를 주는 모든 대화나 행동을 즉시 중단할 것이다. 상사가 당신의 말에 귀를 기울이던 시절이 끝나는 것이다.

언제 끼지 않아야 하는지 알아라 : 업무상으로 얼마나 좋은 관계를 맺고 있느냐에 상관없이, 상사에게 이야기하지 말아야 할 문제나 상황이 생길 수도 있다. 다시 말해 당신은 자기 자리가 어디인지 늘 주제를 파악하고 있어야 한다. 회사의 리더들은 늘 비밀 유지 및 법적 규제와 개방적이고 투명하게 소통하고 싶은 욕구 사이에서 균형을 잡아야 하는 처지에 놓여 있다. 덧붙여서 인사에 관련된 것들은 특히 민감하기 때문에, 두 명의 동료 직원들이 사무실에서 갈등을 겪을 때는 당신이 끼어들어 상사와 함께 이를 해결하려고 들면 안 된다.

상사가 목표를 성취할 수 있도록 도와라 : 상사를 더 잘 이해하게 되면 당신은 상사의 커리어 목표와 회사에서 성취하고자 하는 것이 무엇인지도 알게 된다. 어떨 때에는 꼭 업무에 관련된 목표가 아니더라도 당신이 도울 만한 일들이 있다. 상사가 골프를 배우려고 노력하고 있다고 말할 때 당신이 정말 좋은 골프 코치를 알고 있다면 알려 줄 수 있을 것이다. 업무적으로도 당신이 상사의 구체적인 목표를 알고 있다면 상사는 분명 그를 도와주는 당신의 모든 행동에 감사할 것이다.

이런 제안을 할 때에는 이 장에서 계속 언급했던 매력적이고 친절한 태도를 취해야 한다. 당신이나 상사, 또는 다른 누구에게

라도 당신이 상사에게 작업을 하고 있다고 느끼게 해서는 절대
안 된다. 이런 낌새가 조금이라도 느껴지면 모든 상황은 순식간
에 끝나버릴 것이다.

허브가 할 수 있다면 당신도 할 수 있다

이야기를 돌리자면, 허브는 나와 점심 식사를 하겠다고 수락했
다. 나는 이번 점심도 저번과 비슷하게 짧고 좀 불편한 시간이 될
것이라고 생각했다. 하지만 허브는 거칠고 갑작스럽게 자기 의견
을 내세우지 않았고, 사실 괜찮았다. 심지어 감히 친절하다고 말
할 수 있을 정도였다. 그리고 재미있었다. 정말로.

"제 커리어에 대해서 생각하면서 많은 시간을 보냈어요. 아마
도 10년은 더 호시절을 누리면서 일을 할 수 있을 텐데, 저는 이
10년을 최대한 현명하게 보내고 싶어요."

허브는 자기 능력이 닿는 한 최고로 열심히 일하면서 자기를
몰아붙이고, 다른 사람들은 더 심하게 몰아붙이면서 커리어의 대
부분을 보냈다고 했다. 플레이어트랙의 CEO 직위는 그가 꿈꿔
온 목표였고 그는 꼭 성공적으로 해내겠다고 결심했다.

"불행히도 제 결심이 너무 강했기 때문에 제 안에 있는 악마가
저를 장악하고 말았어요." 그가 말했다. "역설적이지만, 성공을
위한 모든 노력이나 시도가 제게 해가 된 거예요" 허브는 곧 중국

마카오에 있는 카지노에 컨설팅 용역을 수행하기 위해 떠날 것이라고 말했다. 그는 중국에서 사회적으로 통용되는 에티켓을 공부하고 심지어 중국어를 배우기까지 했다.

"마카오로 간 허브 러트렐이라, 상당한 도전이겠군요." 나는 말했다.

"네. 도자기 가게에 들어간 황소 같은 망나니에게는 말이죠." 그가 씩 웃었다.

허브가 농담을 하다니! 나중에 그는 중국에서 늘 예의 바르고 민감하고 다른 사람을 존경하는 등 전혀 익숙하지 않은 행동들을 해야 했기 때문에 그곳에서 보낸 시간이 인생을 바꿔 놓는 경험이었다고 말했다.

생각해 보자

객관적으로 자신의 매력과 호감을 사는 능력을 평가해 보아라. 당신의 호감도는 평균 수준인가? 어떤 사람은 당신을 매우 좋아하고 어떤 사람은 그렇지 않은가? 커리어의 성장 속도를 **가속해 줄** 만큼 당신은 매력적이고 호감이 가는 사람인가?

- 일반적으로 사람들에 대해 어떻게 느끼는가? 만일 당신이 다른 사람을 판단하는 성향이 있다면, 이것이 당신의 호감도

에 어떤 악영향을 미치는가?

- 자신의 결점을 알면서도 그로 인해 창피해하거나 약점이라
고 생각하지 않는다는 의미에서 보면, 당신은 얼마나 편안하
고 자신감 있는가? 당신은 이 분야에 개선의 여지가 있는가?
- 좋은 의미로, 얼마나 자주 스스로를 농담거리로 삼는가?

회사에서 호감성과 매력을 높이는 것이 당신에게 득이 된다고
생각한다면, 다음의 행동 지침을 따르자.

- 당신이 누군가에게서 무언가를 원한다고 가정할 때, 당신
의 매력과 그 사람과의 좋은 인간관계를 해치지 않으면서 직
접적으로 부탁할 수 있는가?

실천해 보자

- 눈에 띌 정도로 갑자기 행동을 바꾸지는 말고 다른 사람과
매일매일 대화할 때 좀 더 자주, 그리고 자연스럽게 상대의
이름을 불러라.
- 회사에서 다른 사람들에게 자연스럽게 존중하는 마음을
표현할 수 있는 기회를 더 많이 찾아보라.
- 다음의 행동을 함으로써 다른 사람에게 진정으로 관심을

표현할 기회를 엿보자.

- 타인의 목표와 관심사에 대해 호기심을 가진다.

- 질문을 더 많이 한다.

- 부가적인 질문을 던진다.

• 다른 사람을 더 많이 웃게 하고 기쁘게 할 방법을 찾아라. 당신이 원래 재미있고 남을 기쁘게 해 주는 성격이 아니라고 하더라도, 유튜브의 귀여운 동물 동영상이라도 공유할 수 있지 않겠는가? (농담이다.) (하지만 그렇게 해도 나쁘지는 않다.)

• 얼마나 자주 스스로를 농담거리로 삼는가?

• 당신은 생각하게 만드는 질문 및 그에 따르는 부가적인 질문을 던지는 편인가?

• 당신의 직속 상사와 관계를 맺기 어렵거나, 또는 관계가 밋밋하다면 가깝게 해 줄 만한 방법을 생각해 보라.

【장기 사고(思考) 및 행동 포인트】

이 주제를 압축해서 지나치게 단순화한 조언이나 요약 몇 개로 이야기하는 것은 당신에 대한 일종의 모욕이 될지도 모른다. 하지만 당신이 삶의 모든 측면에서 매력과 호감도를 개선하기 위해 진지하게 노력하고 싶다면, 아래의 질문과 조언들은 당신이 앞으로 나아가야 할 방향을 알려 줄지도 모른다. 하지만 그에 따르는 노력과 깊은 사고思考는 모두 당신의 몫이다.

♠ 지금 당신의 삶에서 가장 매력적인 사람은 누구인가? 과거에 당신이 만나 보았던 가장 매력적인 사람은 누구인가?

♠ 다른 사람에게 자연스럽게 관심과 존중을 주는 사람을 알고 있는가? 당신은 다른 사람에게 존경의 마음을 얼마나 자주 표현하는가?

♠ 쉽게 웃음을 터뜨리고, 언제나 기분이 좋아 보이며, 다른 사람들의 삶에 정서적으로 "햇볕"을 비추는 사람은 누구인가?

♠ 이러한 사람들에게서 어떤 행동을 배우고 "모델"로 삼을 수 있는가?

추신 : 허브는 마카오를 여러 번 재방문했고 나중에는 홀로 전 세계를 대상으로 카지노 컨설팅 서비스를 했다. 그는 이전보다 자신의 일이나 함께 일하는 사람들을 훨씬 더 좋아하게 되었는데, 이는 그에게 매우 새로운 경험이었다.

8장

부처, 스팍, 패튼,
그리고 셜록

선택은 운명을 결정짓는다.

– 에드윈 머캠

지난 경력을 통틀어 보았을 때, 긍정적이든 부정적이든 당신의 커리어 궤도에 중요한 영향을 미친 중요한 결정들이 몇 개 있었을 것이다. 이러한 순간들은 상대적으로 드물고 서로 띄엄띄엄 떨어져 있기 때문에, 대부분의 사람들은 일상적인 문제 해결에 사용해 왔던 일반적이고 본능적인 의사 결정 체계를 중요한 순간에도 적용한다. 하지만 커리어에 중대한 영향을 미치는 결정을 내릴 때에는 다음과 같이 좀 더 깊은 생각을 한 후에 결정을 내리면 더 나은 결과를 얻을 수 있다.

- 나는 어떤 종류의 커리어 경로를 추구하는가?
- 어떤 제안을 받아들여야 할까?
- 제안을 그대로 받아들일 것인가 아니면 좀 더 협상을 해볼 것인가?
- 일이 잘 풀리지 않을 때, 나는 그만두어야 할까 아니면 상황을 호전시키기 위해 노력을 해야 할까?

• 내가 어려운 상황에 처하면 바로 상사나 동료에게 알려야 할까?

• 안정적인 직업을 유지할 것인가, 아니면 위험은 좀 더 크지만 성공 가능성이 더 높은 직업을 택해야 할까?

길고 성공적인 커리어를 유지해 온 사람들과 이야기를 하면서 인생을 바꾼 중요한 결정에 대해서 질문할 때, 나는 그들의 결정이 자주 본능을 거스를 뿐 아니라 대부분 기업에서 의사 결정을 할 때 사용하는 규칙에 위배된다는 사실에 충격을 받곤 한다.

"저는 후회하지 않아요. 인생에서 일어나는 모든 일들은 학습 경험이죠."

나는 중서부에 위치한 지역 인쇄 회사에서 생산 담당 이사로 일하는 할보르 비역슨과 이야기를 나누고 있었다. 그는 전 직장에서 겪었던 몇몇 힘든 경험에 대해 이야기하던 중이었다. 할보르(친구들은 그를 할이라고 부른다)는 인쇄 제작 일에서는 타의 추종을 불허하는 사람이었다. 그는 열심히 일하는 대나무 같은 사람으로, 다소 완고한 구석은 있지만 아주 세밀한 곳까지 신경을 써야 하는 상업 인쇄물 제작업의 특성을 감안하면 이런 성격이 장점으로 작용했다. 작은 실수 하나만 해도 이미 출력한 광고지 수천 장을 버려야 하니까 말이다.

할은 나에게 매우 큰 회사를 떠나 작은 인쇄 사무소인 그레인
저프린팅컴퍼니로 이직을 하면서 몇 년 동안 자신의 커리어가 노
선을 이탈했던 이야기를 들려주었다. "직위나 연봉 측면에서는
큰 승격이었거든요. 게다가 회사에서는 지분도 주고 임원 승진도
빨리 해 주겠다고 약속했어요." 대기업이었다면 할은 비슷한 직
위에 오르기까지 10년 이상을 기다려야 했다. "그래서 저는 작은
연못 속의 큰 물고기가 되는 게 낫다고 생각했죠." 하지만 새 근무
환경은 그가 예상한 것과는 전혀 달랐다. 작고, 가족이 경영하는
그레인저의 기업 문화는 그의 이전 직장과 매우 달랐고, 소유주
의 가족들이 회사 전체에 걸쳐 다양한 역할을 맡아 일하는 것을
본 할은 놀라지 않을 수 없었다. "대부분의 사람들은 특별히 자기
일을 잘하지도 못했어요." 그럼에도 불구하고 그들은 혈연이라는
유대 속에서 보호 받았고, 저조한 업무 성과에 거의 책임을 지지
않았다.

할의 직속 부하 직원 중 한 명은 회장의 형제인 마케팅 이사의
아들이었는데, 자신의 일을 지루해하는 것 같았다. 수정을 해야
한다고 지시를 내리면, 그는 눈동자만 굴리고는 걸어가 버렸다.
할은 그를 해고할 수도 가르칠 수도 없었으므로 그대로 월급을
받아가도록 내버려 둘 수밖에 없었다. 이는 할의 팀 전체의 사기
를 떨어뜨렸고, 특히 할의 의욕이 사라져 버렸다.

할은 그레인저프린팅의 가족 경영 문화가 얼마나 어렵고 숨 막히는지 깨닫고서 다른 자리를 알아보기로 결심했다. 하지만 다른 상업 인쇄 회사에서 비슷한 자리를 찾기 전까지 그는 그 회사에서 3년이나 근무해야 했다. 당연히 새로운 일자리를 알아볼 때 할은 그 회사 내에 가족 경영 문화가 자리 잡고 있지 않는지 미리 확인을 했다. 이직을 하면서 임금이 일부 삭감되기는 했지만, 그 당시 상황에서 빠져나오기 위해서 감수할 만한 가치가 있었다. 하지만 불운하게도 그는 프라이팬에서 나와 (매우 다른 종류의) 불로 뛰어든 격이 되었다.

보너프린트솔루션에서 생산 담당자로 일을 시작한 후, 할은 재료(특히 잉크와 종이)가 부족해 일부 프로젝트가 지연되고 있다는 사실을 알아냈다. 할은 회사의 재무 상태가 매우 빠듯했기 때문에 대규모 특수 인쇄물의 경우에는 첫 대금(일반적으로 전체 주문 금액의 50% 정도)을 받고 난 이후에야 종이와 다른 재료를 주문한다는 점을 알게 되었다. 이는 할이 계획한 시점보다 한 주 정도 늦게 실제로 업무가 진행된다는 뜻이었고, 때로는 더 늦을 때도 있었다.

이러한 점 때문에 프로젝트와 업무 기한을 사전에 계획하기가 매우 어려웠다. 인쇄 프레스기가 반나절 이상 가동되지 않다가 제시간에 작업을 끝내기 위해 갑자기 밤을 새서 가동하기도 했는데, 이런 경우에는 생산 직원들에게 추가 근무 수당을 지급해야 했다. 그리고 회사에서는 추가 근무 수당을 위한 예산을 배정해 주지 않았다. 그래서 할은 비용을 절감하기 위해 다른 방법을 찾아야 했다.

할이 보너 사에 면접을 보았을 때, 회사에서는 재정 상태가 어렵다는 사실을 전혀 언급하지 않았다. 물론 그도 이에 대해 물어보지는 않았지만, 회사가 솔직하게 대답했을 것 같지도 않았다. 그는 영업이 아니라 생산 담당이었기 때문에 회사의 수익을 증대시킬 수 있는 방법이 거의 없었다. 1년도 지나지 않아 할은 상황이 전혀 나아지지 않고 있다는 사실을 깨달았다. 그가 담당한 직원 중 한 명이 그만두자, 회사에서는 비용을 절감하기 위해 몇 달 동안 대체 인력을 충원하지 말라고 지시했다. "그러면 어떻게 일을 하라는 말씀이십니까?" 할은 항의했지만, 나중에 회사에서 인건비를 추가로 들이지 않고 생산성이 떨어지는 직원을 짚어내 알아서 일을 더 시키기를 기대한다는 사실을 알아차렸다.

재정이 어려웠기 때문에 회사에서는 새 디지털 인쇄기를 도입하지 못했다. 이때는 대부분의 상업 인쇄업자들이 구식 인쇄 프레스기에서 고속 디지털 프린터로 넘어가던 시점이었다. 투자를 제때에 하지 못하자 보너프린트솔루션은 디지털 프레스기가 제공하는 빠른 속도와 유연성이 필요한 일을 하지 못하게 되었다.

거기다가 새 디지털 프린터가 도입되면서 산업 내에서 인쇄 단가 인하 경쟁이 붙기 시작했다. 보너의 재정 상태는 자연스레 올가미처럼 죄어들었다.

할이 새 직장을 구해야겠다는 사실을 깨닫기까지는 반년도 채 걸리지 않았지만, 그 당시 받고 있던 임금 수준이나 직위에 비슷한 직업을 찾는 데에는 1년이 더 소요되었다. 그가 결국 안착하게 된 직장은 같은 주 내에서도 먼 지역에 위치하고 있어 집에서 차로 두 시간이나 떨어져 있었다. 하지만 보수가 좋았고 새 회사인 그레이트플레인스미디어는 디지털 프린트 생산에 많은 돈을 투자하고 있었다. 사실 그 회사에서는 2년 이내에 전통적인 오프셋 프레스 인쇄 사업을 완전히 중단할 계획을 가지고 있었다. 이직을 하는 과정에서 할은 여러 가지 어려움을 겪었지만, 현재는 신이 나서 그레이트플레인스에서 진정한 미래를 꿈꾸고 있다. 그리고 할이 현 직장이 장기적으로 옳은 결정이라고 확신하게 되면, 아내와 아들도 할의 회사에 가까운 훨씬 작은 도시로 기꺼이 이사할 생각이 있다.

내가 그를 처음 만났을 때 그는 그레이트플레인스미디어에서 6개월 근무한 상황이었다. 나는 직원들의 충성도와 참여도를 제고하기 위한 리더십 워크숍을 개최하고 있었는데, 할은 워크숍에서 논의되는 핵심 개념 중 일부에 대해 분명 감을 잡지 못하고 있었다. 그는 전통적인 인쇄 회사에서 상사가 인쇄 과정의 작은 과정에 일일이 간섭을 하는 생산직의 상명하복 문화에 익숙해져 있었다. 생산직원들은 대부분 남성으로 저숙련 노동자였고 대학을 졸업하지 못했으며, 괜찮은 보수를 지급하고 다른 육체노동 일에 비해서 비교적 쉬운 자신들의 직장을 유지하기 위해 열심히 일하겠다는 의욕으로 충만했다.

하지만 그레이트플레인스의 신식 디지털 프린팅 문화는 이와 매우 달랐다. 직원들은 대부분 젊은 대학 학위 소지자들로 인쇄물 제작뿐 아니라 디자인을 포함한 컴퓨터 기술을 소지하고 있었다. 남성과 여성의 성비도 비슷했으며, 직원들이 가진 컴퓨터 기술은 인근 도시에 위치한 여러 가지 다른 산업으로 이직할 수 있는 바탕이 되었으므로, 주 외곽에 있는 작은 도시에 위치한 회사로서 양질의 직원을 확보하기 위해서 그레이트플레인스 사는 경쟁을 해야 했다. 할은 기분이 좋지 않았는데, 왜냐하면 그의 입장에서 보았을 때 직원들에 대한 대우가 매우 좋았음에도 불구하고 직원들이 감사하는 마음을 갖지 않았기 때문이다. 사실 직원들은, 그의 말에 따르자면 가장 사소한 불편에도 징징거리고 불평을 해댔다.

회사에서 통용되는 용어조차 새롭고 그에게는 다소 불쾌했다. 그의 직속 부하들은 이제 팀원으로 지칭되었다. 그리고 그들은 "공동 책임"과 "전략적으로 엉뚱한 행동"이라는 개념을 수용했다.

뭐지? 때로 그는 마치 다른 별에 온 것 같은 느낌을 받았다.

나는 할이 마음에 들었고 우리는 워크숍 이후에도 연락을 하고 지냈다. 몇 달 후 우리는 함께 점심 식사를 했는데, 그는 새로운 직장을 찾는 중이라고 말했다. 그는 막 '360도 피드백'이 포함된 연간 성과 평가 결과를 받았다. 이는 상사(당신의 상사의 상사까지 포함해서)나 동료, 부하직원들이 모두 익명으로 평가를 하는 시스템이었다. 할은 이 피드백 중 일부에 정말로 충격을 받았다. 할의 상사는 그가 받은 코멘트를 함께 보고는 앞으로 직원들에게 좀 더 개방적이고 참여적이며 유연한 태도를 취하라고 조언을 해주었다. 할은 고개를 끄덕이며 미소 지었지만, 마음속은 배신감으로 가득 차 있었다. 마치 여러 사람들에게 뒤통수를 맞은 것 같았고 그가 할 수 있는 일은 아무것도 없어 보였다. 이는 할이 속해 있던 전통적인 생산직 노동자의 세계에서는 있을 수 없는 일이었다. 솔직히 말하자면, 누군가에게서 그토록 직접적이고 비판적인 피드백을 받은 지 꽤나 오래되었던 것이다. 그에게는 이것이 여러 가지 의미에서 잘못되었다고 느껴졌다. "저한테 불만이 있으면 제게 직접 찾아와서 말하면 되지 않나요." 그는 말했다. "뒤통수를 치는 게 '전략적으로 엉뚱한 행동'인지는 모르겠네요."

장기적으로 자신이 회사에 맞지 않는다고 생각했기 때문에 할은 다시 한 번 새 직장을 찾기 시작했다. 그는 특별히 비통하거나 화가 나지는 않았다. 어쩌면 조금은 슬펐을지도 모르지만, 털고 앞으로 나아갈 준비가 되어 있었다.

"저는 후회하지 않아요." 그가 말했다. "인생에서 일어나는 모든 일들은 학습 경험이죠."

이토록 합리적이며 타인을 비난하지 않는 태도는 분명 성숙한 사고방식에서 기인한다. 또한 이는 할의 금욕적인 스칸디나비아 혈통을 반영하기도 한다. 절대 불평하지 않고, 자신의 일을 묵묵히 하는 민족성 말이다. 모든 일에는 다 그만한 이유가 있다는 사고방식에 감탄하기란 쉬운 일이다. 하지만 여기에도 문제는 있다. 쉬운 길을 택했기 때문에, 할은 자신이 내린 결정을 진지하게 분석하지 않고 회피하고 만 것이다.

할이 그냥 이같이 말했으면 훨씬 좋았을 것이다. "제가 실수를 좀 했지만, 어떻게 그런 일이 벌어졌는지 교훈을 얻어서 다시는 실수를 되풀이하지 않을 겁니다." 그렇다. 인생의 모든 것은 학습 경험이며 우리는 지난 실수에 연연하는 인생을 살아서는 안 된다. 하지만 우리는 실수를 저지른 적이 없다는 식의 태도를 취해서도 안 된다.

커리어 발전 가능성을 극대화하고 커리어에 긍정적으로 영향을 미치는 결정을 내릴 수 있는 능력을 키우기 위해서는, 당신이 스스로의 커리어를 제한하는 실수를 과거에 저질렀고, 그 결정이 직업적인 발전에 부정적인 영향을 미쳤다는 사실을 인식하는 데서 출발해야 한다.

당신이 첫 직장에 대해 고민하는 대학생이든 커리어의 마지막 10년을 바라보는 50대의 직장인이든 간에, 커리어에 지대한 영향을 미칠 결정을 스스로 내려야 할 상황은 늘 존재한다. 만일 당신이 다음과 같은 결정에 대해 깊이 생각해 본다면 본인의 커리어 발전에 큰 영향을 줄 수 있을 것이다.

- 어떤 대학에 진학하고 무슨 과를 전공할 것인가.
- 대학 시절 동안 어떤 과외 활동이나 프로젝트에 참가할 것인가.
- 대학 졸업 후 어떤 직장에 처음 취업할 것인가.
- 당신의 직업이나 상사, 동료가 싫을 때는 어떻게 할 것인가.
- 아이를 가진 후에는 어떻게 할 것인가.
- 어떤 일자리나 프로젝트를 받아들이고, 어떤 일자리를 거절할 것인가.
- 갑자기 실직을 하거나 구조조정을 당했을 때는 어떻게 할 것인가.
- 직업적으로 어떤 자기 계발 행동을 해 나갈 것인가.
- 회사에서 어떤 사람들과 연대하고, 누구와 어울리고, 누구

를 피할 것인가.

- 실패한 프로젝트에 대해서 전적으로 책임을 질 것인가, 비
난의 화살을 다른 사람에게 돌릴 것인가.

때때로 이 질문에 대한 "정답"은 쉽고 명쾌하다. 하지만 이 장에서는 정답을 찾기 힘들고 무엇이 정답인지 명확하지 않을 때, 어떻게 해야 하는지를 다루려고 한다. 또는 무엇이 제일 좋은 해결책인지 명확히 보이는 상황에서 당신이 적합하지 않은 결론을 내린 적이 있을 때의 대응 방법이라든가. 그리고 대답하기 어렵지만 심오한, 커리어에 대한 조금 전의 질문에 잘 대답할 수 있게 되면, 다음과 같이 일상적이지만 중요한 커리어 질문에도 잘 대답할 수 있게 된다.

- 동료와 데이트를 할 것인가, 말 것인가.
- 상사에게 솔직하게 대할 것인가, 말 것인가.
- 문신을 할 것인가, 말 것인가.
- 주말을 어떻게 보냈는지 동료와 이야기를 할 것인가, 말 것인가.

과거를 돌아보고 결정을 내리는 과정에서 저지른 실수를 온전

히 인정하라는 목적은, 스스로를 힐난하라는 것이 아니라 어디에서 잘못되었는지 완전히 그리고 깊이 분석하여 같은 실수를 반복할 가능성을 줄이자는 것이다.

"저는 후회하지 않아요." 할이 내게 말했다. "인생에서 일어나는 모든 일들은 학습 경험이죠."

나는 할을 기분 나쁘게 만들고 싶지 않았기 때문에 대꾸하기 전에 커피를 한 모금 마셨다. 하지만 그에게는 분명 새로운 관점이 필요해 보였다. "당신이 대기업을 떠난 지 거의 8년이 다 되어가네요. 만약에 계속 거기 계셨으면, 당신의 커리어가 지금 어느 정도의 위치에 있을 것 같나요?" 나는 차분하고 편안하게 말하려고 애썼지만, 할이 순간 침묵한 것을 보면 그의 신경을 건드린 게 분명했다.

"제 아내처럼 얘기하시는군요." 그가 대답했다. 그리고는 예전 그의 부하직원 중 한 명이 지금은 임원으로 승진했다고 털어놓았다. 그리고 팀에 있었던 다른 사람들에게도 커리어에 큰 발전이 있었다고 말했다. 반면 할의 임금은 8년 전과 같은 수준인데다 그는 (또) 퇴사해야겠다고 생각하고 있으며, (또) 새 직장을 구하고 있고, 그의 향후 커리어 전망도 그리 밝지는 않았다.

"당신과 제 아내가 그런 식으로 말을 하는 걸 보니, 제가 완전 망쳐버린 게 틀림없군요." 그는 방어적으로 냉소를 띠며 으르렁거렸다.

할의 자기 방어를 무너뜨리기 위해서 긴 대화를 해야 했고, 그는 장하게도 결국 자신이 잘못된 결정을 내렸다는 사실을 편안하게 받아들였다. 나는 그가 정말 망쳐 버린 건지 그렇지 않은지는 모른다. 다른 결정을 내렸다면 인생이 어떻게 바뀌었을지 정확하게 예측할 수 있는 사람은 아무도 없다. 그러나 할과 나는 적어도 그가 결정을 내리는 과정에서 무언가를 빠뜨렸다는 사실에는 동의했다. 처음에 그는 기분이 좀 나빴겠지만, 그래도 마침내 과거에 내렸던 결정에 대해 **숙고해** 볼 수 있게 되었다. 새 직장을 구할 때 왜 더 깊이 고민하지 않았던가?

"몇 년 전에는 저도 야망이 컸죠. 그때는 제가 뭘 원하는지 알고 있었어요." 그가 말했다. "저는 가능성을 보는 데 너무 급급해서, 상황이 실제로 어떤지 알고 싶지도 않았어요. 참을성이 부족했던 겁니다. 그리고 생각대로 일이 풀리지 않자, 제 실수와 좌절감에서 빨리 벗어나기를 너무 간절히 원하게 되었어요. 그로 인해 다시 실제 상황을 보지 못하게 되었던 것 같아요." 그리고 그에게 모든 것이 명확하게 보이기 시작했다. 그는 자신이 보기를 **원치 않았기** 때문에 새로운 직장의 부정적이거나 어려운 면을 보지 못했다는 사실을 인식했다. 참을성 없이 앞으로 나아가고 싶었던 바람 때문에 눈이 멀었던 것이다.

때로 어려운 결정에 직면할 때면 우리는 돈이나 인정, 권력, 사랑, 섹스, 검증, 새로운 경험 또는 그 외에 우리가 갈망하는 것(또는 열거되어 있는 것들의 복합체)에 대한 욕망으로 인해 눈이 멀어버리기도 한다. 그러므로 힘들고 심오한 결정을 내릴 때 가장 먼저 해야 할 일은 스스로의 마음에 질문을 던지는 것이다. 당신의 가장 깊숙한 욕망이 무엇인지 스스로 물어보아라.

부처의 마음을 빌려라

나는 지루할 정도로 평범한 중서부의 기독교 집안 출신이지만, 욕망으로부터 자기 자신을 해방시킬 때 평온함과 자유를 얻을 것이라는 불교의 가르침에서 많은 것을 배웠다. 불교이든 기독교이든 종교를 가지라는 것은 아니고, 심지어 마음속에서 영원히 욕망을 제거하라는 말을 하는 것도 아니다. 이미 내가 시도해 보았지만, 욕망을 완전히 제거하기란 거의 불가능하다. 왜냐하면 인생에는 여전히 당신이 정말로, 정말로 원하는 것이 있기 때문이다. 초콜릿을 포함해서 말이다.

하지만 어렵고 심오한 결정의 순간에 놓이면, 자기 자신이 가장 강하게 바라는 것이 무엇인지 스스로에게 물어보아라. 당신이 그 결정에 대해 생각할 때, 당신의 감정을 가장 크게 좌우하는 것은 무엇인가?

당신은 다른 사람의 인정이나 허가에 대한 욕구로 움직이는 가? 아니면 창피를 당할까 하는 두려움인가? 돈에 대한 열망인가? 사랑이나 받아들여지고 싶은 데 대한 심오한 갈망인가? 다른 사람이 당신의 고통을 알아차리고 동정해 주기를 바라는 마음인가? 당신이 옳다는 것을 증명하고 싶은 필요성인가? 아니면 다른 사람이 틀렸다는 사실을 증명하고 싶은가? 실패에 대한 공포인가? 아무 관계 없는 존재가 될까 봐 무서운가?

당신은 자기 자신에 대한 전문가이다. 현재 앞두고 있는 결정에 관련되어 있는 스스로의 가장 깊숙한 욕구를 인지하면, 그 욕구를 어느 정도만이라도 배제하고 생각할 수 있는 기회를 얻게 된다. 욕망으로 눈이 가려져 놓치고 있는 점이 있는지 스스로에게 질문해 보아라.

할과 내가 이러한 얘기를 나누고 있을 때, 다시 그는 조용히 긴 생각에 빠졌다. "그렇군요. 나는 너무 퇴사를 하고 싶었던 나머지 현실을 보지 않았었네요." 그는 매번 문제가 닥칠 것이라는 징후나 조짐이 있었음에도 불구하고 자신이 무시해 왔다는 사실을 깨달았다. 그러고 나서 나는 그에게 그레이트플레인스미디어를 떠나기로 한 결정도 그의 어떤 욕구 때문에, 아마도 창피를 당했다는 아픔과 자신은 잘못하지 않았다는 사실을 증명하고 싶어서일 가능성은 없냐고 질문했다. 그리고 이것 때문에 일정 부분 눈이 가려져 있는 것은 아닌지?

할은 커피를 한 모금 마시고 길고 긴 스칸디나비아식의 침묵 후에, 나를 바라보며 조그맣게 미소 지으며 말했다. "나쁜 놈."

사라 랭섬은 12주간의 출산 휴가가 끝나가는 시점에서 일터로 돌아가고 싶지 않아졌다. 만약 남편이 혼자 벌어오는 월급으로 살아가게 된다면 재정적으로 매우 쪼들릴 것이고, 그녀는 기술직으로 근무하고 있었기 때문에 일을 6개월만 쉬어도 기술적인 지식과 업무 능력은 뒤처지게 될 것이었다. 그렇지만 그녀는 간절히, 간절히 집에서 아기와 함께 있고 싶었다.

"아이에게는 엄마가 집에 있는 편이 좋아. 아무도 엄마가 돌보는 것처럼 아이를 봐주지 않을 테니까." 그녀는 자기 자신에게 말했다. 이는 옳은 말이었다. 그래서 그녀와 남편은 적어도 처음 1년간은 그녀가 집에 있기로 결정을 내렸다.

"아이에게는 잘된 일이야." 그녀는 1년, 그리고 많은 시간이 흐른 후에 스스로에게 말했다. 이것 역시 옳은 말이었다. 그녀가 후회의 감정을 느끼거나 서서히 자신에게서 멀어져 가고 있는 커리어의 불확실성에 직면할 때면, 이 말은 그녀의 기분을 나아지게 하는 주문과도 같았다. 그리고 이 주문으로 인해 그녀는 나중에 자신이 치러야 하는 대가에 대해 깊이 생각해 보지 않았다. 5년이 흐르고 둘째가 태어나자 그녀는 기술에 대한 자신의 지식이 얼마나 시대에 뒤떨어졌는지 알게 되었고, 아마도 창피만 당할 것 같아서 면접을 보아야겠다는 생각을 애써 피했다. 게다가 물론 아이들에게는 엄마가 집에 있는 편이 나았다. 이는 옳은 말이었다.

제대로 된 사람이라면 아이에게 무엇이 가장 좋은 길인지 생각하지 말라고 어머니에게 말하지 않을 것이다. 하지만 커리어 설계 측면에서, 사라는 결국 자신이 해야 하는 결정에 직면하지 못하도록 눈을 가렸던 깊은 감정적 욕구가 무엇인지 깨닫게 되었다. 10년도 더 지나자 그녀는 덫에 걸린 기분이었다. 예전에 그녀가 일했던 직장에 조금이라도 미치는 곳에 재취업하기란 거의 불가능해 보였다.

"물론 저는 아이들을 사랑해요. 하지만 제가 사랑에 얼마나 눈이 멀었는지 예전에 알았으면 좋았을 텐데 하고 바라게 되네요. 더 나은 결정을 내릴 수 있는 길을 찾았어야 했어요."

집에 머물러 있겠다는 그녀의 결정은 틀리지 않았다. 그리고 그녀가 회사로 돌아가는 결정을 내렸다고 하더라도 틀린 결정은 아니었을 것이다. 이는 정말로 어려운 결정이 지니는 속성이다. 좀 더 명확히 말하자면 당신의 감정을 무시하고 결정을 내리라는 뜻이 아니다. 커리어에서 중요한 결정을 내릴 때, 바보만이 감정을 배제하라고 할 것이다. 감정은 우리 안에 내재된 강력한 힘이며 종종 우리가 더 나은 결정을 하도록 도와주기도 한다. 그러나 적어도 당신에게 영향을 미치는 깊숙한 욕구와 감정을 인식할 필요는 있다. 당신이 혹시 내면에 존재하는 욕구에 눈이 멀지는 않았는지 스스로에게 물어보아라.

로스 번할은 상사가 진저리 나도록 싫었다. 첫째, 상사는 얼간이로, 자신의 부하들을 하인처럼 부렸다. 둘째, 그는 자신이 하는 일조차 전혀 몰랐다. 사업을 이해하지 못했으며 효율적인 리더로서의 능력도 없었다. 팀원들이 모두 야근을 하고 필요할 때면 주말 근무까지 하기를 바랐지만, 그는 주중에는 매일 오후 5시 정각에 제일 먼저 사무실을 나서며 주말에는 절대로, 절대로 출근하지 않았다. 로스는 상사가 능력 없고 게으를 뿐 아니라 비윤리적이기까지 하다고 확신하고 있었다. 최저가에 입찰하지 않은 납품 업체에 수주를 한 경우가 몇 번이나 있었는데, 로스는 납품 업체에게 계약을 주는 대가로 상사가 뒤에서 리베이트를 받고 있을 것이라고 예상했다. 하지만 확실한 증거는 없이 심증뿐이었다. 그렇지만 적어도 상사가 무능하다는 사실만은 확실했다.

"어떻게 그 자리까지 올라갔는지 이해를 못하겠어요." 로스가 말했다. "그 사람은 주위에 있는 사람들한테 시키기만 하지 스스로는 아무것도 하지 않아요. 게다가 일이 잘못되면 책임을 전가

할 희생양을 프로젝트마다 하나씩 넣어 놓아요."

그렇지만 로스는 자신의 일이 마음에 들었고, 상사를 제외한 다른 동료들은 모두 좋았으며, 임금도 매우 좋았다. 그는 어떻게 해야 할지 갈등했다. 속마음의 한편에서는 그 상사가 부서를 떠날 때까지 그냥 상황이 흘러가는 대로 내버려 두라고 말했다. 또는 더 나은 직업을 찾을 수 있을 때까지 기다린다면, 로스는 더 이상 그를 상대하지 않아도 될 것이었다. 이쪽 목소리는 쉬운 길로 가라고 속삭였다. 마음을 넓게 가지고, 자세를 낮추며, 자신의 일이나 잘하면 된다고 말이다.

하지만 다른 목소리는 이렇게 게으르고 무능한 얼뜨기가 성공을 해서 로스와 다른 팀원에게 이래라 저래라 할 수 있는 권력을 가지고 있다는 사실에 분노했다. 로스는 많은 동료에게 불만을 터뜨리면서 이야기를 해 보았는데, 총대를 메고 나서려는 사람은 아무도 없었다. 그 상사와 몇 년 동안 일해 온 한 여성이 로스에게 말했다. "그분이 예전부터 그러지는 않았어요. 아마 지금 스트레스를 많이 받고 계신가 봐요." 그녀는 로스에게 내버려 두라고 조언했지만, 그에게 행동을 취하라고 부추기는 사람도 있었다. 물론 그들도 자신들이 나서서 행동을 하려고 하지는 않았다. 로스가 단체로 민원을 넣자고 말하자 모두 한 발 물러서서 입을 다물었다.

결국 로스는 정의를 실현하고자 하는 감정적인 욕구에 굴복했다. 그는 익명으로 회사에 건의를 할 때 이용하는 창구인 인사팀 고충처리위원과 만나는 자리를 마련했다. 로스는 인사팀과 만난 자리에서 납품 업체 결정과 관련해 상사의 윤리 의식에 문제를 제기했고, 부당한 리더십 스타일도 이야기했다.

3주쯤 후에 로스는 승진해서 다른 부서로 이동하게 되었다. 보수는 변함없었지만, 그는 현 상황에서 빠져나갈 수 있게 되어 기뻤다. 그리고 두 달쯤 있다가 로스는 돌연히 회사에서 해고되었다. 인사팀의 설명에 따르면 회사가 구조조정을 하면서 그가 맡고 있는 직무를 없애기로 했다고 했다. 예전 부서에는 다른 사람이 충원되었기 때문에 돌아갈 수도 없었다. 로스는 이것이 예전 상사에 대해 문제를 제기했던 일과 관련이 있다고 확신했지만 증명할 길이 없었다. 그는 자신이 제기한 문제를 내사할 예정이고 그의 신원은 익명으로 남을 것이며, 임직원 비밀 보호법에 의거하여 최종 결과는 비밀에 붙여질 것이라고 말했던 인사팀 고충처리위원을 다시 만났다. 로스는 그가 한 말을 한마디도 믿지 않았다. 그는 심지어 노동권 변호사와 상담을 해 보았으나, 불법적인 차별이 있었다는 사실을 입증하기가 거의 불가능하다는 대답만이 돌아왔다.

당신 내면의 스팍과 교신하라

〈스타트랙〉 시리즈에 나오는 캐릭터인 스팍을 생각해 본다면, 감정을 배제하고 논리적으로 사고하기 위한 그의 노력이 가장 먼저 떠오를 것이다. 이것에 대해 좀 더 깊이 생각해 보자면 스팍은 일반적인 감정이 결여되어 있기 때문에 정보에 기초해 결정을 내리며, 합리적이며, 사실에 근거한 결정을 내리는 데 필요한 정보가 모두 모일 때까지 기다린다. 대부분의 사람들은 사실에 기반을 둔 결정이 가져다주는 지혜에 반박하지 않을 것이며, 사실 우리에게도 나아갈 길을 알려 주는 내면의 스팍이 있다. 하지만 가끔씩 감정적인 욕구는 더 많은 정보를 얻을 기회가 많을 때에도 우리로 하여금 필요한 정보를 이미 다 가지고 있다는 확신을 갖도록 한다.

할의 경우를 보면, 그는 미래의 고용주에 대해 알아 볼 기회가 충분히 있었다. 그는 지역의 상업 인쇄물 영업 협회에 소속되어 있었으며, 거기에서 특정 인쇄업자에 대한 정보를 알려 줄 인맥을 만들 수도 있었다. 할의 동료 중 어떤 사람들은 예전에 그 회사들에서 일한 적이 있었고 그들을 활용하면 많은 정보를 얻을 수도 있었을 것이다. "다른 사람이 제가 이직을 알아보고 있다는 사실을 아는 게 싫어서 그 생각을 하지 못했어요." 내가 그 아이디어를 이야기했을 때 그가 대답했다.

당연히 나도 "안녕하세요. 제가 그레이트플레인스미디어에 면접을 보았는데 혹시 그 회사에 대해 잘 알고 계신가요?"라고 물어보라고 추천하지는 않겠다. 하지만 "예전에 그레이트플레인스에서 일했다는 이야기를 들었는데, 거기는 어땠어요? 우리가 배울 만한 점이 있을까요?"라고 에둘러서 물어볼 수는 있을 것이다.

또 온라인으로 검색해 볼 수도 있었을 것이다. 인터넷상에는 사용자들이 현 직장이나 전 직장에 대한 리뷰를 작성할 수 있는 사이트들이 여러 개 있다. 물론 이러한 의견 중 일부는 여우의 신 포도일 뿐이겠지만, 이런 사실을 감안하고서라도 가치 있는 정보를 얻을 수 있을 것이다.

해당 회사와 면접을 볼 때에도 할은 더 나은 질문을 할 수 있었을 것이다. 그는 업무 자체나 업무 절차 및 요구 사항 등에 대해서 기본적인 질문들을 많이 했다. 하지만 회사들마다 다른 업무 환경을 만드는 원인인 기업 문화에 대해서는 그다지 깊이 알아보지 않았다. 그가 좀 깊이 알아보려고 한 것은 새 직장에도 옛날 직장과 같은 문제가 있지 않은지 확인하려고 할 때뿐이었다.

그리고 그 직장에서 근무하는 직원에게 좀 만나보고 싶다고 부탁할 수도 있었을 것이다. 그는 온라인 소셜미디어를 통해서 해당 회사에 일하는 사람을 찾아 회사에 대해서 어떻게 생각하느냐고 물어볼 수도 있었다. 하루나 이틀 정도 그 회사의 문화를 경험하기 위해 직업 체험을 요청할 수도 있었다. 나는 그가 이 모든 일을 다 했어야 한다고 말하는 것은 아니다. 그냥 면접 자리에서 기초적인 질문을 던지는 것 외에도 많은 방법이 있었다는 것을 말하고 싶을 뿐이다.

할에게 이런 아이디어에 대해서 언급할 때, 나는 대화 중에 그와 이런 식으로 치고받았다.

"＿＿＿＿＿＿도 해 볼 수 있었을 텐데요."
"흠, 듣기에는 좋아 보이지만 ＿＿＿＿＿＿ 이유 때문에 잘 안 됐을 것 같네요."
"음, 만약에 ＿＿＿＿＿＿ 식으로 해 보셨다면……."
"그래요. 그랬으면 효과가 있었을 것 같네요. 하지만……."

결정을 내리기 전에 회사에 대해서 더 많은 정보를 알아볼 수 있는 방법에 대한 아이디어와 제안을 하나씩 말할 때마다 이러한 패턴이 반복되었다. 나는 경험적으로 할과 같은 사람과 대화를 할 때, 아이디어를 어떤 식으로 실행해야 할지 고민하는 사람이 나일 경우에는 결과가 보통 성공적이지 않다는 사실을 알게 되었다. 문제를 가진 **당사자**가 자신의 문제를 **받아들이고** 해결책을 찾기 위해 스스로 노력하지 않는다면, 문제가 해결되지 않을 것이다.

"그래서 이제 현 직장을 떠날 계획이시군요. 그런 결정을 내리기에 충분한 정보를 다 갖고 있다고 확신하나요?"

그는 고개를 끄덕이다가 멈췄다. "어, 어떤 정보 말씀이시죠?"

"저도 모르죠. 당신이 말해 줘야 하는 일인데요. 어떤 종류의 가정을 하고 계신가요? 이런 결정을 내릴 때 어떤 정보에 근거하셨나요?"

커리어에 관련해서 어려운 결정을 내려야 하는 시점에 있으며, 합리적이고 지성적인 결정을 내리기 위해 필요한 모든 정보를 취득했다는 사실을 확인하고 싶다면 도움이 될 만한 몇 가지 질문을 알려 주겠다.

- 나는 어떤 정보에 확신을 갖고 있으며, 그 근거는 무엇인가?
- 내 확신이 잘못되었을 가능성은 없을까?
- 정보라고 생각했지만, 사실은 그저 내 생각일 뿐은 아닐까?
- 내 생각을 확인하거나 부정하기 위해 어떤 정보를 더 모을 수 있을까?
- 이런 정보들은 어디에 가면 쉽게 얻을 수 있을까?
- 유사한 상황을 겪었던 사람을 알고 있나? 그 사람에게서 어떤 점을 배울 수 있을까?

로스 번할은 자신이 우려하는 사항을 인사팀 고충처리위원에게 알렸던 자신의 결정이 옳았다고 확신했다. 그리고 자신이 이로 인해 회사에서 조직적으로 퇴출되었으며, 그가 할 수 있는 일은 없다고 생각했다.

그러나 나중에 로스가 선입견을 거두었다면 알 수 있었겠지만, 그가 알지 못했던 정보가 많았다. 로스는 장기근속 직원 몇 명에게 불평을 하면서 상사에 대한 험담을 격렬하게 퍼부었다. 그중 몇몇 사람들이 다른 견해를 제기하려고 하면 들으려 하지 않고 자신의 주장을 더 펼침으로써 상대를 결국 입 다물게 했다.

그 때문에 로스는 두 가지 사실을 알 수 없었다. 첫째, 모두들 인사부의 고충처리위원이 정말 비밀을 유지하는지 확신하지 못했다. 고충처리위원에게 이야기한 세부 내용들이 종종 오너에게 보고된다는 소문이 돌고 있었다. 확증은 없지만, 소문은 있었다. 로스가 결코 들을 수 없었던 두 번째 이야기는 상사의 행동과 성격이 예전에는 그렇지 않았다는 사실이었다. 그 상사와 오랜 기간 함께 근무한 사람들 중 극히 일부만이 몇 년 전 가벼운 심장 발작을 앓은 후로 상사의 행동과 성격이 변했다는 사실을 알고 있었다. 이는 사람들이 편하게 이야기하는 주제는 아니었지만, 로스가 직원들과 이야기할 때 더 참을성 있고 수용적인 태도를 보이며 덜 분노했더라면 분명 누군가는 알려 주었을 것이다.

로스가 알 수 있었지만 결국 알지 못했던 다른 정보는 회사의 오너가 납품업체에서 보내는 청구서를 모두 직접 승인한다는 사실이었다. 이는 로스의 상사가 심장 발작에서 회복해 일터로 복귀하면서 스스로 요청한 절차였는데, 사고 후 그의 기억이 때로 흐릿했기 때문에 실수를 저지르지 않기 위해 안전장치를 둔 것이었다. 그러므로 최저 가격에 입찰하지 않은 납품업체와 계약을 하기로 최종적으로 결정을 한 사람은 바로 오너였다.

　　상사가 뒷돈을 받고 있다는 의심은 로스가 머릿속에서 스스로 만들어 낸 것이었다. 로스가 이러한 의심을 인사부 고충처리위원에게 알리자, 그 위원은 리베이트에 대한 이야기를 상사에 대한 그의 의견과 함께 오너에게 보고했다. 오너는 오랜 기간 충성도를 보여 온 직원을 매우 보호하는 성향을 가진 사람이었다. 물론 오너도 심장발작 이후 로스의 상사의 행동 방식이 크게 변했다는 사실을 알고 있었지만, 그는 그 상사에게 애정을 가지고 도와주기로 결심했다. 로스의 불만이 접수되자 오너는 자신이 소심하고 편집증적인 사람처럼 느껴졌고, 그 시점에서 로스를 내보내야겠다고 결정을 내렸다.

　　이 모든 이야기를 상세히 공유한 목적은 당신이 절대적으로 사실에 기초하고 있다고 믿기 쉬운 의견이 완전히 헛다리를 짚었을 가능성도 있다는 것을 알려 주기 위함이다.

저자의 한마디 : 나는 이 이야기를 인사부 고충처리위원에게서 직접 들었는데, 실은 이런 이야기를 내게 하면 안 되는 것이었다. 그 고충처리위원은 거의 퇴직할 때가 되었고, 직장 생활 중 대부분의 시간 동안 오너와 알고 지냈으며, 오너의 귀가 되어 준다면 은퇴 전 몇 년을 회사에서 편안하게 보낼 수 있다는 것을 암묵적으로 알고 있었다. 그가 옳다는 게 아니다. 다만 이런 일들이 실제로 벌어진다는 이야기를 하고 싶었다.

망설이면서도 일시적으로 전업 주부의 길을 택했던 사라 랭섬도 자신이 해야 할 숙제를 했다. 그녀는 아이를 키우기 위해 집에 있는 것이 커리어에 어떤 영향을 미치는가에 대한 책과 온라인 기사를 잔뜩 읽었다. 이 주제에 대한 의견은 매우 분분했으며, 두 의견 모두 충분한 사실에 근거하여 지지를 받고 있었다.

자녀를 양육하기 위해 집에 머무르면 아이의 정서적이고 지적인 발달에 긍정적인 영향을 미친다. 어머니만큼 정성껏 아이를 돌봐줄 사람은 없기 때문이다. 그리고 "두 마리 토끼를 잡으려는" 어머니들은 결국 일터에서 불행해지며, 이로 인해 집에서도 더 잘 지내지 못하게 된다.

VS

탄탄한 커리어를 가졌다는 사실에서 기인하는 자신감과 자기 확인, 그리고 자녀 양육 외에도 따로 직업을 가지고 있다는 감정은 여성의 정신적, 정서적, 재정적 건강에 긍정적이다. 이로 인해 궁극적으로는 아이에게 더 좋은 엄마가 될 수 있다.

사라는 좋은 결정을 내리기 위해 고심했고, 남편이나 의견을 제시하고 자신의 이야기를 기꺼이 들어주려는 모든 사람들과 끊임없이 대화를 나누었다. 어떤 사람들은 그녀에게 집에서 아이를 키우면서도 직업을 가지는 "하이브리드" 접근법을 써 보라고 조언했다. 그녀는 자신이 가진 컴퓨터 전문 기술을 이용해 전화를 통해 재택 근무하는 기술 지원 업무를 할 수도 있었지만, 이는 그녀가 원하는 커리어가 아니었다. 사라의 회사에서는 고객 서비스에서 시간제 근무 포지션을 제안했지만 그녀가 사무실에서 일하기를 원했고(그녀는 이 조건에 대해 협상하려 하지 않았다) 남편과 근무 시간을 조율하는 문제도 매우 어려울 것이었다. 어떤 사람은 그녀에게 여성들을 위한 기술 블로그를 시작해 보라고 했지만 그녀는 어떻게 수익화를 해야 할지도 몰랐고, 글을 잘 쓰지도 못했다.

그녀가 이야기를 나눈 사람들은 모두 제각기 의견과 아이디어를 제시해 주었지만 실제로 시도해 볼 만한 것은 없어 보였다. 그래서 사라가 실제로 영영 전업주부가 되겠다고 결심한 것은 아니었지만, 시간이 흐르면서 결국 그렇게 되었다. 그녀는 정말로 실행 가능한 선택지가 없다고 느꼈고, 한 해 한 해가 지날수록 (전에 일했던 수준의) 커리어에 재진입하기 위한 장벽은 점점 더 높아졌다. 직장을 떠난 지 10년 후, 그녀는 완전히 포기해 버렸다.

"이렇게 흘러가는 것을 보고 있자니, 어떻게든 제 커리어를 유지해야 했다는 생각이 드네요." 그녀는 지금 이렇게 말하고 있다. "우리는 재정적으로 많은 비용을 치렀지만, 더 중요한 점은 내가 스스로 폐기 처분한 가능성을 생각할 때마다 우울해진다는 거예요." 사라는 두 가지 목표를 모두 성취할 수 있는 방법이 있었을 것이라고 확신하지만 결국 그 방법을 찾아내지 못했다.

패튼 장군의 부츠를 신어라

조지 S. 패튼 장군은 역사상 가장 위대한 군인 중 한 명으로서, 냉철한 결단력과 병사들을 지휘하는 능력으로 유명한 인물이다. 그의 군사적인 전략과 전술은 적을 자주 놀라게 했다. 그의 연설은 군사들의 사기를 북돋워 주었다. 하지만 사람들이 그에 대해 간과하고 있는 것은 패튼 장군이 전투에 대비해 자신의 군대를 준비하면서 벌였던, 무대 뒤에서 일어난 전쟁이다. 고국에서 그는 미국이 전쟁에 참전하는 것을 반대하는 많은 정치인과 정치에서 전쟁을 해야 했다. 군대에 보급품과 지원이 없을 때 패튼 장군이 벌여야 했던 모금 전쟁도 있었다. 그리고 패튼 장군이 지나치게 자기중심적이라고 여긴 나머지 그의 전투 계획을 지지하지 않았던 다른 장군들과의 전쟁도 있었다.

세계 제2차 대전에서 일어났던 거의 모든 전투에서 패튼 장군은 전략을 개발하고 승리하기 위해 이를 실행하는 역할을 맡았고, 실제로 그렇게 해냈다. 패튼 장군은 여러 가지 제한들로 인해 "완벽한" 전략을 개발하지는 못했다. 그의 군대에는 거의 트레이닝 받지 못한 신병이 많았고, 장비는 불충분했으며, 적의 위치에 대한 정보는 불확실했고, 날씨는 예측하기 어려웠으며, 의료 물자도 극히 부족했다.

불충분한 자원으로 어떻게 전략을 짰는지 누군가가 질문하면, 패튼 장군은 "지금 열정적으로 적용된 좋은 해결책은 10분 후에 적용된 완벽한 해결책보다 낫다"고 대답했다.

다시 말해서, 그는 완벽한 해결책을 갖지 못했다고 해서 행동을 취할 때 주저하는 법이 없었다. 수십 년이 지난 뒤 또 다른 군사 지도자인 도널드 럼스펠드는 이렇게 말했다. "당신은 지금 거느리고 있는 군대로 전쟁을 하지, 거느리고 싶은 군대로 전쟁을 하는 것이 아니다." 그가 군대에 적절한 자금이나 지원을 구하고 부대를 보호하려는 확고한 결심이 부족했기 때문에 저런 발언을 했다고 해석한 사람들에 의해 도널드 럼스펠드는 많은 비난을 받았다. 그러나 럼스펠드가 실제로 하려고 했던 말은 패튼 장군과 비슷하다. 완벽한 해결책을 갖지 못했다고 해서 행동을 취할 때 주저하면 안 된다.

그리고 당신도 완벽하지 않은 선택지 앞에서 커리어에 대한 결정을 내려야 할 때가 있을 것이다. 당신이 하지 말아야 할 일은 결정 자체를 회피하는 것이다. 또는 완벽한 결과를 만들어 내기 위해서 너무 많은 시간과 노력을 들이거나.

종종 열정을 갖고 제때 실행된 "괜찮은" 해결책은 늦게, 또는 실행되지 않은 완벽한 해결책보다 낫다.

그리고 불행히도 사라 랭섬은 완벽하지 않은 결정의 덫에 빠져서 완벽하지 않은 아이디어에 대해서 차례차례 이야기하고, 생각하고, 고려하면서 실제로 장화를 신고 전투에 뛰어들지 않은 실수를 저질렀다.

패튼 장군이라면 아마도 "못 말리겠군, 랭섬! 징징거리는 엉덩이를 당장 움직여서 그놈의 기술 블로그를 하고, 그놈의 재택 기술 지원 업무를 한 다음에 무슨 일이 일어나는지 보라고! 그러면 적어도 너는 빌어먹을 전략을 **뭐라도** 실행에 옮기고 있을 거 아냐! 그러면 성공은 성공대로, 실패는 실패대로 배울 수 있잖아. 교훈을 바탕으로 전략을 수정해서 앞으로 나아가란 말이야. 하지만 하느님 맙소사, 확신이 안 간다고 징징거리는 엉덩이로 주저앉아서 홀쩍대지 좀 **말라고**! 이 빌어먹을 세상에서 누구는 **뭐든** 확신을 갖고 있는 줄 알아? 그러니 이제 망할 부츠를 신고 움직이라고!"라고 말했을 것이다.

그렇다. 패튼 장군은 걸쭉한 입담으로도 유명하다.

커리어를 제고하는 결정을 효율적으로 도출하는 방법에 관해 지금까지 다룬 내용을 요약하자면 다음과 같다.

- 그 문제에 관련된 당신의 가장 깊은 감정적 욕구와 필요를 인식하고 이런 감정들로 인해 당신의 결정 과정이 맹목적으로 되지 않도록 하라. 부처의 마음을 빌려라.
- 합리적인 결정을 내리기 위해 필요한 모든 정보를 얻었는지 가정이나 해석을 배제하고 사실적으로 확인해라. 당신 내면의 스팍과 교신하라.
- 완벽한 해결책이 없다고 해서 주저하지 마라. 지금 이용할 수 있는 정보와 자원으로 짤 수 있는 최선의 계획을 세우고, 행동으로 옮겨라. 패튼 장군의 부츠를 신어라.

하지만 이 세 가지 원칙을 적용한다고 해서 늘 성공적인 결과를 보장받지는 않는다. 당신은 명확하게 사고하기 위해 가장 깊숙한 감정을 배제하고, 사실에 근거한 정보를 잔뜩 그러모아 탄탄한 행동 계획을 세울 수 있으며, 이 모든 노력 뒤에도 실패할 수 있다. 조셉 호튼에게 물어보자.

조셉 호튼은 40대 초반의 남성으로, 직접 판매망을 갖춘 한 제조 회사의 제품 개발 그룹장으로 재직하고 있다. 그의 회사는 10대와 10대의 부모님을 목표 고객군으로 삼고 있다. 최근 그 회사는 차입 인수(LBO, leverage buyout, 피매수회사의 자산을 담보로 해서 차입한 자금으로 기업을 매수하는 인수·합병 기법 – 옮긴이)를 통해한 사모펀드에 인수되었다. 회사의 매각으로 큰돈을 번 CEO는 곧 은퇴하려고 계획 중이었으며, 조셉은 그 뒤를 이어 CEO가 되기로 결심했지만 다른 후보자와 경쟁을 해야 했다. 마케팅 그룹장 역시 차기 CEO로 출마 선언을 했다.

사모펀드에서는 두 명을 모두 높이 사고 있었지만, 회사를 발전시키기 위해서는 혁신적인 선구자적 리더를 원한다고 밝혔다. 그들은 실수를 두려워하지 않고 조직원들이 틀을 벗어난 사고를 하도록 독려할 수 있는 리더를 원했다.

그러한 생각에 부응해 마케팅 그룹장은 디즈니와 협약을 맺어 전용 제품을 생산하고 모든 디즈니 테마 파크에서 판매하기로 했다. 조셉은 처음 디즈니의 제안을 들었을 때 코웃음을 쳤다. 디즈니는 팔리는 제품마다 엄청난 로열티를 요구했고, 그러면 디즈니 쪽 제품의 수익성은 일반적인 제품에 비해 절반도 안 될 것이기 때문이었다. 조셉은 판매량 예상치도 지나치게 부풀려졌다고 생각했다.

그러나 사모펀드는 이 생각을 마음에 들어 했다. 그들은 공동 브랜드 시너지에 열광했고 모든 이들이 디즈니를 사랑하는 것 같았다. 그리고 이 모든 프로젝트를 진두지휘한 마케팅 그룹장의 입지가 빠른 속도로 상승하는 듯이 보였다.

조셉 호튼에게는 큰 승리가 필요하게 되었다. 뭔가 대담하고 상식에 벗어난 것으로. 그래서 그는 뉴욕에서 컨설턴트를 고용해서 당시 트렌드나 관심, 가치, 유행하는 아이템이 무엇인지 등 10대들의 사고방식에 대해 조사를 하고 구체적인 마케팅이나 제품 기능을 제안하게 했다.

컨설팅 회사에서는 10대들이 더 이상 디즈니에 열광하지 않는다는 점을 시사하는 구체적인 분석 결과를 내놓았다. 그는 속으로 이 결과에 흥분했다. 부가적인 조사 결과를 보고 나서는 한층 더 기분이 좋아졌다. 컨설턴트들은 힙합 문화가 전국의 10대들에게 얼마나 큰 영향을 미치는지를 보여 주는 구체적인 데이터를 제시했다. 힙합은 도시의 트렌드에 머물지 않고 미국 중부 교외에까지 퍼져 있었다. 10대들은 힙합 음악, 패션, 그리고 용어를 받아들였다. 힙합 트렌드는 10대의 가치나 라이프스타일 측면에서 디즈니와 거의 반대였다.

컨설팅 회사에서는 주장을 그저 내세우기만 하지 않고, 철저한 리서치 결과로 뒷받침하고 있었다. 그들은 제이지나 비욘세, 러셀 시몬스 같은 힙합 스타가 디자인한 특별 제품 라인을 개발하자고 제안했다. 이들 스타에게 지불해야 하는 막대한 로열티 비용 때문에 수익성이 낮아지기는 하겠지만, 조셉은 이 모든 계획이 마음에 들었다. 컨설팅 회사에서 제시한 매출 예상치는 이 시장에 도입된 다른 제품의 실제 판매 자료에 기초하여 추정되었으므로, 조셉은 내면의 스팍과 교신하며 견고한 근거에 바탕을 두고 있다는 자신감을 느꼈다. 이것은 정확히 그가 찾고 있던 것이었다. 새롭고, 달랐으며, 혁신적이고, 디즈니가 아니었다. 컨설팅 회사에서 힙합계의 아티스트나 디자이너들을 소개해 줄 수 있었기 때문에 프로젝트는 빨리 진행될 수 있었다.

조셉이 이 제안서를 사모펀드에게 발표하는 자리에 제품개발 부사장도 동석했는데, 그는 이 아이디어를 마음에 들어 하지 않는 것 같았다. "이 제품이 우리의 목표 고객의 인구 통계학적 특성과 맞는지 잘 모르겠네요." 그는 콧방귀를 뀌었다.

"저는 목표 소비자층을 넓히려는 겁니다." 조가 대답했다. "틀에서 벗어난 사고를 통해서요."

사모펀드에서는 두 가지 안건을 모두 진행하기로 결정했다. 분명히 두 사업 계획은 전혀 다른 소비자층을 겨냥하고 있지만, 이로써 10대 시장 전체에서 더 큰 부분을 점유할 수도 있었기 때문이다. 그다음의 6개월 동안 두 그룹장은 우위를 차지하기 위한 무언의 전쟁에 돌입해 서로를 이기겠다고 다짐했다. 디즈니와 힙합의 전쟁이었다.

조가 가진 이점은 컨설팅 회사가 제공하는 도움과 힙합계 인맥을 바탕으로 사업을 빨리 진행시켜 시장에 제품을 빨리 출시할 수 있다는 것이었다. 그는 패튼 장군의 장화를 신고 진군해 나아갔다.

결과적으로, 두 아이디어 모두 비참하게 실패했다.

하지만 조의 힙합 프로젝트가 먼저 실패했기 때문에, 회사 내에서의 입지가 하향세를 타기 시작했다. 반면 디즈니 프로젝트는 개발 기간이 길었기 때문에 그동안 마케팅 그룹장은 디즈니 임원들과 중요한 행사를 많이 열었고, 디즈니 본사에서 개최된 몇 차례의 회의에 사모펀드의 핵심 리더들을 초대했다. 그는 CEO에 임명될 수 있었다. 디즈니 제품이 실제로 출시되기까지는 2년이 걸렸고, 판매 실적은 끔찍했다. 하지만 이미 조에게는 너무 늦은 시간이었다. 그리고 신임 CEO는 부하에게 손쉽게 그 책임을 돌릴 수 있었다.

셜록의 눈으로 꿰뚫어 보라

자네는 보기만 할 뿐 관찰하지 않아. 그 차이는 명확하다네.

— 셜록 홈즈, 「보헤미아 왕실 스캔들」

그러면 무엇이 잘못되었을까? 1년이 지나자 조셉도 실제로 무슨 일이 일어났던 것인지 이해하기 시작했다. 뉴욕의 컨설팅 회사에서 조셉에게 추천한 힙합 아티스트는 각각 그 컨설팅 회사와 계약 관계를 맺고 있었다는 사실이 나중에 밝혀졌다. 어떤 아티스트들은 그 컨설팅 회사와 공동으로 브랜드 회사를 소유하기도 했다. 객관적이고 사실에 근거해야 했던 컨설팅 리서치 프로젝트는 실은 겉만 번드르르한 영업 프레젠테이션이었던 것이다. 그들은 조셉을 위해 따로 조사를 실시하지 않고, 그저 힙합 브랜드를 구축하고 보증 계약을 맺기 위해 잠재 고객을 만날 때 늘 사용하던 데이터를 재활용했을 뿐이었다. 그것이 그들의 진짜 목적이었다.

그들은 원래의 컨설팅 프로젝트에서 돈을 벌었다. 그 회사에서는 일정 비율로 선불 로열티를 요구했다. 그리고 조셉의 회사에서도 자체적으로 제품을 생산할 수 있었지만 그렇게 되면 출시가 6개월 미뤄지기 때문에, 일부 특별 제품 생산에 대해서는 별도로 제조 회사를 추천하고 (그들이 "특별한" 관계에 있다고 말했던) 그 제조사로부터도 수수료를 받았다.

조셉이 1년 후 다른 제조 회사의 CEO와 면접 자리에서 대화를 나누다가 그 회사에서도 똑같은 컨설팅 회사와 말 그대로 똑같은 일을 겪었다는 사실을 알게 되기 전까지 이러한 사실은 전혀 밝혀지지 않고 있었다.

교훈이 뭐냐고? 커리어에 중대한 영향을 미치는 결정을 내릴 때에는 때로 탐정이 될 필요가 있다는 것이다. 모든 사람이 늘 당신에게 정직하게 대하지는 않는다. 모든 사람이 당신에게 가장 이익이 되는 방식으로 움직이지는 않는다.

회사들은 만약 사실을 밝혔을 때 당신이 근무하려 들지 않을 것이라고 판단되면 종종 조직에 대한 온전한 사실을 밝히기를 꺼린다.

사람들은 그들에게 이익이 되지 않는 정보는 선택적으로 빠뜨리곤 한다. 어떤 사람들은 자신들의 목적을 달성하기 위해 당신에게 노골적으로 거짓말을 한다.

그러므로 커리어에 좋은 결정을 내리고 싶다며 사람들이 당신에게 무엇을 말하지 **않는지** 스스로에게 질문해 보아라. 다른 사람들이 당신에게 부정확한 정보를 줄 만한 이유는 무엇일까? 어떤 일이 잘못될 수 있을까? 일어날 수 있는 최악의 경우는 어떤 것일까?

"나쁜 놈." 할은 이렇게 말했지만, 그래도 얼굴에 약간이나마 미소를 짓고 있었다. 그는 현재 자신의 커리어 상황에 대해 생각하면 생각할수록, 그레이트플레인스미디어에서 나가야겠다고 생각한 이유가 창피한 감정 때문이라는 사실을 알게 되었다. 그는 전통적인 인쇄 제작업체에서 가장 유능한 사람으로 대접받는데 너무 익숙해져 있었기 때문에, 새 환경에서 때때로 자신이 부족하다고 느껴졌다.

할은 전통적인 인쇄 회사에서 구미가 당기는 이직 제안을 받았고, 그에게 완벽하게 맞는 자리 같았다. "같았다"는 것이 중요하다. 할은 셜록이 되어 현 직장에서 좀 더 많은 정보를 모을 필요가 있다는 데 동의했다. 그는 지금의 직장 동료들이 그에게 실망했기 때문에 회사를 떠난다 하더라도 신경 쓰지 않을 것이라고 생각했다. 하지만 이는 그의 생각일 뿐이었기 때문에, 회사에서의 그의 미래에 대해 다른 사람들이 어떻게 생각하는지 알아보기 위해 허심탄회하게 대화를 나눠 볼 필요가 있었다.

그다음 나는 그에게 패튼 장군의 부츠를 신고서, 어떤 길을 택하든 완벽할 수는 없으니 뭐가 되었건 불편한 문제들에 대처해야 한다고 마음먹으라고 조언했다. 만약에 모든 길이 도전과 불편함과 실망을 준다면, 어디로 이어지는 길을 선택하고 싶은가? 전통적인 인쇄 사업인가, 아니면 디지털 인쇄 제작이라는 신세계인가? 신세계라고 결정을 하더라도 그가 꼭 그레이트플레인스에 머물러야 한다는 이야기는 아니지만, 적어도 전통적인 인쇄 업체에서 온 제안을 받아들일 것인지 말 것인지 결정하는 데는 도움이 될 것이다.

2년의 시간을 빨리 감아보면 할은 아직 그레이트플레인스미디어에 근무하고 있으며, 몇 번의 진지한 코칭과 리더십 개발 과정을 거친 후 지금은 전에 없이 자신의 일을 즐기고 있다. 그는 자신이, 그가 흔히 부르는 식으로 말하면, 많은 "어린 강아지"들과 함께 일하는 것을 진짜로 좋아한다는 사실을 알게 되었다.

생각해 보자

계획한 것과 다른 결과를 주었던 중요한 커리어 결정을 내려 본 적이 있는가? 만일 그렇다면, 이 장의 내용을 다시 생각해 보고 당신이 과거에 결정을 내리는 과정에서 좀 더 신중할 수 있었는 지 스스로에게 물어보라. 구체적으로 어떤 성격이 당신에게 유익 했는가?

- 부처
- 스팍
- 패튼 장군
- 셜록

앞으로 중대한 가능성 있는 커리어 결정을 내릴 때에는 시간을 내어 이 장을 다시 읽어보고 당신이 가진 선택지에 대해 생각해 보아라.

실천해 보자

이 접근법은 큰 결정을 내릴 때를 대비해 만들어졌지만, 작은 일상적인 결정에도 이러한 사고방식을 대입할 수 있다. 그런 연습을 해 놓으면 큰 결정을 해야 할 때 좀 더 잘 대처할 수 있을 것이다.

66 더 많은 내용을 보고 싶다면
www.workplacepoker.com/decision-making/을 방문하라. 99

【장기 사고(思考) 및 행동 포인트】

당신이 중대한 커리어 결정에 직면할 때마다, 시간을 갖고 당신의 커리어 궤도를 가속화시켜 줄 결론에 이르기 위해 더 숙고해 보아라.

- ♠ 그 문제에 관련된 당신의 가장 깊은 감정적 욕구와 필요를 인식하고 이런 감정들로 인해 당신의 결정 과정이 맹목적으로 되지 않도록 하라. 부처의 마음을 빌려라.
- ♠ 합리적인 결정을 내리기 위해 필요한 모든 정보를 얻었는지 가정이나 해석을 배제하고 사실적으로 확인해라. 당신 내면의 스팍과 교신하라.
- ♠ 완벽한 해결책이 없다고 해서 주저하지 마라. 지금 이용할 수 있는 정보와 자원으로 짤 수 있는 최선의 계획을 세우고, 행동으로 옮겨라. 패튼 장군의 부츠를 신어라.
- ♠ 다른 사람들이 당신의 결정 과정에 개입되어 있을 때는 주의 깊게 듣고 관찰하라. 주어지는 그대로 정보를 받아들이지 마라. 셜록의 눈으로 꿰뚫어 보라.

고무 고양이
처럼

내가 다시 해 아래에서 보니 빠른 경주자들이라고 선착하지 않으며
용사들이라고 전쟁에서 승리하는 것이 아니며
지혜자들이라고 음식물을 얻는 것도 아니며
명철자들이라고 재물을 얻는 것도 아니며
지식인들이라고 은총을 입는 것이 아니니
이는 시기와 기회는 그들 모두에게 임함이니라.
– 전도서 9장 11절

말도 안 되는 일이 일어날 때도 있다.
– 전도서 아님

앞으로 커리어의 길을 걷다 보면 (이미 일어나지 않았다면) 갑자기 실직을 하거나, 큰 프로젝트 실패를 맛보거나, 믿었던 동료에게 뒤통수를 맞거나, 혹은 그 외에 다른 끔찍한 일들이 일어날 것이다. 그리고 이런 일을 이미 경험했더라도 앞으로 또 일어날지도 모르는 가능성에 대비할 필요가 있다. 열심히 일하는 사람들도 해고를 당한다. 좋은 회사도 도산을 한다. 충분히 받을 자격이 있는 보너스가 취소되기도 하고, 동료가 치사하고 못되게 굴 때도 있지만 그럼에도 불구하고 당신의 커리어는 계속된다. 당신을 죽이지 못하는 고난은 당신을 더욱 강하게 만든다. 당신이 살아남는다면.

매우 성공한 사람들과 깊은 대화를 나눌 기회가 있을 때마다 나는 그들에게 커리어에서 겪은 고난에 대해서 묻는다. 최악의 순간이 언제였으며, 그들이 어떻게 회복했는지. 나와 대화하는 상대방이 커리어에서 중대한 문제를 겪은 사실을 기억해 내지 못한다면, 대개 나는 그들의 음료에 마취제를 떨어뜨린 후 재빨리 대화를 끝내 버린다. 왜냐하면 지겨운데다가 약간 짜증나기 때문이다.

진심으로 말하는데, 커리어에서 중대한 문제를 겪었던 사람들은 완만한 상승 곡선만을 경험한 사람보다 훨씬 흥미롭다. 그리고 나중에 보니, 나와 이야기를 나눈 매우 성공한 사람들의 대다수는 양면성으로 가득 차 있는 매우 흥미로운 인생을 살아왔다.

"저는 고무로 된 고양이 같아요." 포춘 500 기업의 한 임원이 내게 말한 적이 있다. 그는 자신의 커리어를 끝장낼 수도 있었던 사업 실패와 실수들에 대해 이야기하고 있었다. "이미 아홉 번 정도 다시 태어난 것 같은데, 그래도 언제나 다시 일어나 두 발로 착지하거든요."

물론 다른 사람에게 다시 일어나라고 말하기는 쉬운 일이다. 하지만 정말로 나쁜 일이 자신에게 일어나면, 대부분의 사람들은 어찌할 바 모르고 우왕좌왕한다. 사람들은 때로 너무 놀랄 때면 명확하게 사고하지 못한다. 회사에서 막 구조조정을 당한 스무 명이 모인 그룹을 만난 적이 있다. 그들 중 대다수는 자기 커리어 성숙기의 끝 무렵에 있었고(즉 나이가 들었다) 갑작스런 실직에 큰 충격을 받은 상황이었다. 회사에서는 그들에게 완곡하게 전직轉職 코칭으로 표현되는 교육을 제공하며 이력서 작성과 일자리 찾기를 지원했다. 나는 이 그룹을 돕기 위한 팀원이었는데, 첫 미팅에서 스무 명 중 절반가량은 회의 시간 동안 그저 멍하니 침묵한 채

앉아 있기만 한다는 사실을 알아챘다. 그때는 구조조정이 발표된 지 일주일이 지난 시점이었다.

그나마 말을 좀 하는 사람들은 회사를 욕하고 상황의 부당함을 성토하는 데 대부분의 에너지를 사용했다. 몇 명은 회사를 고소하겠다고 했으며 한 여성은 울기 시작했다. 한 명, 단 한 명만이 이력서를 작성하고, 링크드인 프로필을 업데이트하며, 사람들을 만날 수 있는 행사를 찾고, 구직 절차에 대해 공부하며 컴퓨터 기술을 다듬기 위해서는 어디에 가야 할 지 알아보는 데 집중했다. 단 한 사람만이. 이들 중 많은 수가(모두는 아니고) 결국 직업을 구했는데, 당신은 누가 가장 빨리 채용되었고 기존의 직장에 안주하는 것보다 더 나은 보수를 주는 직장으로 옮겼다고 생각하는가? 바로 그렇다. 그 사람이었다. 충격적인 놀라움에서 벗어나 **재빨리** 다방면의 실천으로 옮겨갔던 그 단 한 사람.

커리어에서 정말 나쁜 일이 일어난다면, 당신의 정신적·정서적인 상태를 잘 다스리는 것이 아마도 가장 핵심 과제일 것이다. 물론 나도 실제 행동보다 말하기가 훨씬 쉽다는 사실을 알고 있다. 커리어에서 역경이 발생하면 대부분의 사람들은 처음에 충격을 받고 기운을 잃는다. 어찌할 바를 모르고, 혼란스럽고 불확실한 기분을 느끼며, 종종 꽤 많은 시간을 부정과 후회와 필사적인 협상과 결국에는 때로 초조한 행동을 하는 데 보낸다. 대부분의 사람들은 실행에 옮기기 전에 시간을 너무 오래 끌고, 그들이 취하는 행동은 충분하지 않다. 그리고 시도한 것들의 효과가 잘 나타나지 않을 때 그들은 다시 충격 받아 꼼짝달싹 못하고 생각에 사로잡힌 채 무기력해진다.

스스로를 한 대 때리고 다시 달려라

연구 결과에 따르면 자연재해가 발생한 상황에서조차 대부분의 사람들은 꾸물거리고 무기력하게 대응하는데("친구들, 당황하지 말라고……") 이런 종류의 사람들은 희생당할 가능성이 높다. 살아남는 사람들은 기민하고, 목적을 가지고 다방면의 행동을 취하는 사람들일 때가 많다.

케이시 에딩턴은 오전 5시 30분에 일어나서 이상한 냄새를 맡았다. 케이시는 혼자 살고 있는 85세의 미망인으로, 그녀는 금세 공기 중에 떠돌아다니는 염소鹽素 냄새를 알아챘다. "부엌 창문으로 내다보니 흰 가스 구름이 보였어요." 케이시의 작은 집은 홀로 떨어져서 골짜기의 바닥에 위치하고 있었기 때문에, 그녀는 그 흰 구름의 정체가 무엇이든 골짜기를 타고 내려와서 자신의 집 근처에 자리를 잡으리라는 사실을 예측할 수 있었다. "악취가 꽤 빠르게 지독해져서 어서 나가야 한다고 생각했어요." 그래서 케이시는 재빨리 수건에 찬 물을 부어서 코를 가린 다음 고양이와 차 열쇠를

집어 들고 차를 몰아 고지대로 가려고 했다.

"밖으로 나가기 위해 문을 열었을 때, 염소 기운이 내 얼굴로 들이닥쳤어요. 눈이 타는 것 같았죠. 거의 집으로 돌아갈 뻔했지만 다행히 그러지 않았어요." 그녀는 가까운 고지대로 올라가는 지름길을 알고 있었고, 몇 분 후 염소 가스에서 벗어날 수 있었다. 그녀의 고양이는 짜증이 나서 큰 소리로 울었는데, 고양이의 눈도 염소 때문에 따가워 눈물이 고여 있었다. 하지만 둘 다 무사했다.

액체 염소를 싣고 가던 열차 차량이 500미터도 떨어지지 않은 곳에서 전복한 사고에 대처하기 위해 구조대가 한 시간도 되지 않아 도착했다. 다행히도 사고는 인적이 드문 곳에서 일어났고 유독성 증기는 골짜기에 고여서 퍼지지 않았다. 병원에 입원한 지 이틀이 지나자 케이시는 완전히 회복했다. 하지만 불행히도 몇몇 이웃들은 그 밤을 넘기지 못했다. 은퇴한 노부부는 자택의 지하실 한구석에서 옹송그린 채 발견되었다. 분명 그들은 젖은 수건으로 문 밑의 틈새를 막고 지하실을 봉쇄하려고 노력했었다. 다른 여성은 지하실에서 발견되었고, 한 남성은 욕실에서 자신의 개와 함께 발견되었는데, 그때까지도 샤워기에서 차가운 물이 계속 나오고 있었다. 그들 모두는 문 밑과 창문 둘레에 젖은 수건을 두어 유독성 가스에서 자신을 보호하려고 애썼다. 그러나 그들은 모두 죽고 말았다.

위기에 맞서 빠르게 결단력 있는 행동을 취한 케이시의 대응은 다른 사람과 달랐지만, 그 덕분에 그녀는 목숨을 구할 수 있었다. 불행히 목숨을 잃은 사람들은 재난이 발생할 때 많은 사람들이 하는 방식으로 대처했다. 머뭇거리고, 물러서고, 웅성거리며 모여들었다.

그리고 갑자기 실직한다거나 다른 종류의 커리어 재난을 경험한 사람에게서도 재해에 능동적으로 대처하지 않고 미적거리는 성향이 나타난다. 종종 그들은 며칠씩, 몇 주씩, 때로는 몇 달씩 꼼짝 않고 있다. 하지만 목숨을 건지고 살아남는 이들은 재빨리 행동을 취하는 사람이다.

그러므로 커리어에서 재난이 닥쳤을 때 스스로에게 물어보아야 할 첫 질문은 "내가 무슨 일을 할 수 있을까?"이다. 미묘하지만 중요한 포인트는 당신이 무엇을 **해야** 하느냐가 아니라 당신이 무엇을 **할 수 있느냐**는 가능성에서 시작하는 것이다.

당신은 자신이 취할 수 있는 가능한 모든 행동에 대해 명확히, 그리고 매우 의식적으로 생각을 해야 한다. 당신이 그 사건을 바꾸거나, 고치거나, 또는 영향을 주기 위해 할 수 있는 일이 있는가? 일련의 대응 방법 중 선택할 수 있는 경우라면 긍정적인 자세로 마음속에 구체적인 목표를 가지고 신속히 대안을 평가한 후, 다각도로 행동을 취하라. 그리고 잘되지 않는 경우에는 더 많이 조사하여 다른 방법을 시도해 보아라.

부정적인 사건에 당신이 긍정적인 방향으로 영향을 줄 수 있다는 사실을 아는 한, 행동 지향적으로 대처하라. 그리고 당신의 행동은

- 신속하고
- 목표 지향적이며
- 다각도여야 한다.

폭풍이 천천히 다가올 때에는

때로 재앙은 갑자기 나타나 우리에게 소리를 지르기도 하지만, 어떨 때에는 등 뒤에서 천천히 기어올라 알아차리지 못하는 사이에 우리 주위 공기에서 산소를 빨아들이기도 한다. 우리는 숨쉬기 어렵다는 사실을 자각하고 거의 기절할 때까지 재앙이 오고 있다는 사실을 알지 못한다.

브라이언 씨스네로스는 재앙이 천천히 스며들어 결국 그를 뒤덮고 말았던 단적인 예이다. 브라이언은 사우스캐롤라이나 주의 찰스턴에 위치한 사무용품 회사의 영업 사원이었다. 그곳은 그가 대학을 졸업한 이후 첫 정규직이었고 브라이언은 판매 전략이나 기술에 대해 정식으로 교육을 받은 적은 없었으나 꽤 잘해 오고

있었다. 그는 천성적으로 외향적인 사람이었고 자기 직업의 핵심은 고객 모두와 좋은 관계를 유지하는 데 있다고 생각했다. 이것은 그에게는 쉬운 일이었기 때문에, 세일즈 트레이닝을 받을 이유가 어디 있겠느냐고 그는 생각했다. "솔직하게 말하면, '세일즈 트레이닝'이라는 용어조차 좀 역겹게 느껴졌어요." 브라이언은 말했다.

신혼이었기 때문에 그와 아내는 집값이 비싼 해변 근처에서 살고 싶었다. 그들은 폴리비치에서 걸어갈 수 있는 거리에 있는 작은 집을 샀다. 둘 다 아직 대학 학자금 대출을 갚고 있었기 때문에 재정적으로는 넉넉하지 못했지만, 그래도 행복했다.

그들은 주택 구매 대금을 갚을 수 있는 돈을 좀 더 벌 수 있기를 바라면서 집에서 소규모로 영양제와 체중 감소 보조제를 판매하는 사업을 시작했다. 브라이언이 타고난 영업맨이었기 때문에 이는 좋은 선택처럼 보였다. 그들은 판매하기 위한 재고와 제품 광고 책자와 다른 마케팅 물품을 사 들이기 위해 몇천 달러를 투자했지만, 그들의 재고는 대부분 팔리지 않은 채 세탁실 선반에 그저 놓여 있었다.

어느 시점에서 브라이언은 사무 용품을 구매하는 큰 고객을 두어 명 정도 경쟁자에게 빼앗겼고, 이로 인해 부부의 경제 상태는 심각하게 악화되었다. 그래서 그들은 재정 상태에 더 주의를 기울여야만 했다. 브라이언은 차를 수리해야 한다는 사실을 알고 있었지만 이를 계속 미뤘고, 결국 영업 프레젠테이션을 하러 가던 길에 차가 고속도로 한가운데서 멈춰 버렸다.

차를 견인하고 수리하는 비용은 제대로 유지했을 때 소요되었을 비용에 비해 훨씬 비쌌다. 수리공은 타이어가 낡아서 상당히 얇아져 있는 상태이므로 교체해야 한다고 말했지만, 브라이언은 다음 월급날까지 기다리기로 했다. 물론 다음 월급날에 타이어는 교체되지 않았다. 그리고 어느 날 다른 잠재 고객을 만나러 간 주차장에서 타이어의 바람이 빠져 버렸다. 브라이언은 아침에 차 시동을 거는 데 계속 애를 먹었고, 영업 프레젠테이션 자리에 여러 번 늦었다.

차만 문제가 아니었다. "저한테는 운이 하나도 없는 것 같았어요." 브라이언이 말했다. 시간이 지나면서 다른 문제도 불거지기 시작했다. 수표 지급을 거절당했기 때문에 그 문제를 해결하는 데 시간을 써야 했고, 대금 납부를 잊어서 채권자들로부터 귀찮은 전화를 받아야 했다. 고객 이탈을 만회하기 위해 일하는 시간을 늘렸기 때문에 운동하는 시간이 없어졌고, 차 안에서 식사를 하는 일이 늘면서 당연한 결과로 체중이 늘었다.

"거의 2년 동안 상황이 매주 조금씩 더 나빠지는 것처럼 보였어요." 그가 말했다. "하지만 그 2년은 거의 평생처럼 느껴졌어요." 2년이라는 시간 동안 브라이언의 체중은 거의 20킬로그램이 늘었고, 상사에게서 두 명의 주요 고객을 되찾아오라는 압박을 강하게 받았으며, 해변에서 거의 시간을 보내지 못했다.

　어느 날 긴 하루를 마치고 집으로 돌아온 브라이언에게 아내가 아기를 가졌다고 말했다. 그녀는 아마 기쁨과 흥분된 반응을 바랐겠지만, 충격 어린 침묵만이 감돌았다. "그 당시 제 주위의 다른 문제들과 함께, 아내의 임신 소식은 저를 한계까지 몰아붙인 것 같았어요." 그가 말했다. "아기를 키울 수 있는 여건이 안 되었거든요." 다음 이틀 동안, 브라이언은 아침 일찍 집을 나서서 저녁 늦게 들어왔는데, 이는 일을 더 하기 위해서가 아니라 자신의 집과 임신에 관련된 모든 이야기를 회피하고 싶어서였다. 그의 행동은 일반적으로 자연재해가 발생할 때 일어나는 반응과도 같았다. 부정, 멍하니 생각하기, 현실 도피(이건 분명 현실이 아닐 거야).

　결국 브라이언과 아내는 크게 싸웠고, 그녀는 아기를 지우고 그를 떠나겠다고 협박했다. 그리고 그가 인생이 더 이상 나빠질 수 없다고 생각한 며칠 후, 브라이언의 상사가 와서 그가 관찰 대상이 되었다고 말하며 판매량을 향후 90일 안에 끌어올리지 못한다면 해고될 것이라고 알렸다.

　관찰 대상이 된 그날 늦게, 브라이언은 해변에 앉아서 집에 가기 두려운 기분으로 실직할지도 모른다는 사실을 아내에게 어떻게 말해야 할지 모르겠다고 생각하고 있었다. "제 두뇌는 무엇을 해야 할지 생각해 내기 위해 회전하고 있었어요." 브라이언은 거기 앉아 있는 동안 가능한 한 모든 대응 방법을 짜내 보았지만, 그 어느 것도 특별히 좋아 보이지 않았다. 그는 죽도록 노력해서 판매 실적을 개선해야 할지, 아니면 새 직장을 알아보아야 할지조차 알 수 없었다. 이미 그는 판매량을 늘리기 위해 노력을 하고 있었기 때문에, 더 열심히 노력할 수 있을 것 같지도 않았다.

그의 상사는 세일즈 트레이닝 워크숍에 참가해 보라고 권했지만, 그것은 장기적인 해결책 같았다. 브라이언에게는 지금 당장 실적이 필요했다. 전 직장에서 뛰어난 실적을 내세울 수 없는 상황에서 다른 영업직으로 면접을 보러 다니는 것도 힘들어 보였다. 게다가 면접을 가기 전에 살도 좀 빼야 했다. 어쩌면 세탁실에 먼지 쌓인 채 놓여 있는 영양 보조제를 팔기 위해 좀 더 노력해야 할지도 몰랐다. 아니면 돈을 아끼기 위해서 해변가에서 먼 지역으로 이사를 하거나. 아직은 쓸 만한 그의 차를 팔고 두 명이서 차 한 대로 살아가는 법을 배워야 할 것 같기도 했다.

마침내 그는 집으로 가서 아내에게 말을 했다. 예상했듯이 그녀는 놀라고 겁을 먹었지만, 적어도 화를 내지는 않았다. 브라이언은 그 사실에 감사했다. 두 명이 함께 느낀 혼란이 그들을 행동으로 내몰았다. 그들은 무언가 변해야 한다는 사실을 알았고, 함께 앉아 그들이 할 수 있는 일들의 리스트를 적어 내려갔다. 이 리스트가 몇 장이나 되기 때문에 여기서 그 리스트를 모두 열거하지는 않겠지만, 그들이 취할 수 있는 행동으로는 다음과 같은 것들이 있었다.

- 해변가의 집을 팔고 아파트로 이사할 것(둘 다 이 해결책을 원하지 않았다).
- 이력서를 다듬고 적극적으로 새 직장을 알아볼 것.
- 브라이언의 상사에게 임신 사실을 알리면 그가 동정을 느껴서 시간을 좀 더 줄 수도 있음(브라이언은 이 생각을 증오했다).
- 세일즈 트레이닝 코스를 수강할 것(음, 그는 이 생각도 싫어했다).
- 브라이언의 차를 팔고 차 한 대로 살아볼 것.
- 영양 보조제를 판매하는 데 시간을 더 투자할 것.
- 더 나은 음식을 먹고(두 명 모두) 다시 운동할 것(브라이언).

어떤 행동을 실천에 옮길지 결정하려고 할 때, 브라이언은 분명히 그중 집을 팔 것과 세일즈 트레이닝이라는 두 가지 선택지를 피하고 있었다. 집을 판다는 것은 실패를 인정하는 것처럼 느껴졌다. 그리고 세일즈 트레이닝에 참석한다는 것은 자신이 일을 잘 못한다고 시인하는 것처럼 느껴졌다. 하지만 리스트를 적은 종이를 보면서, 브라이언의 부인은 매우 심각한 얼굴로 말했다. "우리는 이것 모두를 다 해야 해."

그리고 그들은 정확하게 그렇게 했다. 다각도의 행동을.

사실 내가 브라이언을 만나게 된 이유는 내가 개최한 세일즈 트레이닝 워크숍에 그가 참석했기 때문이었다. 자기가 배울 것이 별로 없다고 생각한 브라이언이 적대적인 태도를 취했기 때문에 쉬운 과정은 아니었다. 그는 천성적으로 말하는 것은 잘했지만, 질문을 하고 경청하는 것은 잘하지 못했다. 그의 사고 과정은 그다지 체계적이거나 전략적이지 않았고, 그래서 영업을 할 때 좀 더 체계적으로 접근하기 위해서 노력을 많이 해야 했다. 하지만 장하게도 그는 포기하지 않았고, 업무로 복귀하자마자 즉시 새로 익힌 기술을 적용했다.

집을 팔자 단기적인 재정 부담이 크게 줄었고, 차를 고치는 데 어마어마한 돈이 들었기 때문에 그들은 그 차액 중 일부를 브라이언의 새 차를 구입하는 데 사용했다. 또 브라이언은 건강에 훨씬 더 신경 쓰기 시작해, 더 나은 음식을 먹고 아침마다 운동을 했다.

브라이언의 이야기를 공유한 이유는 다각도로 해결하기 위해 노력을 한 덕분에, 그와 아내가 결국 재정적인 상황의 흐름을 돌릴 수 있었기 때문이다. 그리고 결혼 생활과 브라이언의 직장 생활 흐름도 돌렸다. 그의 상사가 그에게 숨을 쉴 여유를 조금 더 주었고, 브라이언은 다섯 달 내에 더 나은 보수를 제공하면서도 좀 더 규칙적인 스케줄로 움직일 수 있는 영업직을 구할 수 있었다.

브라이언은 최근 내게 다음과 같이 말했다. "제가 후회하는 단 한 가지는 행동을 취하기까지 너무 오래 기다렸다는 거예요. 1년이나 2년 먼저 똑같은 행동을 더 쉽게 할 수 있었는데 말이죠."

공포도 당신의 친구가 될 수 있다

만약 당신의 상황도 커리어에 부정적인 사건이 극적으로 하나 발생한 것이 아니라 잘못된 방향으로 천천히 차곡차곡 나아가고 있는 상태라면, 긍정적인 공포를 이용해 볼 수도 있을 것이다. 최악의 시나리오에 집중해 그 파급 효과가 얼마나 클지 상상하고 일어날 수 있는 모든 부정적인 결과에 스스로 몰입해 보라. 명확히 해 둘 것은, 당신이 스스로의 행동을 강제하기 위해 공포가 필요할 때에만 이 방법을 권한다는 점이다. 그렇지 않고 당신이 앞으로 나아갈 준비를 마쳤다면, 스스로를 후려칠 필요는 없다.

당신이 행동 지향적인 자세를 취하겠다고 결심을 했다면 보통은 당신이 생각해 낼 수 있는 행동을 가능한 한 많이 리스트에 적어 보는 것이 가장 좋은 방법이다. 그다음에는 당신이 바라는 결과를 가져올 가능성이 가장 높을 것 같은 선택지를 고르지만, 다른 선택지도 일단 남겨 두라. 이 방법은 효과가 좋은데 왜냐하면 이렇게 함으로써 당신이 상황에 대한 통제력을 가지고 있다는 사실을 확인할 수 있기 때문이다. 당신에게는 선택지가, 많은 선택지가 있다. 어떤 행동을 실행에 옮길지 이성적이고 객관적으로 결정을 할 수 있으며, 필요하다면 즉시 실천할 수 있는 예비책도 마련되어 있기 때문이다.

"만약 우리가 집만 팔고 나머지는 아무것도 안 했다면, 마치 자포자기해서 한 일 같았을 거예요." 브라이언이 내게 말했다. 하지만 그들이 다각도로 여러 행동과 변화를 취했기 때문에 집을 판다는 선택이 앞으로 나아가는 과정의 한 부분처럼 다가온 것이다.

물론 당신이 하는 모든 해결책이 결실을 보지 못할 수도 있다. 만약 한 가지의 행동이 원하는 결과로 이어지지 않는다면, 가능한 한 빨리 다른 행동을 취하라. 자신의 실수에서 교훈을 얻어야 하지만 지나치게 생각에 빠지지는 말아라. 어떤 일이 왜 잘되지 않았는지 분석하는 데 너무 많은 시간과 에너지를 투입하면, 행동에 필요한 탄력을 잃을 수도 있다.

광기는 고칠 수 없다

헤더 맥아담스는 로스앤젤레스와 뉴욕, 애틀랜타, 그리고 미니애폴리스에 지사를 둔 광고 에이전시의 마케팅 책임자였다. 그녀는 미니애폴리스에서 일했고, 뉴욕 지사에서 일하는 마케팅 이사에게 보고하는 네 명의 책임자 중 한 명이었다. 그녀의 회사는 급속히 성장하고 있었는데, 가장 큰 이유는 파트너 중 한 명인 라울 토마의 독창성 덕분이었다. 그는 대담하고, 놀라울 정도의 재능을 가졌으며, 짜증나게 거만했다.

라울은 지사에서 지사로 출장을 다니면서(화요일에는 LA에 갔다가 수요일에는 애틀란타로 가는 식으로) 각각의 거점에 있는 제작 직원들에게 자신의 심오한 재능을 나누어 주었다. 회사에서는 그의 잦은 출장을 위해 전용 제트기를 마련해 주었고, 출장을 다닐 때 늘 로코와 루퍼스라고 불리는 커다란 검정색 핏불 두 마리와 동행했다. 길고 검은색의 포니테일 머리 스타일과, 마오리족 문신을 하고 그에 어울리는 까만색 핏불들과 함께 다니는 라울 토마는 어디를 가든 눈에 띄는 사람이었다. 그는 키가 컸지만, 소문에 따르면 더 커 보이기 위해 까만 부츠 안에 키높이 굽을 넣는다고 했다.

헤더는 그 회사에서 6개월이 조금 넘게 일했고 라울이 현재 진행되는 모든 프로젝트의 작업물에 대한 평가를 진행하는 미팅에도 수차례 참석했다. 라울의 핏불들은 늘 회의실 한 구석에 그들을 위해 마련된 매트 위에 앉아 있었다. 각 지사마다 핏불에게 큰 그릇에 담긴 신선한 물(수돗물은 안 되고 정수된 물이어야 했다)과 곡류가 들어 있지 않은 유기농 강아지 간식 준비를 담당하는 직원이 있었다. 하지만 라울을 제외하고는 아무도 그들에게 간식을 주어서는 안 되었다.

라울은 작업 리뷰 회의 동안 혹평을 할 때 늘 직설적이었다. "이건 쓰레기야!"라는 말은 마치 그의 캐치프레이즈 같았다. 인턴 한 명이 재미로 "이건 쓰레기야!"라고 적힌 티셔츠를 입고 회사에 나온 적이 있는데, 그다음 날 회사에서 잘렸다.

거의 모든 사람이 회의에서 살아남으려면 어떻게 해야 하는지 터득하고 있었다. 입을 다물고, 받아 적고, 라울의 의견에 동의하고, 라울의 생각에 절대로, 절대로 이의를 제기하면 안 됐다. 헤더가 이 비결을 전수받지 못한 것은 분명했다.

어느 날, 그녀는 작업 리뷰 회의에 참석해 라울이 괜찮아 보이는 콘셉트를 여러 개 혹평하고 난 후, 물론 "독특하면서도 매혹적인"(그의 말에 따르면) 자신의 아이디어를 제시하는 장면을 보고 있었다. 헤더는 라울이 내놓은 아이디어들이 누군가 몇 주 전에 라울에게 보고했던 것과 상당히 비슷하다고 생각했는데, 그 당시 그의 반응은 당신도 예상했겠지만 "이건 쓰레기야!"였다. 헤더가 다른 의견을 갖는 건 분명 나쁜 일이 아니었다. 하지만 그녀는 거기에서 끝내지 않았다.

"말씀하신 아이디어는 저희가 3주 전에 제안 드렸던 콘셉트와 굉장히 비슷해 보이는데요." 헤더가 말했다. "그리고 그때는 그 아이디어가 쓰레기라고 생각하셨잖아요. 뭐가 바뀐 건가요?" 그녀의 목소리는 진실되었고, 짜증내는 말투가 아니었다. 전문적이고 예의가 발랐으며, 비난하는 투도 아니었다. 하지만 그런 사실은 중요하지 않았다.

누구도 아무 말도 하지 않았다. 몇 명만이 용기를 내어 라울을 똑바로 쳐다보았다. 하지만 거의 모든 사람들은 '오, 하느님 맙소사……'라고 생각했다. 전문가적인 탐구심에서 나온 표정을 하고 대답을 기다린 헤더만 빼고.

라울은 헤더에게 미소를 지었다. "아마 자네가 옳을지도 모르지." 그는 그렇게 말한 후 그녀의 질문에는 아무런 대꾸도 하지 않은 채 다음 프로젝트 작업을 검토하기만 했다.

회의가 끝나자 모든 사람이 흩어져 자신의 사무실과 자리로 돌아가 긴 업무 일과를 계속했다. 헤더의 질문과 라울의 대답에 대해서 엄청난 이메일과 문자 메시지들이 사람들 사이에 오고 갔다. 대부분의 메시지들은 개인 전화와 태블릿에서 상대의 개인 계정으로 보내졌다. 왜냐하면 대부분의 사람들이 회사 내의 온라인 커뮤니케이션이 감시되고 있다는 사실을 알고 있었기 때문이다. 회사에서는 제작물에 대한 지적 재산권을 침해당할까 봐 전전긍긍했기 때문에 모든 회사 컴퓨터와 모바일 기기 사용 내역을 엄중하게 감시하고 있었다.

헤더는 마감이 임박한 대형 프로젝트에 골몰하고 있었기 때문에 이 온라인 메시지에 대해서 모르고 있었다. 게다가 그녀는 사적인 이메일과 전화에 방해 받지 않기 위해 근무 시간 동안은 대부분 휴대폰을 가방 안에 넣어 두었다.

그날 오후 6시가 되자 사무실은 조용했고, 대부분의 사람들이 집에 가거나 회사 건물 1층에 있는 아일랜드풍 술집으로 사라졌다. 하지만 헤더는 노트북을 덮고 사무실을 나서기까지 30분을 더 일했다. 그녀가 사무실을 나와 모서리를 돌아 거의 빌딩 전체에 뻗어 있는 길고 긴 복도에 다다랐을 때, 그녀는 반대편에서 라울과 그의 두 강아지들을 보았다. 그녀는 라울과 동시에 엘리베이터 앞에 도착하고 싶지 않았기 때문에 멈칫했지만 그들이 서로를 보았다는 사실이 너무 분명했기 때문에 뒤돌아서 갈 수는 없었다. 그래서 그녀는 최대한 천천히 걷기로 했고, 만일 함께 엘리베이터 앞에 서 있게 되면 사무실에 뭔가를 놓고 온 척하기로 했다. 물론 그가 믿지는 않겠지만 상관없었다. 헤더는 그다음에 일어난 일을 마치 슬로모션 비디오처럼 회상할 수 있다. "무슨 일이 일어나고 있는지 이해하기까지 잠시 시간이 걸렸지만, 복도 반대쪽에서 그의 개들이 저에게 달려들고 있었어요. 처음에는 그 사실을 믿지 못해서 얼어붙은 채 서 있었죠. 그리고 이게 현실이라는 사실을 깨달았을 때에는 너무 늦은 후였어요."

두 마리의 검정색 핏불이 그녀에게 달려들어 으르렁거리더니, 순식간에 헤더의 등으로 뛰어올라 그녀를 땅에 쓰러뜨리고 올라 탔다. 그녀는 달아나야겠다는 생각조차 하지 못했다. 소리를 질렀지만 사무실에 라울 외에 다른 사람은 없었다.

얼굴이 카펫에 눌린 채 바닥에 엎어졌고, 지갑과 소지품이 흩어졌으며, 개 두 마리는 모두 앞발로 등을 눌러서 그녀를 바닥으로 밀어붙였다. 개들은 짖지도 물지도 않았다. 그녀가 가만히 있기만 한다면, 개들은 분명 그녀를 바닥에 쓰러뜨리고 움직이지 못하게만 할 것이었다.

"로코! 루퍼스! 돌아와!" 라울은 복도를 걸어 그녀에게 다가오며 개들을 불렀다. 뛰지 않고 걸었으며, 개들을 꾸짖지 않고 그냥 명령만 내렸다. 개들은 물러났다.

"정말 미안하네." 그는 목소리에 유감을 한 톨도 담지 않은 채 말했다. 라울은 몸을 구부려 그녀가 일어나는 것을 도왔고, 그녀는 무슨 일이 일어났다 사라졌는지 실감하지 못한 채 그의 도움을 받아들였다. "때로는 개들도 자기 생각이 있다네." 그리고 그는 더 이상 아무런 말도 하지 않고, 돌아보지도 않으며 개들의 가죽끈을 잡고 자신의 아이들과 함께 엘리베이터로 걸어갔다.

헤더는 소지품을 주워 모은 후 불안정하게 몸을 일으키며 부르르 떨었다. 신체적으로 다치지는 않았지만, 개들과 함께 엘리베이터에 탄 라울의 등 뒤로 문이 닫히자 울음이 터졌다. "제 인생에서 개들이 저에게 달려드는 몇 초처럼 무서웠던 순간을 기억조차 할 수 없어요." 물론 목격자도 없고 신체적인 부상도 없었기 때문에 그녀가 할 수 있는 일은 전혀 없었다. 그녀는 회사가 어떻게 돌아가는지 알고 있었다. 정식으로 인사부에 민원을 제기하더라도 아무 일도 일어나지 않고 그녀만 대가를 치를 것이기 때문에, 그녀는 아무런 일도 하지 않았다.

개인에게서 광기를 찾아보기는 힘들다. 그러나 집단, 당파, 민족, 시대 등에는 거의 예외 없이 광기가 존재한다.

_프리드리히 니체

헤더는 직장 동료가 아닌 친구 몇 명에게 그 사건을 이야기했다. 며칠이 지나자 그녀는 자기가 그 일을 상당히 극복했다고 생각했다. 하지만 그다음 주에 라울이 지사에 다시 들러 작업 리뷰 회의에 참석했을 때, 그녀는 개들이 회의실에 들어와 매트 위 자기 자리에 앉는 것을 보고는 얼어 버렸다. 라울은 헤더의 눈을 응시하며, 그녀의 겁에 질린 표정을 보고 미소 지었다.

"저는 거기에서 절대 일을 할 수 없었지만, 그렇다고 그냥 그만둘 수는 없었어요." 헤더는 말했다. "그리고 제가 그만두면 그가 정확히 원하는 바를 얻어 승리하는 것이 되기 때문에 그러기 싫었어요." 헤더는 마침내 다른 자리를 찾았는데, 보수도 낮고 커리어 가능성도 더 적었지만 그 회사를 나갈 수 있어 기뻤다.

몇 년이 지난 후에도 그 모든 상황에서 당했던 불공정함과 부당함을 떠올리면 헤더는 아직 화가 난다. "쉽게 다시 당할 수 있기 때문에 그 이야기를 하는 것도 조심스러워요." 그녀는 말했다. "제 커리어에 큰 재앙이 닥쳤는데, 아직도 완전히 회복하지 못했다고 느껴요."

회사에서 겪었던 문제를 솔직히 이야기한다는 것은 때로는 정말 쓰레기 같은 경험은 그냥 정말 쓰레기 같다는 사실을 인정하는 것이다. 여기에 심오한 인생의 교훈 따위는 없다. 당신을 더 나은 사람이 되게 해 줄 "내적인 여행" 따위도 없다. 당신은 그것을 쓰레기 같은 경험이라고 부르는 것 외에 아무것도 할 수 없다. 쓰레기가 당신에게 떨어진 것이다.

그렇다면 당신이 아무런 일도 할 수 없을 때, 어떻게 해야 하는가?

"제가 늘 통제할 수 있는 한 가지는 제 마음이에요." 탐 시치오네가 내게 말했다. "인생은 제 직업이나, 은행 잔고나, 제 물건을 망칠 수 있죠. 하지만 제 마음은 저 자신 외에는 아무도 망칠 수 없어요." 탐이 성공한 권투 경기 기획자라는 사실은 놀랍지 않을

지도 모른다. 그 자신도 몇 년 전에는 선수였고, 예전에 코뼈가 부러졌던 흔적으로 아직도 코가 구부러져 있다. "제 코끝을 따라 걷다 보면 빙글빙글 돌게 되죠." 그는 웃었다.

탐의 주위에는 그에게서 돈을 훔쳐 간 사람들이 있었다. "수백만 달러나 되었죠."

탐의 주위에는 그에게 거짓말을 하는 사람들이 있었다. "현실이 가혹할 때 제게 진실을 말할 배짱이 없었기 때문이었죠."

탐은 암도 겪었다. 세 번이나. "망할 암세포."

탐은 어려운 상황에서 나오는 대로 반응하는 대신, 사람과 사건에 대한 자신의 감정적인 반응을 스스로 선택하기로 결심한 좀 극단적인 예이다.

대부분 사람들의 감정은 메아리이다. 그들의 감정은 살면서 그들에게 일어난 일에 대한 메아리로 일어난다. 다른 사람이 야비하거나 무례하게 대하면, 대개는 화가 나거나 상처를 받는다. 다른 사람이 자신을 웃음거리로 삼으면 그들은 창피함을 느낀다(그리고 상처를 받고 화가 난다). 갑자기 실직을 하게 되면 슬픔과 창피 그리고 공포를 느낀다.

감정의 아리아를 불러라

나쁜 일은 일어나게 마련이고, 감정의 메아리들은 이에 화답해 나쁜 기분을 일으킨다.

당연한 일이 아닌가? 나쁜 일이 일어날 때 좋아하면 바보다. 그렇지 않은가? 내 경험에 따르면, 가장 성공적인 사람들은 좀 다른 생각을 가지고 있다. 자신이 전혀 통제할 수 없는 일이 일어나고 다각적인 행동을 할 수 없다 해도, 그리고 무슨 짓을 해도 상황이 조금도 변하지 않는다 해도 그들은 여전히 사건에 대한 그들의 생각과 감정적인 반응이라는 두 가지 요소는 통제할 수 있다는 사실을 알고 있다.

이런 사람들은 "어떤 감정이 내게 가장 도움이 될까?" 하고 물어본다. 그러고 나서 그들은 그런 반응을 이끌어 낼 수 있도록 자신의 관점을 바꾼다. 이 사람들의 감정은 메아리가 아니라 아리아다. 그들은 사건에 반응해 자신들이 부를 감정의 노래를 선택한다. 나도 이 이야기가 좀 의아하게 들릴 거라는 사실은 알고 있다. 탐의 경우에는, 암에 대응하는 감정의 아리아가 "망할 암"이었다.

어떤 사건에 감정의 아리아로 대응하겠다고 선택한다는 것은 당신에게 무슨 일이 일어나든 스스로의 감정적 반응을 선택할 수 있는 힘과 자유, 그리고 능력을 가지고 있다는 사실을 인식한다는 뜻이다. 당신은 환경에 따라 감정이 조종된다고 생각한다. 사실, 진실은 정확히 그 반대이다. 당신은 모든 환경에 대한 스스로의 감정 반응을 완전히 지배할 수 있다. 또한 당신은 원하는 결과를 얻어 내기 위해, 마치 벽돌을 쌓아 올리듯이 가장 끔찍하고 부정적인 일이라고 하더라도 당신에게 일어나는 일을 선택해서 이용할 수 있다. **언제나** 말이다.

감정 반응을 변화시키기 위해서는 관점을 어떻게 바꾸어야 할까? 때로는 자기 자신에게 묻는 질문을 바꿀 수도 있다. "왜 나야?"라고 묻는 대신에 "내가 이 사건을 딛고 어떻게 성장할 것인가?"라고 물을 수 있다. "왜 하느님은 나에게 이런 시련을 주시는 거지?"라고 묻는 대신에 "하느님은 내가 이 일에서 무엇을 배우기를 바라는 것일까?"라고 물을 수 있다. "어떻게 이렇게 잔인할 수 있지?"라고 묻는 대신에 "같은 고통을 경험한 사람들을 돕기 위해 나는 무슨 일을 할 수 있을까?"라고 물을 수 있다.

때로는 당신이 존경하는 사람이었다면 이 상황에서 다른 방법으로 대처했을 거라고 생각하는 일도 감정 반응을 조절하는 데 도움을 준다. 나 또한 가끔씩 어떤 사람이나 상황이 나를 감정적으로 무너뜨린다고 느낄 때면 탐 "망할 암" 시치오네를 떠올리고, 그러면 어떻게 대처했을지 상상해 본다. 그리고 나는 달라이 라마 같은 사람이라면 어떻게 반응할지 상상해 본다. 일반적으로 불교 신자들은 권투 경기 기획자와는 매우 다르게 행동하기 때문이다. 그러고 나서 커리어에서 내가 존경하는 사람을 떠올리고 그 사람이라면 이 상황에서 어떻게 행동했을지 스스로에게 물어본다.

이 간단한 기술의 이점은 다르게 그리고 합리적으로 반응할 수 있는 길이 많다는 점을 내 두뇌에게 알려 주어서, 감정 반응을 조절하는 데 도움을 준다는 것이다.

그리고 훨씬 큰 어려움을 겪었던 다른 사람들과 자신의 상황을 비교하고 대비시키는 것도 도움이 된다. 어느 날 저녁 나는 아내에게 회사 사람이 내가 대부분 다 해 놓은 큰 프로젝트를 낚아채 갔다고 불평했다. 그녀는 상당히 이해하는 태도로 듣고 있다가, 낮에 아이들을 위해 음식물 찌꺼기를 주우러 매일 쓰레기장으로 가서 들개와 싸우는 한 브라질 여성에 대한 글을 읽은 이야기를 했다. "하지만 당신도 힘든 건 알아요." 아내가 말했다. 나는 그녀가 빈정댄다고 생각했다. 하지만 그 이야기는 분명 내 감정적 관점을 바꾸어 놓았다.

물론 이러한 기술이 마법 같은 것은 아니다. 나쁜 상황에 늘 생산적인 감정으로 대처할 수 있는 능력을 기르기는 정말로 어렵다. 이런 능력을 기르기 위해 가장 좋은 방법은 매일의 일상생활 속에서 작은 일부터 실천하는 것이다. 가끔 당신을 짜증나게 하는 직장 동료나 가혹하거나 거칠게 구는 상사 또는 당신의 인생에서 짜증나는 성격을 가진 누군가에 대한 반응 방식부터 시작해 보라.

당신은 이미 자신의 자연스러운 감정 메아리 반응에 대해 알고 있으므로, 그 사람에게 어떻게 다른 반응을 보일 수 있을지 스스로에게 물어보아라. 당신이 존경하는 사람 중에서 이런 상황에서 다르게 대처할 만한 이가 있는가? 질문의 요지를 확실하게 하기 위해, 질문에 등장하는 사람이 짜증나거나 성격이 거칠거나 좌절감을 주는 사람이 아니라고 생각해 보라는 뜻이 아니라는 점을 밝힌다. 당신은 그 사람의 짜증나는 성격을 모두 알고 있으면서도 그런 성격에 생산적인 감정 반응을 보이겠다고 선택할 수 있다.

이럴 때면 내가 혼자 읊조리는 웬디 매스의 명언이 있다. "언제나 친절하라. 당신이 만나는 모든 이는 당신이 전혀 모르는 전쟁을 치르고 있다." 이 명언은 어떤 사람 때문에 내가 무슨 일을 겪든, 그들 안에서는 내가 절대 알지 못하는 일들이 일어나고 있다는 사실을 상기시켜 준다.

그리고 일상적인 영역에서 능력을 길러 놓는다면, 당신은 나중에 대부분의 커리어에 영향을 미치는 커다란 어려움에 더 잘 대비할 수 있게 된다.

가장 큰 전투는 당신의 머릿속에서 일어날 수도 있다

저스틴 스튜어트는 영업과 마케팅계에 15년 이상 있어 왔고,

그녀의 가장 큰 강점은 대규모 그룹의 사람들 앞에서 강렬한 프레젠테이션을 할 수 있다는 것이었다. 그녀는 직접 고객 영업 직무에서 성공적인 커리어를 이끌어 왔고, 나중에는 대규모 그룹 프레젠테이션이 있을 때마다 언제든 달려가야 하는 마케팅 부서로 승진 발령 받았다. 결국 그녀의 회사에서는 저스틴에게 큰 산업 무역 박람회 프레젠테이션을 모두 맡겼고 그녀의 공식 직함은 회사와 제품의 "수석 전도사"로 바뀌었다.

저스틴은 타고난 재능을 바탕으로 빠른 성공을 일구어 낸 훌륭한 표본이었다. 누구도 대규모 그룹 프레젠테이션을 그녀처럼 잘 할 수 없었다. 그녀는 기술적인 제품 정보를 깊이 이해하면서도 어떻게 해야 복잡한 정보를 쉽고 분명하게 전달할 수 있는지 알고 있었다. 그녀는 날씬하고 매력적이었는데, 물론 이러한 사실도 도움이 되었다. 또 유머 감각도 뛰어나 사람들에게 그녀가 판매하는 제품의 독특한 효능에 대해 설명할 때 청중들이 웃고 그 시간을 즐길 수 있도록 했다. 저스틴은 자신의 일과 함께 일하는 사람 모두를 사랑했고, 그녀의 미래는 정말로 밝고 무한해 보였다.

하지만 스키 사고로 인해 그녀는 하루아침에 하반신이 마비되고 말았다.

저스틴은 태생적으로 긍정적인 사람이었고 완전히 회복을 하겠다고 결심했다. 의사들조차 그녀가 다리를 다시 사용할 수 있는 희망이 없다고 했지만, 그녀는 수술 요법을 시도해 보겠다고 고집했다. 하지만 이는 의지나 결심, 또는 태도의 문제가 아니었다. 결국 그녀는 평생을 휠체어 위에서 살아가야 한다는 사실을 받아들였다.

긴 회복 과정은 감정적으로, 그리고 육체적으로 힘들었지만 마침내 저스틴은 환영을 받으며 회사에 복직할 수 있었다. 모두가 믿을 수 없을 정도로 그녀를 지지해 주었고 그녀가 수석 전도사로서의 업무를 계속할 수 없는 이유가 없다고 말해 주었다. 그녀가 서서 할 수 있었던 모든 일은 휠체어 위에서도 할 수 있었다.

저스틴은 동료의 지지와 친절함에 감사했지만, 한편으로는 그것이 싫었다. "사람들의 눈에서 친절한 동정심을 볼 수 있었어요." 그녀는 말했다. "그리고 그러면 저는 움찔했죠." 그녀는 휠체어에서 프레젠테이션을 할 때 많은 사람들의 눈에서 같은 종류의 동정심을 볼 것이라 생각하니 이를 견딜 수 없었다. 종내 그녀는 긴 휴가를 냈다가 회사를 그만두었다.

저스틴은 자신이 휠체어에 묶이기 전에는 전혀 몰랐던 사람을 상대하는 것이 훨씬 편안하다고 생각하게 되었고, 그래서 전 직장 동료들의 연락을 무시했다. "휠체어를 타고 난 후에 알게 된 사람들이 왠지 더 편하게 느껴졌어요. 그들의 눈에서는 동정심이 보이지 않았거든요."

저스틴은 결국 한 기술 시스템 회사에 재택 전화 영업직으로 취직하게 되었다. 보수가 대단히 높지는 않았지만, 그녀는 자신의 신체적 한계에 대해 전혀 모르는 사람들과 이야기를 나누는 것이 진심으로 즐거웠다. "사람들이 제게 무례하게 대할 때면 기분이 좋기도 했어요." 그녀는 말했다. "왜냐하면 그 무례함은 완전히 진심이고, 정말로 평범한 것이었거든요."

커리어가 끔찍한 사고로 산산조각이 난 저스틴의 상황은 물론 극단적인 사례이다. 하지만 그녀의 감정 메아리는 갑자기 평생 동안 휠체어에 묶인 채 살아가게 된 뒤에 느낄 법한 자연스럽고 일반적 반응이므로 그녀의 이야기는 생각해 볼 가치가 있다. 그녀는 동료에게서 느껴지는 동정심을 견디지 못했고, 불편하게 느껴지는 환경에서 자신을 빼냈다. 아마 많은 사람들이 같은 식으로 반응했을 것이다.

"시간이 지나자 동료들의 동정 어린 눈빛이 왜 그렇게 싫었는지 알게 되었어요." 저스틴이 말했다. "제가 스스로를 동정하면서도 그 사실을 인정하고 싶지 않았던 거예요." 그녀가 자기 자신에게 조금이라도 연민을 느끼는 일은 누구라도 당연하다고 할 것이다. 하지만 중요한 질문은 그 감정이 합리적인 것이냐가 아니라 그 감정이 그녀에게 도움이 되느냐 하는 것이다. 저스틴의 경우에는 감정 메아리가 그녀에게 전혀 도움이 되지 않았다.

저스틴은 실제로 자신의 전화 영업일을 좋아하게 되었지만 그
녀에게 더 많은 능력이 있다는 사실은 분명했다. 그러나 그녀는
자신에게 편안한 세계를 만들고 그 밖으로 나오기를 주저했다.
"그러다 다른 사람이 저에게 보여 주는 반응을 좀 더 이해할 수 있
게 된 시점이 왔어요." 그녀는 지금 말한다. "그 사람들도 사실 불
편했고, 어떻게 행동하거나 말해야 할지 몰랐었다고요. 제가 상대
의 불편함을 좀 더 배려했어야 했다는 사실을 깨달았어요." 휠체
어 위에서의 새 삶을 받아들이고 평화를 되찾자, 저스틴은 이전
직장으로 돌아갈 수 있는 가능성에 대해서 고려하기 시작했다.
"저 자신과 더 생산적인 커리어 사이에 있는 장벽은 제 감정적인
반응뿐이라는 사실을 깨달았어요."

주위 사람들이 자신을 더 편안하게 해 주기를 바라는 대신 자
신이 주위 사람들을 더 편안하게 해줘야겠다고 생각하자 저스틴
의 감정에도 큰 변화가 일어났다. "그 변화로 인해 모든 것이 바뀌
었어요." 그녀가 말했다. 그리고 현재 그녀는 예전 회사로 돌아가
다시 한 번 수석 전도사로서 전국 각지의 산업 박람회에서 대규
모 그룹 프레젠테이션을 하고 있다.

때로 문제를 만드는 것은 우리 자신이다

조 터모라는 스스로 곤경을 자초한 좋은 예이다. 그는 순수한

테플론 코뿔소 타입의 영업인으로서 약속을 잡을 때까지 전화를 놓는 법이 없었고, 모든 잠재 고객들에게 적극적으로 접근했다. 그는 특허 받은 가정용 정수 시스템을 애리조나 내에서 독점적으로 판매할 수 있는 허가를 가지고 자기 사업을 운영하고 있었다. 제조업체는 중국에 있었고, 조는 제조업체의 물품을 시장에 원하는 형태로 팔 수 있는 자유 재량권을 갖고 있었다. 그는 피닉스와 스코츠데일에 거주하는 노부부에게 영업 역량을 집중했다. "저는 제시 제임스가 은행을 턴 것과 마찬가지의 이유로 은퇴한 노부부를 집중 공략했죠." 그가 말했다. "돈이 나오는 곳이니까요."

조는 또한 은퇴한 부부와 자택에서 만날 약속을 잡기 편하다는 사실을 알게 되었고, 물건도 비교적 쉽게 팔 수 있었다. 그의 공격적인 스타일이 지역 수돗물에 포함되어 있을지도 모르는 (증명되지 않은) 발암물질과 정수된 물이 수명 연장에 주는 이점에 대한 이야기와 어우러지면 판매는 그리 어렵지 않았다. "저는 에스키모에게 얼음을 팔 수는 없지만, 나이든 사람에게 비싼 물을 팔 수는 있어요." 그는 싱긋 웃으며 말했다.

어느 날 조는 다른 고객에게 그를 추천받았다며 영업 프레젠테이션을 해 달라고 하는 노부부의 전화를 받았다. 그는 이 전화를 수상쩍게 여겼는데, 그가 사업을 한 5년 동안 한 번도 고객의 추천을 받은 적이 없었기 때문이다. 예전 고객에게서 받는 연락이라고는 고압적인 세일즈 전략에 대한 불평이나 환불 요청이 고작이었다. 하지만 코뿔소 조는 앞으로 나아갔으며 은퇴한 부부에게 보통 건네는 영업 권유를 했다. 그들이 빨리 결정을 내리지 못하자 그는 좋은 이야기를 모조리 꺼냈고 심지어 즉석에서 이야기를 지어내기도 했다. 마침내 노부부도 동의하며 구매 계약을 했고, 조는 신규 고객을 유치하면서 괜찮은 수수료도 챙길 수 있었다.

1주일쯤 지난 어느 저녁, 조는 친구들로부터 텔레비전 뉴스에서 그를 보았다는 전화를 받기 시작했다. 알고 보니 그 은퇴한 부부는 지역 탐사 보도 리포터와 일을 하며 집 안에 몰래 카메라를 숨겨 두고 있었다. 그들은 조와 나눈 이야기를 모조리 녹화해 놓았다.

조의 이야기(거짓말)는 온 세상에 발가벗겨졌다. 적어도 피닉스와 스코츠데일의 지역 방송이 닿는 세상에는. 그리고 리포터는 조의 정수 시스템에 대한 분석을 마쳤는데, 지역 월마트에서 10분의 1도 안 되는 가격에 구매할 수 있는 정수기에 비해 큰 효과가 없다는 사실을 시사했다. 결국 주 법무관이 조의 회사를 조사했고, 조의 회사와 조 개인을 소비자 사기죄로 기소했다. 6개월 안에 그는 완전히 폐업을 하게 되었다. 돈도 없고, 평판도 나쁘고, 피닉스와 스코츠데일에서는 취직도 할 수 없었다. 징역만 간신히 면했을 뿐이었다.

지역 텔레비전 뉴스에 조 터모라가 데뷔하고 난 다음 날 아침, 그는 하루 종일 집 안에 틀어박혀서 휴대폰과 집 전화로 오는 모든 연락을 무시했다. 그는 겁에 질리고, 수치스러웠으며, 충격을 받았다. 지역 텔레비전에 말 잘하는 사기꾼으로 보도되는 일은 절대 좋은 경험이 아니었고, 조 개인적으로는 인생에서 최악의 시기였다. 특히 그는 피닉스에서 자라났고 가족 대부분이 그 지역에 살고 있기 때문에 더욱 그러했다. 그날이 끝나기 전에 모든 사람이 알게 될 것이었다. 모두가. "저는 그날 아침에 하마터면 모든 것을 끝장낼 뻔했어요." 지금의 조는 말한다.

그날 오후 일찍 누군가 문을 두드렸는데, 그는 그것을 무시하려 했다. 하지만 문을 두드리는 소리는 끈질겼고, 누구인지는 모르지만 분명 쉽게 물러날 것 같지 않았다. 내다보는 구멍을 통해 밖을 본 그는 무언가를 정말, 정말 잘못하다 걸렸을 때 모든 성인 남성의 가장 끔찍한 악몽에 나올 법한 인물을 목격했다. 경찰이었냐고? 아니, 그의 엄마였다.

조의 아버지는 몇 년 전에 돌아가셨지만, 리타 터모라는 여전히 강인하고 늘 가족 내에서 큰 영향력을 가지고 있었다. "사실이니?" 그녀가 물었다. 조는 고개를 끄덕였다. "그러면 스스로를 동정하는 짓은 하지 마라. 이런 일을 당해도 싸니까 말이야."

조도 그 말에 동의하지 않은 것은 아니지만, 어머니의 입에서 그런 말을 듣는 것은 특히 아팠다. 하지만 리타는 거기서 끝내지 않았다. "이제부터 너는 어떻게 만회할지를 생각해야 해. 그래, 이 제 어떻게 할 거니?" 그녀는 아들이 충격 받은 나머지 세상과 격 리된 채 자신의 집에 틀어박혀 있도록 허락하지 않았다. 리타도 사실은 어떻게 해야 할지 몰랐지만, 그녀의 본능은 충격 받은 아 들이 홀로 앉아 스스로 만들어 낸 재앙으로 마음을 졸이게 내버 려 두어서는 안 된다고 말했다.

당일도 끔찍했지만 그 후로 몇 달간 상황은 더 나빠졌다. 결국 조는 집도 없이 나앉게 되었고, 수중에는 몇백 달러밖에 남지 않 았다. 그는 결국 어머니의 집으로 들어가야 했는데, 이는 결과론 적으로 최고의 선택이 되었다. 리타 터모라는 행동하는 여성이었 다. 조는 그 누구도 자신을 고용하려 들지 않을 것이었기 때문에 구직을 할 의욕조차 없었다. 그는 다른 주로 이사를 가고 싶었지 만, 그럴 만한 여력이 없었다. 리타는 그를 심판하지 않았지만, 밀 어붙였다. "어머니는 매일매일 저를 밀어붙이셨죠." 그는 말했다. 뭐든지 일을 찾아라. 이력서를 보내라. 전화를 해라. 환불을 요구 하는 옛날 고객 한 명 한 명에게 연락해 어떻게든 보상하겠다고 약속을 해라. 조는 불만이 있는 고객 명단과 그들에게 환불해야 할 금액 리스트를 기록했다. 많았을 때는 총액이 20만 달러(약 2 억 원 - 옮긴이)도 넘었다.

리타의 노력은 보상을 받았다. 조는 피닉스에 있는 양로원에서 야간 및 주말 근무조로 잡역부 일을 얻었다. 그 일은 힘들었고, 녹초가 될 지경이었으며, 보수는 형편없었다. 그러나 엄연한 직업이었다. "그리고 어떤 의미로는, 제가 요강을 비우고 나이 드신 분의 배설물을 치우는 게 옳은 일처럼 느껴졌어요." 조가 말했다. 6개월쯤 뒤에 그는 가정 헬스케어 제품 회사에 채용되어 피닉스의 가게에서 기구를 팔게 되었다. 그는 잡역부 일도 계속했기 때문에 낮과 밤, 그리고 대부분의 주말 동안 계속 일을 했다. 그러면서도 예전보다 훨씬 적은 돈을 벌었다.

양로원에서 1년이 지나자 조는 몇천 달러를 저금할 수 있었다. 그는 중고차를 구입할 계획을 세웠다. 그가 이 사실을 어머니에게 알렸을 때, 그녀는 한마디도 하지 않았다. 그렇지만 그는 자신이 무엇을 해야 할지 알았다. "고객 한 명에게 환불해 주기 위해서 1년 가까이 저금을 했던 셈이라니, 고통스러웠어요." 그는 말했다. "하지만 옳은 일이었죠."

그 텔레비전 뉴스 보도가 처음 방송된 지 거의 5년이 지난 지금, 조는 더 이상 양로원 잡역부로 일하지 않는다. 하지만 그는 집 근처에 있는 노인 원호 생활 시설에서 정기적으로 봉사 활동을 하고 있다. "어머니는 제가 제자리로 돌아올 수 있다고 생각해 줬어요. 그 점에 감사하죠." 그는 말했다. 조는 아직도 판매일을 하고 있고, 재정적으로는 비교적 잘해 나가고 있으며, 과거 고객에게 진 빚의 절반 정도를 갚았다.

그 경험에서 어떤 교훈을 얻었는지 내가 묻자, 그는 "물론 첫 번째로는 '다른 사람을 속이면 안 된다'는 교훈이죠. 그 점은 확실히 배웠어요. 그리고 둘째로, 제 어머니가 옳았는데, 문제로부터 달아나지 말고 직시해야 한다는 점이었어요. 공포로 몸이 얼어붙을 때면 행동을 해야 해요. 무슨 행동이든지요. 그 자리에서 멈춰 있고 싶지 않다면요."

일찍 고생해서 얻는 이득

몇 년 전에 상위 2% 소득자를 대상으로 흥미 있는 연구가 실시되었다. 조사 대상의 32%는 집안의 재력이나 사업상 연줄, 엘리트 교육 또는 이 세 가지 모두와 같은 분명한 이점을 가지고 인생을 시작했다. 반면 52%는 정규 교육을 못 받았다든지, 폭력 가정 출신이라든지, 신체적 결점을 가졌거나 버림받았다든지, 건강 문제나 폭력 또는 극단적인 가난 등 분명한 약점을 가지고 인생을 시작했다. 또는 이 중 몇 가지를 함께 가지고 있기도 했다. 상위 2% 소득자 중 16%만이 눈에 띄는 이점이나 약점 없이 우리가 일반적인 환경이라고 일컫는 가정 출신이었다.

흠, 여기에서 얻을 수 있는 교훈은 무엇인가? 물론 첫 번째는 인생에서 빨리 남보다 유리한 점을 가질 수 있으면 좋다는 것이다. 부유한 가족은 좋다. 혈연도 좋다. 엘리트 교육 또한 마찬가지다.

하지만 궁극적인 성공이라는 관점에서 보면, 최악의 환경은 눈에 띄는 이점도 없지만 큰 문제도 없는 평균적이고 보통의 중산층 가정에서 어린 시절을 보내는 것이다. 내 이론은 다음과 같다. 당신이 사랑해 주는 부모님과 화목한 가정을 가지고, 비교적 편안한 환경과 안정적인 공동체에 있으며, 당신이 필요한 것과 당신이 원하는 좀 더 멋진 물건들을 가지기에 충분한 돈을 가졌고, 학교에서도 좋은 대우를 받으며, 좋은 친구를 가지고, 상대적으로 좋은 성적을 받으며 자신에게 만족한다면 당신은 안전한 존재를 넘어선 그 무엇이 되기 위해 스스로를 몰아 붙일 만한 내적인 동기를 거의 가지지 않는다.

내 말을 오해하지는 마라. 이는 지극히 바람직한 상황이며, 아마도 대부분의 사람에게 훌륭한 환경일 것이다. 그들은 무언가 다른 존재가 되어야겠다거나 더 많은 일을 해야겠다는, 그리고 극기克己를 해야겠다는 깊은 내적인 욕구 없이 자라난다. 하지만 **당신에게는** 그런 욕구가 있다. 그렇지 않다면 왜 이 책을 읽고 있겠는가?

그러므로 많은 의미에서, 인생의 초반부에서 겪는 고생은 보너스다. 이는 당신이 인생의 후반부에 겪게 될 일에 대한 좋은 훈련이다. 어릴 때 당신이 결국 고난을 극복해 낼 수 있다는 사실을 배우다면, 나는 이것이 당신의 가장 깊은 정신적 지주가 되어 남은 인생의 자양분이 되리라고 믿는다.

생각해 보자

• 과거에 역경에 처했을 때 당신의 생각/태도 패턴은 일반적으로 어떠했는가?
• 이 패턴은 당신에게 이익이 되었는가, 또는 그런 접근법을 수정한다면 당신에게 더 나을 것인가?
• 앞으로 곤경에 빠졌을 때는 구체적으로 어떻게 당신의 생각과 행동을 고칠 것인가?

실천해 보자

앞으로 몇 주간 다음을 실천해 보자. 특히 회사에서 평상적인 업무 시간에 겪을 수 있는 일상적인 짜증에 초점을 맞춰 보자. 그리고 상대적으로 중요하지 않은 상황에서 감정 아리아를 연습하라.

• 누군가 당신을 계속 방해할 때.
• 누군가 당신에게 가혹하거나 성격 나쁘게 행동할 때.

- 누군가 갑자기 당신의 의견을 묵살할 때.
- 누군가 당신에게 거짓말을 하는데, 당신이 그 사실을 알고 있을 때.
- 누군가 자신이 하지 않은 일의 공로를 가로챌 때.
- 누군가 자신이 받아야 할 비난을 다른 사람에게 돌릴 때.

이 중 그 어느 상황이라도 자연스러운 감정 메아리가 어떤 것일지는 알 만하다. 대개는 좌절감과 분노, 상처, 창피함과 비판이 복합된 감정일 것이다. 그러므로 그 대신 더 공감하고, 더 이해하며, 덜 비판하는 감정 아리아를 선택하려고 노력하라. 이는 심한 재앙이 닥칠 때 더 잘 대비할 수 있는 감정 근육을 키울 수 있도록 도와줄 것이다.

> **"** www.workplacepoker.com/adversity/에서
> 더 많은 정보를 볼 수 있다. **"**

【장기 사고(思考) 및 행동 포인트】

♠ 어려운 커리어 문제에 직면했을 때, 먼저 그 사건에 대해 할 수 있는 일이 있는지 스스로에게 물어보아라.

♠ 만약 당신이 실제로 그 사건에 영향을 주는 조치를 취할 수 있다면 빨리, 그리고 다각도로 행동하라. 실수나 잘못에서 교훈을 얻고, 수정한 다음, 더 많은 조치를 취하라.

♠ 당신이 그 사건에 영향을 줄 수 있는 아무런 행동을 할 수 없다면, 그 사건에 대한 자신의 감정적인 대응은 늘 통제할 수 있다는 사실을 기억하라. 감정 메아리가 되는 대신, 스스로의 감정 아리아를 선택하라.

♠ 일상적인 짜증과 감정에 건설적으로 대처하는 연습을 매일매일 함으로써 감정적인 회복력을 기를 수 있다. 매일 당신은 다음과 같은 행동을 선택할 수 있다.

    – 좌절감에 친절함과 인내로 대응하기

    – 혹독한 비판에 공감과 호기심으로 대응하기

    – 실망에 더 긍정적인 시각으로 대응하기

맺으며

하디아 바드라이는 아프가니스탄에 있는 카불 대학에서 컴퓨터 엔지니어링을 전공했다. 그녀의 아버지가 미군에 협력을 한데 대한 보복으로 탈레반은 부모님과 남동생을 살해했다. 하디아는 사우스캐롤라이나 그린빌에 있는 한 가족의 후원을 받고 미국으로 이민을 왔다.

그녀는 자신의 존재를 보편적으로 인정하지 않는 지역 공동체에서 독실한 이슬람교 신자로 살아가고 있다. 처음에는 영어를 그리 유창하게 하지 못했지만, 그녀는 영어를 빨리 습득했다. 하디아는 첫 직장으로 지역 꽃집의 고객 서비스직에 자리를 얻었다. 그녀가 소지한 학사 학위에는 좀 모자란 직업이었을지도 모르지만, 그녀는 기회를 얻었다는 사실에 감사했다. 그리고 6개월 내에 그녀는 그린빌에 위치한 지역 기술 회사에서 고객 지원 업무를 맡게 되었다. 하디아는 정말로 재능 있는 컴퓨터 프로그래머였고 결국 회사 내에서 능력을 발휘할 기회를 얻을 수 있었다. 4년 후에 그녀는 소규모 개발팀을 이끌게 되었고 현재 회사의 주요 수익원이 된 온라인 화상 채팅 시스템을 출시하는 데 일조했다.

하디아는 매우 열심히 일했고, 누가 보아도 재능과 야심을 겸비하고 있었으며, 마침내 자신이 늘 꿈꿔 왔던 커리어 목표를 성취해 냈다.

이것이 이야기의 끝이다.

내가 말하고자 하는 바가 무엇인지 이해했는가?

이제까지 우리는 커리어 성장을 방해하는 일이나 경쟁이 심한 직장 내에서 재능과 성실성, 그리고 야망이 부딪치는 한계에 관해 이야기를 나누었지만 때때로 좋은 사람들이 승리한다는 사실을 기억하면 도움이 된다.

그리고 이것이 내가 당신에게 가지는 가장 큰 희망 사항이다. 나는 당신이 이 책에서 도움이 될 만한 아이디어나 전략을 얻어 당신의 재능과 노력에 덧붙여서, 스스로가 바라는 긍정적이고 생산적인 인생을 성취하기를 바란다.

몇 년 동안 나는 이 책에 담긴 사람들을 만나 많은 교훈을 얻었다. 다른 사람을 읽고 직장 내 정치를 다루는 능력이 향상될수록 커리어가 상승하는 광경 또한 목격했다. 하지만 이것들은 따로 배워야 하는 기술이 아니라, 커리어의 성공에 있어서 자연스러운 한 부분으로 받아들이게 되었을 때 가장 큰 변화를 일으킨다. 그리고 나는 이런 것들을 온전히 익힌 이후에야 이 생각들을 받아들일 수 있다는 사실을 알고 있다.

그러므로 나는 당신이 그저 배우는 데 그치지 않고 이 책에 소개된 기술과 전략을 숙달해 가능한 한 빨리 자신의 것으로 만들기를 바란다.

이 책에 기술된 이야기 중 일부에 호기심을 느끼고 그 사람들이 결국 어떤 커리어에 종착하였는지 알고 싶다면, www. workplacepoker.com에 있는 내 블로그를 방문해 보라. 독자들을 위해 직장에서 성공하는 데 필요한 새로운 아이디어와 실용적인 어프로치를 계속 업데이트하고 있다. 또 나는 **당신의** 이야기도 듣고 싶다. 이 사이트에서는 당신의 이야기를 공유할 수 있다. 그리고 나는 종종 이 책에 등장한 사람들에 대해 업데이트 인터뷰를 하기도 한다.

마지막으로 샌디에이고의 토니를 언급하지 않을 수가 없다. 그가 이 모든 것의 출발점이기 때문에, 이 책을 쓰기 시작했을 때 자연스레 나는 그가 자신의 삶과 커리어를 어떻게 꾸려가고 있는지 궁금해졌다. 그와 연락을 하지 않은지 20년 가까이 되었기 때문에 처음 그를 찾아내기까지 시간이 좀 걸렸다. 그리고 나는 내가 사실을 알고 싶은지도 확신할 수 없었다. 만약 토니가 지금 노스다코타 주 론리걸치 철길 밑 동굴 속에 사는 노숙자가 되어 있다면, 내 모든 전제는 미궁에 빠지게 될 것이기 때문이다.

감사하게도 토니는 상당히 잘 지내고 있다. 나머지 사람들이 면접 기회를 얻기 위해 고생하는 동안 토니가 멋진 새 직장을 얻었다는 이야기를 기억할 것이다. 그 회사에서 토니는 좋은 여성을 만나 지금은 결혼해서 사랑스러운 세 자녀를 두고 있다. 몇 년 후 토니의 장인이 시애틀에 있는 작은 커피 회사에 투자하라고 권했는데 지금 그 회사는 곧 기업 공개를 앞두고 있다.

운 좋은 녀석 같으니라고.

감사의 말

먼저 자신의 이야기를 기꺼이 공유해 준 모든 이에게 감사를 보내고 싶다. 상사나 동료와의 관계를 보호하기 위해 인적 사항을 바꾸기는 했지만, 기꺼이 자신의 이야기를 다른 사람들과 공유하고 우리에게 교훈을 주었기에 고마운 마음을 전한다.

내 아내 파울라와 아들 퀸은 이 책이 막연한 개념에서 실제 원고로 옮겨지는 과정에서 반응을 알려 주는 반향판 역할을 해 주었다. 아이디어와 가감 없는 의견을 들려준 두 사람에게 감사한다. 우리 가족은 드디어 거실 벽에 붙여 놓은 포스트 잇 메모를 뗄 수 있게 되었다.

라비너 출판 에이전시의 에릭 넬슨과 수잔 라비너는 통상적인 출판 직원들보다 훨씬 많은 역할을 해 주었다. 그들은 처음의 콘셉트와 제안을 다듬는 데 도움을 주었다. 그들이 없었다면 의심할 여지없이 이 책도 없었다.

하퍼콜린스 사의 에릭 메이어스, 홀리스 하임바우흐, 그리고 콜린 로리는 모두 이 책에 어마어마한 시간과 정신적 에너지를 쏟아부었다. 그들은 대부분 부드럽게 날 어르고 달래었고, 때로는 날카로운 자극을 주었다.

베스트셀러인 『하느님은 내 CEO』의 저자인 래리 줄리안은 시작부터 이 여정을 나와 함께해 주었다. 우리의 아내들은 때로 두 남자가 토요일 아침에 몇 시간이나 무슨 이야기를 하는 걸까 걱정하고는 했다. 이제 그들도 알게 되었다. 대부분은.

나의 아버지 프랭클린 D. 러스트는 이 책이 출판되기 전에 세상을 떠났다. 그와 나의 어머니 달린 러스트는 젊은 작가의 영혼을 길러내고 그가 자신만의 길을 찾기 위해 세상을 방랑하도록 해 주었다. 내 동생 데이비드 러스트는 우리가 어렸을 때 필요 이상으로 자주 나무에 묶인 데 대한 사과를 받을 자격이 있다. 그리고 그는 내가 직장인들로 구성된 새로운 세계를 이해하도록 도와 이 책의 지평을 넓히는 데 진실로 큰 도움을 주었다.

결국 직장에서 이기는 법칙

2판 1쇄 발행 2018년 4월 30일

지은이	댄 러스트
옮긴이	이선애
펴낸이	이경민
편집	최정미, 유지현
디자인	김경년

펴낸곳　(주)동아엠앤비
　　　　　출판등록 2014년3월28일(제25100-2014-000025호)
　　　　　주소 (03737) 서울특별시 서대문구 충정로 35-17 인촌빌딩 1층
　　　　　전화 (편집)02-392-6903 (마케팅)02-392-6900
　　　　　팩스 02-392-6902
　　　　　전자우편 damnb0401@nate.com
　　　　　SNS 📘 📷 🗨

ISBN 979-11-88704-28-6 03320

· 책 가격은 뒤표지에 있습니다.
· 잘못된 책은 구입한 곳에서 바꿔 드립니다.

*이 책은 『회사는 포커판이다』의 개정판입니다.
이 도서의 국립중앙도서관 출판예정도서목록(CIP)은 서지정보유통지원시스템 홈페이지(http://seoji.nl.go.kr)와
국가자료공동목록시스템(http://www.nl.go.kr/kolisnet)에서 이용하실 수 있습니다. (CIP제어번호 : CIP2018007526)